智慧城市理论与技术丛书

智慧城市空间信息公共平台

池天河　彭　玲　杨丽娜　著

科学出版社

北　京

内容简介

智慧城市建设实践正在我国如火如荼蓬勃开展,得到了国家多部委和各地方政府高度重视。本书总结研究团队多年来数字城市与智慧城市建设思想与经验,系统介绍了作为智慧城市建设的核心基础平台——智慧城市空间信息公共平台。期望本书能够为国内智慧城市建设者提供参考借鉴。全书分为七章,涵盖智慧城市内涵、发展历程、顶层设计、数据体系、平台建设、应用服务、标准体系、关键技术、产品实践等内容。

本书适合从事智慧城市建设和应用研究的科研人员、高等院校相关专业师生参考学习。

图书在版编目(CIP)数据

智慧城市空间信息公共平台 / 池天河,彭玲,杨丽娜著. —北京:科学出版社,2014

(智慧城市理论与技术丛书)

ISBN 978-7-03-042867-7

Ⅰ. 智… Ⅱ. ①池… ②彭… ③杨… Ⅲ. 现代城市-城市建设-研究 Ⅳ. C912.81

中国版本图书馆 CIP 数据核字(2014)第 304744 号

责任编辑:魏英杰 / 责任校对:桂伟利
责任印制:吴兆东 / 封面设计:陈 敬

科 学 出 版 社 出版
北京东黄城根北街 16 号
邮政编码:100717
http://www.sciencep.com

北京九州迅驰传媒文化有限公司 印刷
科学出版社发行 各地新华书店经销
*

2015 年 1 月第 一 版　开本:720×1000 1/16
2022 年 8 月第四次印刷　印张:14 1/2
字数:283 000

定价:**100.00 元**
(如有印装质量问题,我社负责调换)

《智慧城市理论与技术丛书》编委会

顾　　问：童庆禧　姚建铨　李小文　郭理桥
　　　　　何建邦　田国良　党安荣　秦其明
主　　编：池天河
副 主 编：彭　玲　刘亚岚　李红旮　杨丽娜
编　　委：（按姓氏拼音排序）
　　　　　陈文建　池天河　郭玉宝　李红旮　林　晖
　　　　　柳树福　刘亚岚　彭　玲　任玉环　邵　静
　　　　　王大成　王　铭　王晓蒙　王晓燕　姚晓婧
　　　　　杨丽娜　宇林军　张怀珍　赵学良

《智慧城市理论与技术丛书》序

21世纪以来,随着计算机技术、通信技术、互联网技术、物联网技术的快速发展,数字城市、无线城市、宽带城市等概念的不断涌现,以及城市化进程的迅猛推进,我国也与国际社会同步进入了城市信息化的加速发展时期。经过十几年的不断努力,数字城市建设在城市信息基础设施建设中已取得了初步成效,积累了大量基础数据和运行经验,在推进我国城市信息化建设中发挥了重要作用。例如,北京市东城区网格化城市管理模式,是城市精细化管理在数字城市中的重要体现,在全国许多城市得到推广应用。这也标志着在城市海量信息采集、存储、分析、利用、多系统融合、信息化促进民生、提高城市运行效率等方面迈出坚实步伐。新一代信息技术的发展使得城市化进入了一个新的历史发展时期,即智能化和智慧城市的新阶段。我国许多城市都相继制定了适应当地实情的发展规划。中国数字城市和智慧城市建设的一个显著特点就是将城市信息化融入国家信息化战略并与国家电子政务发展同步,这是我国城市信息化发展的巨大动力。

智慧城市是数字城市发展的高级阶段,具有全面透彻感知、广泛互联互通,以及高度智能化的特征。通过全面感知、充分整合、激励创新、协同运作等方式使得城市的各个部件和过程"聪明"起来,以此促进智慧交通、智慧医疗、智慧社区等智慧应用的发展,使城市更具活力,运作更加高效,资源更加优化、环境更加优美、生活更加便捷。

国家和各级政府对智慧城市建设给予了高度重视。住房和城乡建设部于2012年12月发布《关于开展国家智慧城市试点工作的通知》,指出智慧城市是通过综合运用现代科学技术、整合信息资源、统筹业务应用系统,加强城市规划、建设和管理的新模式;于2013年确定了193个第一、二批智慧城市试点。国家发展与改革委员会、工业和信息化部、科学技术部、公安部、财政部、国土资源部、住房和城乡建设部、交通运输部等八部委于2014年8月联合印发《关于促进智慧城市健康发展的指导意见》,指出要统筹城市地理空间信息及建(构)筑物数据库等资源,加快智慧城市公共信息平台和应用体系建设,到2020年建成一批特色鲜明的智慧城市,在保障和改善民生服务、创新社会管理、维护网络安全等方面取得显著成效。国家和各级政府对智慧城市建设的高度重视及其所发挥的主导和指导作用是我国数字城市和智慧城市健康发展的重要保障。

智慧城市空间信息公共平台是智慧城市建设中信息基础设施的核心,平台以构建城市公共数据库为基础,将政府公共建设的各种原始异质异构数据,整合成为面向城市智慧应用的信息服务资源,渗透到城市建设管理、城市功能提升、政务服务、基本公共服务等各项智慧应用中,提高政府的服务水平和协同能力。遥感空间信息技术具有监测范围广、反应速度快、制作成本低等优势,可以很好的为智慧城市建设提供基础技术支撑。集成空间技术、大数据技术、物联网技术等进行智慧城市空间信息公共平台建设具有重要研究和实践意义。

国家遥感应用工程技术研究中心主任池天河研究员是国内最早一批从事地理信息产业的重要研究人员和带头人,也是较早提出并系统性开展智慧城市及其空间信息平台研究的学者之一。在国家相关部委和地方政府一系列大型科研项目支持下,经过多年的不断创新开拓,他和他的研究团队在城市和区域信息化领域取得了一批重要科研成果,积累了丰富的理论和实践经验。《智慧城市理论与技术丛书》是他们团队多年研究成果的积淀和结晶,也是一套理论和实践高度结合的智慧城市研究著作,致力于引导读者将相关理论知识运用到智慧城市具体建设实践中。

随着遥感技术和传感技术、物联网和云计算技术以及大数据技术的发展,智慧城市建设也正经历着从起步到飞跃的发展过程。目前,我国政府也在计划通过智慧城市的建设推动社会和谐,惠益公众。遥感空间信息技术是数字城市和智慧城市发展的重要基础技术之一,它所提供的城市对象空间位置形态、时空变化特征等信息能够在智慧城市建设中发挥重要作用。智慧城市建设是一个巨大而复杂的系统工程,需要一批有志于本领域开拓的科技工作者,尤其是青年科技才俊们的坚持不懈、锲而不舍的努力追求和不断创新。我十分欣赏该书作者多年来把握需求、脚踏实地、力图创新的开拓精神和应对挑战的实干精神,祝贺他们多年来在推动遥感空间信息产业化方面,特别是在数字城市和智慧城市发展的探索中所取得的成果,同时热烈祝贺本书的面世,希望他们再接再厉,为我国地理信息产业的发展及智慧城市建设做出更大贡献。

2015 年 1 月于北京

序

岁月如梭,斗转星移。有这样一个团队,有这样一群人,他们坚守着自己的坚守,痛苦着自己的痛苦,快乐着自己的快乐,追逐着自己的追逐,在数字城市信息共享平台那充满了泥泞与艰难崎岖、举步维艰的道路上,风里来、雨里去,风雨兼程。他们是中国科学院国家遥感应用工程技术研究中心池天河信息共享平台研究工作组。

我知道他们是在六年前的天津华苑高新技术产业园区。有一支来自中国科学院的技术团队,他们身先士卒,他们生龙活虎,放弃了北京平稳雅逸的大院生活,抛家舍业来到天津创业,逐梦遥感空间信息产业化之路。自从踏上天津热土的那一天,他们就与这里结下不解之缘,从华苑到天大、从天大到南开,再从南开到蓟县,从天津到滨海新区,从消防到规划,从石化到房管……,智慧天津、智慧滨海高新区、智慧滨海新区、智慧乡村、智慧规划、智慧房管、智慧管线。普及着信息共享的理念,描绘着信息共享的诗篇;推动着遥感产业化的明天,耕耘着空间信息的麦田。企业里有他们的身影,政府中有他们的宣告,展会上有他们的展示,市场中有他们的足迹。他们辛勤的耕耘,换来天津对于遥感应用的认识,对于空间信息的敬慕,对于智慧城市信息共享的殷切期盼。

我耳闻的池天河,是一位儒雅谦逊的学者;我眼中的池天河,是一位成熟稳重,有社会责任感的企业家。我们为了物联网与空间信息的融合而得缘牵手,那日夜奋战的日日夜夜,那朝夕相处的时间,一同为物联网而战、一同为智慧园区而战,为通信接口、为无线网络、为示范设点、为连点成片……方案与报告获得与会专家真诚好评,设计理念因务实又重落地被推荐参与第二年项目指南研讨。那一年,北京侧重基础设施建设而搁置项目启动;第二年,他们已经离去,带着未了的遗憾、未了的梦。然而,心中有梦想,天地有回响。命运垂青,2014年我们再次因智慧城市建设而相逢北京,这一次将不再错过。

值此之际,我依稀看到他们一路走来的身影和交替叠加的背影,在这个喧嚣的世界中,在这个技术往往领先政策的时代里,他们一直在坚持着、完善着、探索着、打造着……

衷心祝愿有梦的人都梦想成真,祝愿天河团队智慧城市信息共享平台能早日圆梦。

路漫漫其修远兮,吾将上下而求索。

姚建铨

2014 年 10 月于天津

前　言

　　智慧城市建设正在我国如火如荼地开展,得到了国家部委和地方政府的高度重视。2009年,国家测绘局启动了国家级地理信息公共服务平台建设,制定并印发了《国家地理信息公共服务平台建设专项规划(2009—2015年)》、《关于加快推进国家地理信息公共服务平台建设的指导意见》和《国家地理信息公共服务平台技术设计指南》等报告指南,指导地方进行空间信息公共平台的建设。2013年7月12日,国务院总理李克强在主持召开的国务院常务会议上强调,加快实施"信息惠民"工程,将建立智慧城市公共信息服务平台列为重点工程。同年8月,住房和城乡建设部发文,要求"优先建设以数字城管为基础的城市公共管理和服务工程,以建筑数据库为载体的城市公共信息平台"。2014年8月,国家发展和改革委员会、工业和信息化部、科学技术部、公安部、财政部、国土资源部、住房和城乡建设部、交通运输部八大部委正式发布了《关于印发促进智慧城市健康发展的指导意见的通知》,指出"统筹城市地理空间信息及建(构)筑物数据库等资源,加快智慧城市公共信息平台和应用体系建设",进一步推进智慧城市空间信息公共平台在全国范围内迅速开展。

　　国家遥感应用工程技术研究中心智慧城市空间信息共享平台研究团队从20世纪90年代起,就开始围绕城市信息化建设开展研究和成果转化、产业化工作,承担过国家973计划、国家自然科学基金、国家发展和改革委员会产业化专项、天津市市长科技创新专项和北京、天津、福建、江苏、广东、海南等各地政府部门所委托的信息化建设项目。从城市地理信息系统,到数字城市共享服务平台,再到智慧城市空间信息公共平台,我们的研究成果也随着信息技术的发展和市场需求的升级而不断发展提高。结合多年城市信息化建设经验,我们认定:"智慧城市空间信息公共平台"是智慧城市建设的重要基础核心平台。这其中包含了两层含义:一是公共平台作为智慧城市信息脉络的传送枢纽,其在智慧城市中的衔接地位至关重要;二是公共平台的建设,有必要基于地理空间信息框架,构建基于位置的数据体系和信息服务。在实践过程中,进一步发现许多地方政府对于基于地理位置的信息资源整合有着深刻理解和迫切需求。经过多年的研究积累和成果市场推广,我们认为有责任、有义务、有必要撰写一部系统性介绍智慧城市空间信息公共平台的著作。本书是我们建设智慧城市的思想和经验总结凝练,期望本书能够为国内智慧城市建设同行提供参考借鉴。

　　全书分为七章。第1章总体概述数字城市与智慧城市的概念以及国内外智慧城市建设现状。第 2 章从全局角度，对智慧城市建设的顶层设计进行总结分析，包含智慧城市信息体系、总体架构和标准体系三方面主要内容；同时，对智慧城市建设的关键技术尤其是空间信息相关的关键技术及其发展趋势进行介绍。第 3 章从城市数据角度，梳理智慧城市公共平台建设涉及的数据内容，进行科学数据分类和特性分析，进而对城市数据来源，尤其是以遥感空间信息为手段的数据来源进行详细阐述。第 4 章对我们团队多年来潜心研制的智慧城市空间信息公共平台进行详细介绍，特别对面向前台服务的综合信息服务平台、面向后台管理的信息共享管理平台、面向信息服务的开放接口，就其功能与实现进行详细和系统的阐述。第 5 章在我们前期项目建设经验基础上，融入我们的理解，对智慧城市主要应用进行阐述分析。第 6 章以我们承建的中新天津生态城公共平台为例，对智慧城市空间信息公共平台建设实践和成果进行阐述。第 7 章在我们数十个基于智慧城市空间信息公共平台所研发的应用系统中，精心挑选了 3 个具有特色的应用案例进行介绍，如：面向政府业务办公需求的房地管理系统，基于室内外一体化的消防应急指挥系统，以及面向公众的旅游 APP。

  本书是《智慧城市理论与技术丛书》的第一本，撰写花费了两年多时间，期间我们反复修改，力争使其更全面、完善和务实。由衷感谢参与各章撰写的老师和同学：邵静（第 1 章、第 2 章、第 3 章、第 5 章、第 6 章）、姚晓婧（第 4 章、第 6 章）、柳树福（第 2 章、第 3 章、第 5 章）、任玉环（第 2 章、第 3 章）、林晖（第 2 章、第 7 章）、王晓蒙（第 4 章、第 5 章）、宇林军（第 7 章）、郭玉宝（第 7 章）、张怀珍（第 1 章）。同时，感谢赵学良、王晓燕、李祥、徐逸之、董玉林、王大成所做的贡献。特别感谢科学出版社魏英杰在本书撰写和出版过程中提供的建议和无私帮助。本书也是我们承担的国家科学技术部政策引导类专项项目(2011FU125Z24)、中国科学院支持天津滨海新区建设科技行动计划项目（TJ2X1-YW-05）、天津市科技创新专项(07FDZDGX02800)等课题科研成果的系统总结，得到以上项目的重要支持。此外，中新天津生态城、天津滨海高新区、天津滨海新区、天津市规划局等用户单位也为成果产出提供了重要支持，在此一并表示衷心感谢。

  本书力求能够系统、全面地讲述智慧城市空间信息公共平台，但仍不可避免地会存在一些纰漏和错误，望广大读者不吝赐教。

作　者

2014 年 10 月

目 录

《智慧城市理论与技术丛书》序
序
前言
第1章 智慧城市与数字城市 ··· 1
  1.1 数字城市 ··· 1
    1.1.1 数字城市概念 ··· 1
    1.1.2 数字城市建设历程 ··· 2
  1.2 智慧城市 ··· 5
    1.2.1 智慧城市概念与内涵 ··· 5
    1.2.2 与数字城市关系 ··· 6
    1.2.3 建设内容及意义 ··· 7
  1.3 智慧城市建设现状 ··· 9
    1.3.1 国外智慧城市建设现状 ··· 9
    1.3.2 国内智慧城市建设现状 ··· 10
  参考文献 ··· 13
第2章 基于空间信息的智慧城市顶层设计与关键技术 ··· 15
  2.1 概述 ··· 15
  2.2 智慧城市总体框架 ··· 16
  2.3 智慧城市信息资源体系 ··· 18
    2.3.1 智慧城市信息资源架构 ··· 18
    2.3.2 智慧城市信息资源集成 ··· 20
  2.4 智慧城市平台架构 ··· 22
    2.4.1 智慧城市空间信息公共平台 ··· 22
    2.4.2 智慧城市数据获取子平台 ··· 23
    2.4.3 智慧城市安全管理子平台 ··· 23
    2.4.4 智慧城市专题应用子平台 ··· 24
    2.4.5 智慧城市公众服务子平台 ··· 25
  2.5 智慧城市标准体系 ··· 26
    2.5.1 引导性指标 ··· 27
    2.5.2 技术类指标 ··· 28

2.5.3	评价指标体系	28
2.6	智慧城市关键技术	32
2.6.1	空间信息技术	32
2.6.2	IT 支撑技术	41
2.7	智慧城市技术趋势	49
2.7.1	信息采集技术	49
2.7.2	信息处理技术	50
2.7.3	信息交互技术	52
参考文献		53

第 3 章　基于位置的智慧城市数据体系　56

3.1	概述	56
3.2	智慧城市数据内容	56
3.2.1	智慧城市数据分类	56
3.2.2	智慧城市数据特性	58
3.3	智慧城市数据来源	60
3.3.1	城市数据遥感获取手段	60
3.3.2	城市数据其他获取手段	75
参考文献		83

第 4 章　智慧城市空间信息公共平台　87

4.1	概述	87
4.2	平台总体架构设计	88
4.2.1	总体框架设计	88
4.2.2	平台模块设计	90
4.2.3	共享交换设计	91
4.3	信息共享管理平台	96
4.3.1	数据管理	98
4.3.2	服务管理	106
4.3.3	工作流管理	110
4.3.4	运维管理	111
4.4	综合信息服务平台	113
4.4.1	多维数据可视化	113
4.4.2	多源数据集成分析	124
4.4.3	移动互联服务	128
4.5	信息服务开放接口	132
4.5.1	服务接口技术框架	132

4.5.2　服务接口基础功能 ·· 133
　4.6　平台技术能力分析 ··· 136
　参考文献 ·· 137

第5章　基于平台的主要智慧应用 ·· 139
　5.1　概述 ··· 139
　5.2　智慧应用系统 ··· 140
　　5.2.1　智慧政务 ·· 141
　　5.2.2　智慧社区 ·· 143
　　5.2.3　智慧城管 ·· 145
　　5.2.4　智慧交通 ·· 148
　　5.2.5　智慧环境 ·· 150
　　5.2.6　智慧安监 ·· 151
　　5.2.7　智慧应急 ·· 153
　　5.2.8　智慧房产 ·· 155
　　5.2.9　智慧养老 ·· 157
　　5.2.10　智慧医疗 ·· 159
　　5.2.11　智慧旅游 ·· 162
　参考文献 ·· 165

第6章　智慧城市空间信息公共平台建设实践 ································ 167
　6.1　概述 ··· 167
　　6.1.1　建设内容 ·· 167
　　6.1.2　预期成效 ·· 168
　6.2　建设成果 ·· 169
　　6.2.1　总体设计 ·· 169
　　6.2.2　建设内容 ·· 171
　6.3　特色与创新 ··· 190

第7章　智慧应用服务系统建设实践 ·· 192
　7.1　智慧城市房地管理系统 ·· 192
　　7.1.1　概述 ·· 192
　　7.1.2　总体建设框架 ··· 193
　　7.1.3　建设成果 ·· 195
　　7.1.4　特色与创新 ·· 200
　7.2　室内外一体化消防应急系统 ·· 201
　　7.2.1　概述 ·· 201
　　7.2.2　总体建设框架 ··· 202

7.2.3　建设成果 ·· 203
　　7.2.4　特色与创新 ·· 207
7.3　基于移动互联的智慧旅游APP ································· 209
　　7.3.1　概述 ·· 209
　　7.3.2　总体建设框架 ·· 210
　　7.3.3　建设成果 ·· 211
　　7.3.4　特色与创新 ·· 214
参考文献 ·· 214

第1章 智慧城市与数字城市

1.1 数字城市

1.1.1 数字城市概念

美国前副总统戈尔1998年1月在洛杉矶加利福尼亚科学中心举行的开放地理信息系统协会年会上做了名为"数字地球:理解21世纪我们这颗星球"的报告,首次提出数字地球的概念,将真实地球作为一个虚拟地球景象融入互联网,使人们能够方便地运用一些科学手段了解自己感兴趣的地球历史和现状。数字地球作为一个全新的概念风靡全球,引起各国政府密切关注[1,2]。人们逐步意识到"数字地球"战略将是推动社会信息化建设和经济、文化、资源环境可持续发展的重要工具。

数字城市(digital city)是数字地球应用的主要方面之一,也是数字地球最基本的空间层次之一。城市是地球上最复杂的人文与自然共生的复合系统,是人口、资源和社会经济要素高度密集的地理综合体。

数字城市是城市发展到一定阶段的必然产物,是城市发展的"加速器"。中国科学院陈述彭院士认为,中国城市化面临着双重"瓶颈":一方面,城市化滞后于工业化;另一方面,信息化又滞后于城市化[3]。中国工程院李京文院士指出,建设数字城市可以提高城市行政管理水平,有效配置管理城市资源,包括人文资源和物质资源,适应技术的飞速进步,致力于城市的可持续发展[4]。中国在实现城市信息化的过程中,选择数字城市建设作为其目标,既是时代发展的必然要求,也是城市化发展的战略选择。中国将数字城市项目列入国家"十五"重大科技攻关项目,将数字城市的底层核心技术——GIS平台软件研制列入国家"九五"和"十五"863计划重中之重项目;将地理信息系统软件发展作为中国软件产业发展的首要产业[5]。

武汉大学李德仁院士认为,数字城市是城市地理信息和其他城市信息相结合、并存储在计算机网络上的、能供用户访问的一个将各个城市和城市外的空间连在一起的虚拟空间,是数字地球的重要组成部分。数字城市为城市规划、智能化交通、网格化管理和服务、基于位置的服务、城市安全应急响应等创造了条件,是信息时代城市和谐发展的重要手段[6]。

北京大学遥感与地理信息系统研究所李琦认为,数字城市是从信息化角度对信息时代及准信息时代城市状态的形象刻画,表征在花园城市、园林城市、生态城市等工业城市文明基础之上,信息化基础设施完备、信息数据资源丰富、信息化应用与信息产业高度发达、工业化与信息化持续协调发展、人居环境舒适的良性城市状态[7]。

基于多年的数字城市建设实践，国家遥感应用工程技术研究中心池天河主任有其深刻的理解：数字城市是全开放的城市系统，其概念随着信息技术、计算机技术和网络技术的发展而无限扩展；数字城市建设离不开信息基础设施，而信息基础设施里面的几个关键环节要做扎实，其中数字城市空间信息共享平台必不可少。构建空间信息共享平台是数字城市核心环节，这个平台要求既能够为公众提供服务，又能够为政府管理提供决策支持。

1.1.2 数字城市建设历程

数字城市是计算机技术、网络技术和信息技术发展到一定阶段的产物。作为数字城市建设的关键技术之一，地理信息系统使真实世界的数字化、空间化、可视化表达和分析成为可能，对数字城市的产生和发展起到了重要的作用。

20世纪60年代初，在计算机图形学的基础上出现了数字地图，由于其方便、快捷、实用等优点迅速发展起来。60年代中期，由于对自然资源和环境的规划管理与应用加速增长的需求，对大量空间环境数据存储、分析和显示技术方法改进的需求，以及计算机技术的迅速发展，促使对地图进行综合分析和输出的软硬件系统日益增多。1963年，加拿大测量学家Tomlinson首先提出了地理信息这一术语，并于1971年建立了世界上第一个地理信息系统——加拿大地理信息系统(CGIS)，用于自然资源的管理和规划。随后，美国哈佛大学研究出SYMAP系统软件。与此同时，国外许多与地理信息相关的组织和机构纷纷建立。例如，美国1966年成立了城市和区域信息系统协会(URISA)，1969年又建立起州信息系统全国协会(NASIS)。国际地理联合会(IGU)于1968年设立了地理数据收集和处理委员会(CGDSP)[8]。

我国地理信息系统方面的工作自20世纪80年代初开始，以1980年中国科学院遥感应用研究所成立全国第一个地理信息系统研究室为标志[8]。该所地理信息系统首席科学家池天河先后主持了国家"六五"攻关项目"二滩-渡口地区区域地理信息系统"和"七五"科技攻关项目"黄土高原信息系统"，研究地理信息的三维表达和网格地理信息的建模，是国内较早开展地理信息系统研究的学者；在随后的国家"八五"科技攻关项目专题"突发性重大自然灾害遥感监测与评价集成与试运行"中解决了遥感图像快速处理、地图快速扫描输入、突发性重大自然灾害的快速评估等关键技术问题，建成了可运行的重大自然灾害快速评估系统，实现了地理信息的专业化应用。

地理信息系统是城市信息化的工作基础，是城市化过程的信息载体，也是加快城市化的催化剂。地理信息系统不仅可以用来收集、存储、检索城市化过程的过去和现状，而且可以用来辅助城市发展的评估、规划和决策，模拟和预测城市化的未来。我们结合多年的地理信息系统和数字城市建设实践，将数字城市的发展分为以下四个阶段。

1. 1990~1998 年数字城市奠基期

进入 20 世纪 90 年代，信息技术发展到崭新的阶段，高分辨率卫星技术突飞猛进，提高了地理信息获取和更新的能力；以宽带光纤和卫星通信为基础的互联网迅速普及，扩大了信息的通信和交换能力；分布式数据库和共享技术的发展提升了信息存储和管理能力；仿真和虚拟技术的成熟酝酿着信息应用技术领域的划时代变革[5]。

随着互联网技术的快速发展，GIS 与 Internet 的融合形成 WebGIS，使得在网络环境下实现地理空间信息共享成为可能，并逐步发展成为实现地理空间信息共享的主要技术手段[9]。中国的地理信息系统步入快速发展阶段，逐步深入到各行各业，并成为许多机构必备工作系统，在一定程度上影响改变了政府决策部门的工作手段和运行方式[8]。作为信息网络中的重要组成部分，地理信息系统不能仅停留在具有存储、查询、检索等功能的空间信息载体阶段上。更重要的是，充分发挥模拟、评估和科学预测功能，使之成为提高现代化城市管理、规划和决策水平的有效手段。1992~1994 年，池天河主持深圳市委托专题项目"深圳市规划国土信息系统"的研究与建设工作，解决了城市信息系统的体系结构、建设模式、数据标准规范及其与办公系统一体化等基本问题，开拓了城市信息系统这一崭新的领域。城市信息系统的发展为数字城市奠定了坚实基础。

2. 1998~2005 年数字城市起步期

1999 年 11 月 29 日，北京召开了首届国际数字地球大会。数字城市作为数字地球的重要组成部分，引起了党和国家的高度重视，成为国家高科技发展和城市建设关注的重点。科学技术部在 863 计划信息获取与处理主题设立了多项课题支持数字城市理论、技术与产业化研究；住房和城乡建设部在全国设立了 30 多个数字城市示范基地。同时，数字城市也成为政府、企业、高校和科研院所的学术研究热点，城市建设领域、3S 领域、测绘领域、计算机领域的专家和学者都从不同的角度对数字城市建设展开研究[7]。

国家测绘地理信息局在 2000 年全国局长干部会议上明确提出，测绘局系统今后一个时期的主要任务是构建数字中国的基础框架；海南、湖南、山西、福建等省都正式立项启动"数字海南"、"数字湖南"、"数字山西"、"数字福建"工程。2001~2004 年，池天河参加了制定"数字福建"大型工程的"十五"规划，组织"数字福建"骨干工程"福建省空间信息工程研究中心"建设，主持"福建省政务信息共享平台"的研究开发，完成以福建省为对象的数字化、网络化、可视化和智能化的信息集成及应用系统,将全省各部门、各行业、各领域的信息通过数字化和计算机处理,最大限度地集成应用,快速、完整、便捷地提供各种信息服务,实现福建省国民经济和社会信息化。2004～2007年,主持中国科学院遥感应用研究所创新项目"数字城市"建设模式与标准化体系研究,组织开发了城市公共信息共享平台和面向公众的遥感空间信息服务平台,成功地推广应用到广州、深圳、厦门、绍兴、淮安、额尔古纳等不同类型城市的数字城市建设工程中。

3. 2005～2010年数字城市建设发展期

建设部(今住房和城乡建设部)、科学技术部"十五"期间启动"数字化城市示范工程项目",建立5～10个市级综合应用和20～30个城市行业应用的城市数字化示范项目;30～40个社区和企业的数字化示范项目;2～3个跨省市的行业应用,以及20～30个数据处理与系统集成的高技术企业。

2006年以来,国家测绘总局(今国家测绘地理信息局)组织开展了一系列关于数字城市建设的研究、探索与实验。各城市建立了一大批规范完善的基础地理信息数据库,搭建了面向政府和公众的地理信息公共平台,力图实现地理信息与城市其他经济、自然资源和人文信息的互联互通与整合集成,促进信息资源的共享与开发利用,解决城市信息化建设重复投入等问题。

4. 2010年至今数字城市转型期

随着物联网传感器技术、新一代移动宽带网络、云计算等新兴信息技术的迅速发展和深入应用,信息化发展正酝酿着重大变革和新的突破,向更高阶段的智慧化发展已经成为趋势。自智慧地球理念在世界范围内兴起以来,许多发达国家积极开展智慧城市建设,将城市中的水、电、油、气、交通等公共服务信息资源通过互联网有机连接起来,智能化作出响应,更好地满足市民学习、生活、工作、医疗等方面的需求,提升政府在交通管理和环境控制等方面的水平。

2010年起,我国一些地区在数字城市建设的基础上,开始探索智慧城市建设。2013年8月,国家测绘地理信息局表示,我国数字城市建设开始向智慧城市建设全面升级,已有太原、广州、徐州、临沂、郑州、重庆、武汉、无锡、淄博等9个城市列入智慧城市建设试点计划,并逐步开展基础设施完善工作。目前,数字城市和智慧城市建设已经带动影像获取、应用系统开发等领域发展,拉动地理信息产业服务产值300多亿元。

1.2 智慧城市

1.2.1 智慧城市概念与内涵

智慧城市的概念起源于智慧地球这一愿景。2008年11月，创立于1911年的信息技术和业务解决方案提供商国际商业机器公司，在纽约召开的外国关系理事会上发布了"智慧地球：下一代领导人议程"主题报告，提出智慧地球这一理念。作为智慧地球的重要组成部分，智慧城市无疑是最关系民生的内容之一，其理念逐渐被全球越来越多的国家和社会公众接受，掀起了智慧城市建设的热潮。

目前关于什么是智慧城市，并没有形成统一的说法。国内外的组织机构、专家学者和城市实践先驱在智慧城市的理论研究和生产实践中给出了自己的定义。

作为概念的提出者，IBM认为智慧地球的核心是以一种更智慧的方法利用新一代信息技术来改变政府、公司和人们的交互方式，以提高交互的明确性、效率、灵活性和响应速度。城市是经济活动的核心，智慧城市可以带来更高的生活质量、更具竞争力的商务环境和更大的投资吸引力。Forrester对智慧城市的定义为："通过智能计算技术的应用，使城市管理、教育、医疗、房地产、交通运输、公共事业和公众安全等城市组成的关键基础设施组件和服务更互联高效和智能[10]"。住房和城乡建设部2012年1月发布的《关于开展国家智慧城市试点工作的通知》指出，智慧城市是通过综合运用现代科学技术、整合信息资源、统筹业务应用系统，加强城市规划、建设和管理的新模式。

国际电信联盟秘书长哈马德·图埃认为，每个国家的城市将会因为信息通信技术的应用，变得更加美好[11]。在题为"网络技术与智慧城市"的发言中，国家信息化专家咨询委员会副主任、中国工程院副院长邬贺铨认为，智慧城市就是一个网络城市，物联网是智慧城市的重要标志。全国政协副主席王钦敏提出，智慧城市是充分利用信息化相关技术，通过监测、分析、整合，以及智能响应的方式，综合各职能部门，整合优化现有资源，提供更好的服务、绿色环境、和谐社会，保证城市可持续发展，为企业和大众建立一个良好的工作、生活和休闲的环境，包括城市智能交通系统、城市指挥中心、能源管理系统、公共安全和环境保护等[12]。

武汉大学李德仁从技术的角度出发，认为智慧城市是数字城市与物联网、云计算相结合的产物[6]。北京大学宋刚和邬伦认为，智慧城市是新一代信息技术支撑、知识社会创新2.0环境下的城市形态，通过新一代信息技术支撑实现全面透彻感知、宽带泛在互联、智能融合应用，推动以用户创新、开放创新、大众创新、协同创新为特征的以人为本的可持续创新[13]。

深圳在建设过程中提出，智慧城市是指充分借助物联网、传感网，涉及智能楼宇、智能家居、路网监控、智能医院、城市生命线管理、食品药品管理、票证管理、家庭护理、个人健康与数字生活等诸多领域,把握新一轮科技创新革命和信息产业浪潮的重大机遇,充分发挥城市信息通信产业发达、RFID 相关技术领先、电信业务,以及信息化基础设施优良等优势,通过建设城市信息通信基础设施认证、安全等平台和示范工程,加快产业关键技术攻关,构建城市发展的智慧环境,形成基于海量信息和智能过滤处理的新的生活、产业发展、社会管理等模式,面向未来构建的全新的城市形态。南京提出智慧城市是城市发展的全新理念,是一个智慧基础设施先进、信息网络通畅、智慧技术应用普及、生产生活便捷、城市管理高效、公共服务完备、生态环境优美、惠及全体市民的城市[12]。

综合国内外相关研究成果及多年实践经验,我们认为,智慧城市空间信息公共平台是智慧城市的核心,是综合运用互联网、物联网、空间信息、大数据、移动互联及现代通信等技术,全面感知城市时空生活信息,构建以位置(地理空间数据)为统一载体的、对城市各领域分布数据依据其内在有机联系整合起来的数据管理组织体系,通过资源聚集、共享服务、开放接口和微应用等方式实现城市的泛在互联互通,为政府提供快捷、准确的决策依据,为企业提供高效、优质、低价的业务支撑平台,为社会公众提供便利、智能的信息服务。

智慧城市的基础特征体现为全面透彻的感知,广泛的互联互通,以及高度的智能化。通过广泛分布在城市中的各类感知设备和智能化系统,智能识别、立体感知城市环境、能源、交通、资源等的状态与变化,为智慧管理和应急响应提供基础数据支撑。经由有线、无线网络构成的传输网络使城市中物与物、人与物、人与人实现全面互联、互通、互动,提升城市的实时信息获取、实时反馈、随时随地智能服务的能力。智慧城市的应用种类丰富、共享困难、模型复杂,基于感知网络采集的海量数据,面向多层次、多粒度用户提供智慧化服务。

1.2.2 与数字城市关系

随着信息技术的不断成熟与发展,基于信息技术的各类应用系统在城市中的实现也不断演进,先后出现了数字城市、无线城市、宽带城市等。经过十多年数字城市的建设,各地区积累了大量的基础数据和运行数据,同时也面临诸多挑战,包括海量信息的采集、分析、存储和利用等问题,多系统融合问题及技术发展带来的城市发展异化问题等。新一代信息技术的发展使得城市形态在数字化基础上进一步实现智能化成为现实,智慧城市概念应运而生。

智慧城市是智慧地球的体现形式,是数字城市建设的延续,与数字城市一脉相承,又在新的时机和背景下锐意创新、博采众长,成为崭新的经济增长点。对比智慧城市与数字城市,根据我们长期研究成果,总结主要有如下差别。

① 智慧城市强调全面感知、提升服务。数字城市的建设阶段主要是通过对城市信息进行数字化处理,以期在计算世界构建的虚拟空间里真实再现传统城市。

智慧城市在此基础上进一步使用现代传感技术实现对城市运行状态的实时、自动、全面感知,综合运用以物联网、云计算和公共信息平台为代表的现代科学技术和手段,实现全面整合和分析协同,提高城市管理和服务水平。

② 智慧城市侧重广泛联动。数字城市主要侧重各行各业的信息化建设,以提升各部门的管理效率和服务质量。智慧城市是通过搭建资源共享和工作协同的平台,实现整个城市的互联互通。

③ 智慧城市注重实时采集、动态表达。数字化城市空间地理信息数据库信息更新实效性差。但智慧城市数据强调实时采集,以实现动态分析,可以及时做出响应与决策,降低损失、提升资源利用率。

④ 智慧城市注意互动、共建。数字城市大多是由政府组织实施,建设成果服务于政府工作人员日常管理。智慧城市建设强调居民和企业参与,通过互动与共建,实现城市公共价值塑造和以人为本的服务。

⑤ 智慧城市更关注人文、自然环境。数字城市致力于通过信息化建设提升社会生产效率。智慧城市则纳入更加丰富的内涵和更加广阔的受众,主张信息交互,借此进一步推动城市产业结构体系转型升级,切实带动城市人文环境与自然环境的改造提升。

1.2.3 建设内容及意义

智慧城市建设内容包括智慧城市顶层设计、城市基础设施建设、公共平台建设和智慧应用建设等。

1. 智慧城市顶层设计

城市顶层设计是将顶层设计方法与理念运用到城市发展领域,从全局的视角出发,对城市发展进行总体架构设计,对城市的各个组成要素、各个层面、各种参与力量,以及各类影响因素一并进行统筹考虑。智慧城市顶层设计是以智慧城市为导向和目标的城市顶层设计,注重系统化、清晰化、可操控[14]。紧密结合城市发展战略,充分考虑城市主体对智慧城市建设的需求,以可持续发展理念为原则,以城市中的政府、企业、社会公众三类用户需求为导引,设计与城市发展相适应的信息体系,包含信息获取手段、信息更新周期、信息管理模式等,以及设计满足实际需求的服务体系,明确系统主体功能指标和构成模块性能的指标。

2. 城市基础设施建设

智慧城市的基础设施是智慧城市健康运转的生命线,主要包括两方面内容。

① 信息网络及共享基础设施,包括有线宽带、无线宽带、城市物联网等网络设施,云计算平台、信息安全服务平台及测试中心等共享设施,是智慧城市的信息传

输、数据存储、信息交换基础[15]。

② 工程性基础设施,如能源设施、供排水设施、交通设施、环保设施、防灾设施等,运用先进技术对包括水、电、气、热管网,以及道路、桥梁、车站、机场等设施进行感知化与智能化建设,使城市的工程性基础设施能够更加灵敏、智能,如智能水网、智能能源网(电网、气网、油网等)、智能交通、智能楼宇等[16]。

3. 公共平台建设

公共平台是智慧城市的重要基础设施,是智慧城市建设的基础切入点,目标直指实现城市不同部门异构系统间的资源共享和业务协同,有效避免城市多头投资、重复建设、资源浪费等问题,有效支撑城市正常、健康、高效的运行和管理。

信息资源数据中心建设是公共平台建设的重要组成部分,在信息资源开发利用工作中占据核心地位,主要目的是实现基于网络的信息共享。涵盖时空信息数据库、人口数据库、法人数据库、宏观经济数据库、建筑物数据库、政务专题数据库、政务业务信息库、公共服务数据库等。公共服务数据是公共平台的核心,通过对公共基础数据、公共业务数据进行清洗、挖掘、分析后形成的有特定应用场景的服务型数据集,为各应用单位提供融合后的专题应用资源服务。

4. 智慧应用建设

智慧应用是智慧城市建设的核心领域,是智慧城市价值实现的直接影响因素,主要包括智慧政务、智慧交通、智慧物流、智慧旅游、智慧能源、智慧建筑、智慧环保、智慧医疗、智慧教育、智慧家庭等方面的应用[17]。

智慧城市是城市信息化发展的高级阶段,国内外的各类城市及其各类群体,包括政府机关、企事业单位、专业部门和社会组织等,都越来越重视智慧城市的建设,希望通过智慧城市的体系,解决城市管理、经济发展、居民生活等各类问题。智慧城市的建设大体涵盖智慧城市管理、智慧生活和智慧产业三大领域。智慧的城市管理意味着在城市不同部门和系统之间实现信息共享和协同,更科学地管理城市运营、更合理地配置资源、更智能地决策,及时预知、应对突发事件和灾害,从而减少不必要的资源能源消耗,降低经济财产损失,节约人力物力,提升管理和服务的质量。智慧城市涉及与市民生活息息相关的智慧城市交通、智慧医疗、智慧养老、智慧家庭、智慧食品等领域,催生了智慧产业市场,切实便捷市民生活、美化生活环境、提升生存质量。更加智慧的城市,无疑是政府、企业和市民共建的和谐、美好、绿色、繁荣之城。

1.3 智慧城市建设现状

1.3.1 国外智慧城市建设现状

信息技术的高速发展带来全球的信息化浪潮,未来越来越需要依赖信息技术推动智慧城市发展,世界各国和政府组织都不约而同地提出了依赖互联网和信息技术来改变城市未来发展蓝图的计划。目前,美国、欧盟、亚洲等地区均启动了智慧城市相关的项目和技术研究,并在一些试点工程取得了较好的效果。

2009 年 9 月,美国中西部爱荷华州的迪比克市与 IBM 共同宣布,将建设美国第一个智慧城市,一个由高科技充分武装的 60 000 人社区。通过采用一系列 IBM 新技术的迪比克市将完全数字化,城市的所有资源都连接起来(水、电、油、气、交通、公共服务等),因此可以侦测、分析和整合各种数据,并智能化响应,服务于市民的需求。

瑞典的智慧城市建设在交通系统上得到了最大的体现。瑞典首都斯德哥尔摩交通拥挤非常严重。在 IBM 公司的助力下,斯德哥尔摩在通往市中心的道路上设置了 18 个路边控制站,通过使用 RFID 技术、激光、照相机和先进的自由车流路边系统,自动识别进入市中心的车辆,自动向在周一至周五(节假日除外)6:30 到 18:30 进出市中心的注册车辆收税。通过收取道路堵塞税减少车流,交通拥堵降低 25%,交通排队所需的时间下降 50%,道路交通废气排放量减少 8%~14%,二氧化碳等温室气体排放量下降 40%。

智能科技在爱尔兰自然环境方面得到了成功应用。在爱尔兰戈尔韦湾的智慧湾项目(smart bay)中,系统从装在数百个浮标上的感应器获取信息,并从渔民那里获得短信来了解水面漂浮的危险物体。信息用于各个渠道,包括避免渔船失事、向海湾管理员发送涨水警告等。

日本 2009 年 7 月推出"i-Japan(智慧日本)战略 2015",旨在将数字信息技术融入生产生活的每个角落,目前将目标聚焦在电子化政府治理、医疗健康信息服务、教育与人才培育等三大公共事业。在上海世界博览会上,日本馆以"连接"为主题,用信息科技让人们看到未来 20~30 年城市智慧生活的美好场景,展会上的未来邮局融合互联网和物联网技术,在邮局中不仅能够寄送信件,还能实现人与商品的智慧交流。

2009 年,韩国仁川市宣布与美国思科公司合作,以网络为基础,全方位改善城市管理效率,努力打造一个绿色的、资讯的、便捷的生态型和智慧型城市。通过整合式的公共通信平台,以及无所不在的网络接入,消费者不仅可以方便地实现远程教育、远程医疗、远程办理税务事宜,还可以智慧化控制房间的能耗。未来市民看病不需亲赴医院,医生通过专门的医疗装置就可以了解病人的体温、脉搏等情况,通过视频会议系统就可以完成望闻问切。

新加坡早在 2006 年就启动"智慧国家 2015"计划,力图利用包括物联网在内的信息技术,将新加坡建设成为经济社会发展一流的国际化城市。在电子政府、智慧城市及互联互通方面,新加坡的成绩引人注目。新加坡上马的智能交通系统(ITMS),使道路、使用者和交通系统之间紧密、活跃和稳定的相互信息传递和处理成为可能,从而为出行者和其他道路使用者提供了实时、适当的交通信息,使其能对交通路线、交通模式和交通时间做出充分、及时的判断。

1.3.2　国内智慧城市建设现状

2009 年 11 月,时任国务院总理温家宝在首都科技界大会上对智慧地球、物联网等进行了诠释和目标展望,标志着智慧城市引起我国国家层面重视。2011 年,上海浦东新区和中国智慧工程研究会先后制订"智慧城市指标体系 1.0"和"中国智慧城市(镇)科学评价指标体系"。2012 年 6 月,《国务院关于大力推进信息化发展和切实保障信息安全的若干意见》提出:引导智慧城市建设健康发展,提高社会管理和城市运行信息化水平。2012 年 12 月 5 日,住房和城乡建设部发布的《关于开展国家智慧城市试点工作的通知》指出智慧城市是通过综合运用现代科学技术、整合信息资源、统筹业务应用系统,加强城市规划、建设和管理的新模式;同时发布《国家智慧城市试点暂行管理办法》、《国家智慧城市(区、镇)试点指标体系(试行)》;2013 年 1 月,公布了 90 个城市(区、县、镇)为国家智慧城市试点;8 月又确定了 103 个城市(区、县、镇)为国家智慧城市试点。2014 年 8 月,国家发展与改革委员会、工业和信息化部、科学技术部、公安部、财政部、国土资源部、住房和城乡建设部、交通运输部八部委联合印发《关于促进智慧城市健康发展的指导意见》,要求各地区、各有关部门认真落实指导意见提出的各项任务,确保智慧城市建设健康有序推进,到 2020 年,建成一批特色鲜明的智慧城市,聚集和辐射带动作用大幅增强、综合竞争优势明显提高,在保障和改善民生服务、创新社会管理、维护网络安全等方面取得显著成效。

工业和信息化部《2014 年 ICT 深度报告》提到,智慧城市建设已经成为区域发展、不同等级、规模城市(镇)探索新型城镇化的选择和途径,并向更大范围、更深层次延伸寻求突破。该报告显示,目前 100% 的副省级以上城市,89% 的地级及以上城市(241 个),47% 的县级及以上城市(51 个)在推进智慧城市建设。在 2013 政府工作报告或地方"十二五"规划中提出重点建设智慧城市的地级以上城市达到 52 个。智慧城市建设正在不断拓展和延伸。向上,形成智慧城市省级、区域群落,如江苏省已率先建成省级智慧城市群综合接入平台,计划在 2015 年初步建成"苏南智慧城市群"。浙江省也开创部、省、地市"3+X"试点指导服务模式,上下联动、协同推动。向下,智慧城市正向城镇(县、乡)延伸,1 月首批 90 个国家智慧城市试点,县、镇占 6 席;第二批 103 个智慧城市试点中,县、镇扩大到 20 个,其中福建、广东、山东等东部沿海省份的县级市数量最多。

在 2012 年 90 个第一批试点城市申报中,排名前 18 个的申报项目类型如图 1.1 所示,其中城市公共信息平台和城市公共基础数据库的申报百分比为百分之百,凸显了其在智慧城市建设中的基础地位[18]。截至目前,我国部分智慧城市及其建设内容如表 1.1 所示。

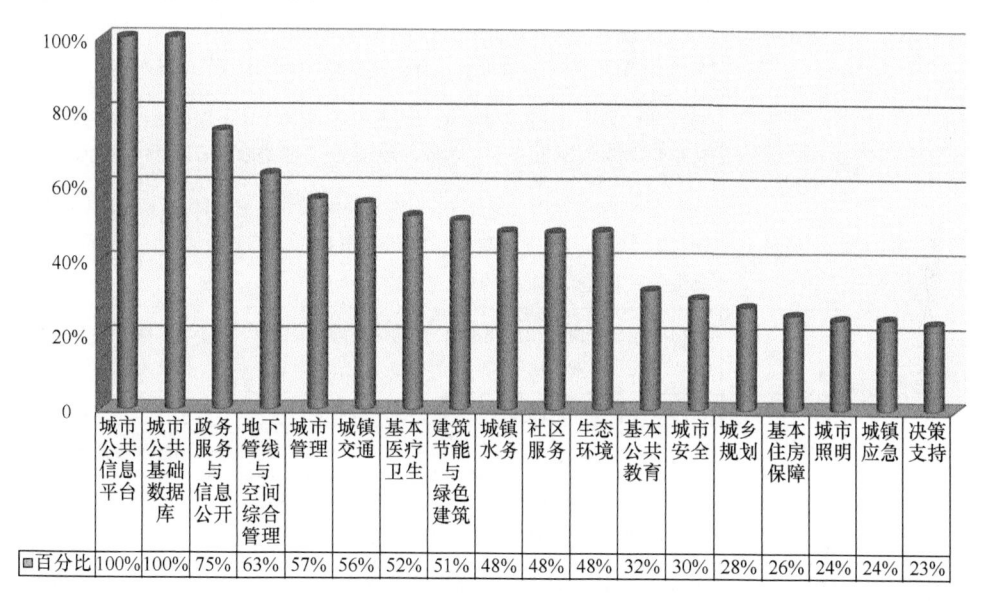

	城市公共信息平台	城市公共基础数据库	政务服务与信息公开	地下管线与空间综合管理	城市管理	城镇交通	基本医疗卫生	建筑节能与绿色建筑	城镇水务	社区服务	生态环境	基本公共教育	城市安全	城乡规划	基本住房保障	城市照明	城镇应急	决策支持
百分比	100%	100%	75%	63%	57%	56%	52%	51%	48%	48%	48%	32%	30%	28%	26%	24%	24%	23%

图 1.1 第一批智慧城市试点项目申请分析

表 1.1 我国部分智慧城市及其建设内容

省	城市	建设内容
江苏	滨海	出台《"智慧滨海"建设规划实施方案》,通过深度开发智慧城市综合门户平台滨海板块、智慧电子政务、智慧城市产业应用、智慧城市民生服务应用和基于物联网的智慧城市应用等领域,着力构建"随时、随地、随需"的智慧城市基础网络,努力为政府、企业和市民提供 23 个方面全方位的信息化服务
	苏州	发布《苏州智慧旅游行动计划》,明确将苏州智慧旅游建设成"智慧的旅游服务"、"智慧的旅游管理"和"智慧的旅游营销"三大体系。目前,苏州在全国率先成功应用移动导游系统、旅游信息资源库、虚拟游览、旅游资讯发布平台和城市旅游网络营销平台等智慧旅游项目

续表

省	城市	建设内容
江苏	南通	与大唐电信、凯捷咨询等知名企业合作,进一步完善智慧城市建设顶层设计和实施方案,建设便民利民的智慧社区、智慧交通、智慧卫生、智慧旅游、智慧教育5个民生应用项目
	无锡	打造城市民生云平台,为市民提供主动、及时、便捷、全面的智慧服务。2014年,"智慧无锡"率先上线"我的银行"、"打车"、"地铁"、"违章"、"黄页"等模块功能,实现用户在线金融、一键招车、车辆违章查询、地铁导乘等热门服务功能
浙江	宁波	2014年以医疗、交通、教育等领域为突破口,推进全市范围内重点智慧应用体系建设,同时鼓励各县(市)区开展特色试点,并推进政务云计算中心建设
	温州	2014年围绕"靓丽山水智城"建设,深化国家级智慧城市试点,推进4G商用,同时实现市区主要公共场所免费wifi全覆盖,以及完善交通信息诱导系统、完成市区地下管线普查等
	杭州	应用市场信息监管云终端系统,力助杭州翰林农贸市场打造全国首个智慧型农贸市场
	绍兴	建设智慧城管。一期在越城区原有数字城管实施区域77平方公里范围内实施,并连接柯桥区、上虞区,实行三区联网一体化管理,2014年底前建成投入运行
广东	东莞	2014~2017年,计划投入200亿元人民币重点推动实施智慧政务、智慧医疗和教育、数字城管、智能制造、智慧环保等智慧东莞重点工程
	江门	2014年加强物流中心、商贸市场等硬件改造升级和配套设施建设,扶持发展"智慧物流",重点支持仓储及运输工具的标准化改造以及相关公共信息平台的建设等;同时,加快推进中小物流企业信息化提升工程建设,继续完善物流公共信息平台建设
	广州	电子政务e屏通进社区
福建	泉州	大力发展智慧交通,建设公众出行信息服务系统、车辆运营调度管理系统、安全监控系统和应急处置系统;建立健全集约化建设整合机制方面,加强政务部门信息共享建设管理,推行公共平台化集约建设;推进光纤宽带网络升级,加快完善高速光网的升级改造工作;重点推进数字城管、智慧交通、城市安全(三期)、环境监管与预警信息系统、机动车环保检验信息系统、地质灾害气象监测风险预警平台、森林防火监控系统、智慧安监物联平台、智慧旅游公共服务平台、电子口岸、跨境电子商务检验检疫、网上商标馆等信息化系统建设
	龙岩	推进国家智慧旅游试点城市建设。在中心城区和三大主要景区推进龙岩智慧旅游移动终端应用,在全市主要公共场所新增100台智慧旅游电子触摸查询机,主景区网络售票系统正式运行
	厦门	准备申报"宽带中国"示范城市(城市群)

注:《全国智慧城市资讯手册(2014年2月)》。

总结智慧城市建设出发点,基本可以分为以下三个方面:技术驱动型、产业驱动型和服务驱动型。技术驱动型主要是IT企业,如华为和IMB等,核心思想是将新型信息技术融入到智慧城市建设中,以技术为驱动力的智慧城市建设理念。产业驱动型是工业和信息化部、国家发展与改革委员会等部门建设智慧城市的理念,建设核心思想是期待产业聚集,构建专业的技术产业园,如物联网产业园、云计算产业园和空间信息产业园等,但缺乏应用主题。服务驱动型是住房和城乡建设部建设智慧城市的理念,在全国分批次建设智慧城市试点,由于目前主要还是依赖政府投入,社会资本和商业模式还在探索,应用效果尚不明显。

目前,我国正处于智慧城市建设热潮期,城市通信主干网络等基础设施基本完善,智慧应用意识明显,顶层设计因地制宜,样板城市正值培育。由于各城市、各部门对智慧城市的建设理念存在认识差异和资源泾渭,智慧城市顶层设计环节异彩纷呈。总体而言,智慧城市建设中的重要核心环节——城市基础地理信息平台尚未充分发挥价值,基础地理信息数据尚未实现业务化更新,地理信息与业务信息及社会信息关联较弱;基于城市空间信息顶层设计的、集城市需求、技术资源、资金资源、政策扶持于一体的成套智慧城市解决方案翘首以待。

参 考 文 献

[1] 赵燕霞,姚敏.数字城市的基本问题[J].城市发展研究,2001,(01):20-24.

[2] 牛文元.中国城市发展报告2001—2002[M].北京:西苑出版社,2003.

[3] 王要武,郭红领,杨洪涛.我国数字城市建设的现状及发展对策[J].公共管理学报,2004,(02):58-64,95.

[4] 陈国龙.城市数字化及其实现策略探讨[J].南方经济,2002,(04):44-47.

[5] 郝力.中外数字城市的发展[J].国外城市规划,2001,(03):2-4.

[6] 李德仁,邵振峰,杨小敏.从数字城市到智慧城市的理论与实践[J].地理空间信息,2011,(06):1-57.

[7] 李琦,刘纯波,承继成.数字城市若干理论问题探讨[J].地理与地理信息科学,2003,(01):32-36.

[8] 邬伦,刘瑜,张晶,等.地理信息系统-原理、方法与应用[M].北京:科学出版社,2007.

[9] 李德仁,黄俊华,邵振峰.面向服务的数字城市共享平台框架的设计与实现[J].武汉大学学报(信息科学版),2008,(09):881-885.

[10] Forrester Research. Helping CIOs Understand "Smart City"Initatiues:Defining the Smart City, Its Drivers,and the Role of the CIO [R/OL]. http://www. public. dle. ibm. com/partnerworld/pub/smb/smarteplanet/forr_help_cios_und_smart_city_initiatiues. pdf [2011-12-20].

[11] 李海俊,芦效峰,程大章.智慧城市的理念探索[J].智能建筑与城市信息,2012,(06):11-16.

[12] 张永民,杜忠潮.我国智慧城市建设的现状及思考[J].中国信息界,2011,(02):28-32.
[13] 宋刚,邬伦.创新2.0视野下的智慧城市[J].城市发展研究,2012,(09):53-60.
[14] 陆小敏,陈杰,袁伟.关于智慧城市顶层设计的思考[J].电子政务,2014,(01):15-22.
[15] 姜德峰,齐瑞瑞.智慧城市基础设施建设与评估[J].电视技术,2013,(14):4,5.
[16] 巫细波,杨再高.智慧城市理念与未来城市发展[J].城市发展研究,2010,(11):56-60.
[17] 李贤毅,邓晓宇.智慧城市评价指标体系研究[J].电信网技术,2011,(10):43-47.
[18] 万碧玉,姜栋,周微茹.国家智慧城市试点与标准化建设探索[J].中兴通信技术,2014,4:2-6.

第 2 章 基于空间信息的智慧城市顶层设计与关键技术

2.1 概　　述

当代城市是一种复杂、开放的混合巨系统,是以人为主体、以空间利用为特点、以集聚效益为目的的集约人口、经济、科学文化的空间地域系统,是一定区域范围内政治、经济、文化和信息的中心。智慧城市就是能够对城市这一巨系统中的各种资源实现充分感知、迅速通信、智能分析和敏捷决策的有机体系,是集城市规划、基础设施、经济发展、城市管理、公共服务、政府效能等为一体的城市科学发展新实践。

智慧城市建设是一项巨系统工程,开展智慧城市建设首先需要进行顶层设计。顶层设计高屋建瓴能把控整体建设过程,统揽全局。智慧城市顶层设计应将智慧城市与国家新型城镇化整体规划紧密结合,从全局视角出发,对整个架构各个方面、各个层次、各种参与力量、各种正面促进因素和负面限制因素进行统筹考虑和设计。反之,如果在推进智慧城市建设过程中没有统一顶层设计和技术标准,在实施过程中必然遭遇各自为政、信息孤岛等城市信息化建设的传统问题,增加建设失败风险,导致建设过程虎头蛇尾、摊子巨大、功效甚微、资金匮乏、不可持续。2014 年 8 月,国家发展与改革委员会、工业和信息化部、科学技术部、公安部、财政部、国土资源部、住房和城乡建设部、交通运输部八部委正式发布了《关于印发促进智慧城市健康发展的指导意见》,明确指出要"加强顶层设计。城市人民政府要从城市发展的战略全局出发研究制定智慧城市建设方案。方案要突出为人服务,深化重点领域智慧化应用,提供更加便捷、高效、低成本的社会服务;要明确推进信息资源共享和社会化开发利用、强化信息安全、保障信息准确可靠,以及同步加强信用环境建设、完善法规标准等的具体措施;要加强与国民经济和社会发展总体规划、主体功能区规划、相关行业发展规划、区域规划、城乡规划,以及有关专项规划的衔接,做好统筹城乡发展布局"。王钦敏在《智慧城市发展高峰论坛》谈到"智慧城市的建设是系统工程,这个系统工程的概念,跟经济的宏观调控这种概念是不一样的。经济上可以考虑到利弊权衡,只要利大于弊,通过判断就可以做。但是系统工程的概念,就好像一部汽车有一万多个零部件,其中有一个零部件出问题了,整个汽车就出问题。这个信息化工程就属于这一类工程。这个系统工程需要系统性、标准化,所以搞信息化的规划非常重要。信息化的组织管理体系和机制的建设、制度的建设都非常重要。不然的话,信息化做完以后,体制机制到后面就用不起来"。

实践智慧城市顶层设计需要在对城市需求进行整体分析的前提下,制定总体战略规划、设计总体架构、落地实施方案。智慧城市总体框架设计是智慧城市顶层设计的重要内容,应在充分了解用户需求基础上,完成智慧城市信息资源设计、智慧城市应用服务系统设计和标准规范体系设计等,构建一整套与城市发展相适应的信息资源体系和一系列满足实际应用需求的软硬件一体化智慧服务平台系统。

2.2 智慧城市总体框架

智慧城市的建设,需要打造一个以空间信息公共平台为核心、以安全管理平台为保障的统一平台,并设立一个能充分感知和动态管理城市运行数据的数据中心,构建通信网、互联网和物联网三张网络,通过分层建设达到平台能力及应用的可成长、可扩充,创造面向未来的智慧城市系统框架,实现科学决策和智慧服务,打造环境友好、资源节约、社会和谐、经济发展、安全舒适、便利健康的理想家园。

智慧城市的总体框架一般包括感知层、网络层、数据层、平台层、应用层和运营层六大层次结构,如图 2.1 所示。

感知层主要包括位于城市信息化体系前端的信息采集设施与技术,如遥感技术、射频识别技术、GPS 终端、传感器,以及摄像头视频采集终端等。感知层是智慧城市的神经末梢,用于实时获取城市各个角落的运行数据。

网络层主要包括通信网、互联网和物联网三张网络,涵盖一系列有线及无线网络传输设施,包括通信光纤网络、3G/4G 无线通信网络、重点区域的 WLAN 网络、微型传感网等,以及相关的服务器、网络终端设备等。网络层是智慧城市的神经网络,将感知层获取的城市运行数据传输到数据层进行统一存储和服务。

数据层获取城市运行数据,经数据处理和信息提取后,汇入智慧城市数据中心进行集成管理与信息服务。数据中心的功能主要包括数据集成管理和数据信息服务两个方面。数据集成管理主要是指借助数据仓库技术,分类管理智慧城市的数据库系统,涉及基础地理数据库、遥感影像数据库、视频资料库、资源环境数据库、历史数据库,以及面向应用的主题数据库。在数据集成管理的基础上,借助云计算、数据交换、智能分析等技术,实现数据服务的发布和共享,为智慧城市经营管理与服务系统,以及决策支持与服务系统提供数据信息与计算服务。

平台层是以空间信息公共平台为核心、以安全管理平台为保障的、基于 SOA

图 2.1　智慧城市总体框架

和云计算的共享服务中心。平台集成遥感技术（RS）、地理信息系统（GIS）、全球定位系统（GPS）、虚拟现实技术（VR）等多种技术，为智慧城市的经营管理、决策支持等提供共性接口技术及公开信息服务，实现整个城市的信息管理、流程管理、应用请求响应、应用服务提供等任务。

应用层包括智慧政务、智慧产业和智慧民生三个方面的专题应用。智慧政务是电子政务的进一步发展，涵盖政务管理信息化及城市经营网络化，涉及城市资源管理、规划管理、环境保护、旅游经营等职能；结合专家知识、数据挖掘、知识发现、情景分析、决策模型等，为城市经营管理中重大事件综合决策提供支撑；智慧产业侧重于城市产业经济发展是指运用知识、信息、创新、高科技、专利等智慧行为进行生产创造，形成有形或无形智慧产品，并具有较高的自然、社会、经济、技术和环境等五律协同度的产业[1]。智慧民生紧密围绕社会公众在衣食住行各方面个性化需求，提供便捷、文明、安全和健康的服务。

运营层主要包括政府、企业和公众三大主体。

为确保智慧城市建设有序开展，还需要建立一套涵盖数据内容、格式、共享方式、开放权限、评价指标等在内的智慧城市建设标准体系，在政策、机制、资金、技术、人才、安全等六个方面提供保障，建立健全智慧城市建设运维保障体系，为城市管理与服务信息化保驾护航。

2.3 智慧城市信息资源体系

城市信息资源是城市运营发展过程中涉及的一切文件、资料、图表和数据等信息的总称，涉及城市经济主体——人、企业、政府——在城市运营活动过程中产生、获取、处理、存储、传输和使用的一切信息资源，贯穿于城市运营发展全过程。信息资源是当今经济社会发展的重要生产要素，是城市宝贵的无形资产和社会财富，与物质资源、能源资源同等重要。信息资源的开发利用程度和信息资源价值的发挥水平已经成为决定一个城市综合竞争力的关键要素。

智慧城市数据及信息资源内容及获取途径，将在第 3 章详细介绍。本节就信息资源体系架构与集成两个方面进行阐述。

2.3.1 智慧城市信息资源架构

城市信息资源作为智慧城市的一种关键要素，在城市运营的各个阶段循环流动，源源不断、生生不息，使智慧城市这一有机体系充满生命力。同时，城市信息资源也在智慧城市运营过程中不断变化其状态、格式与数据模型，从而实现从原始数据到决策信息的跃升。

据统计，80%以上的城市数据都包含了位置信息，任何信息资源，均可与基础地理信息产生密不可分的联系，可以依据其所隐含的空间属性与地理空间进行关联、组织、索引和分析，并以二维、三维及多分辨率地图或场景的形式可视化表达。利用基础地理信息，将城市各类数据以地理空间的视角在地图上进行多层叠加和可视化表达，相对于利用电子表格等传统方式查看枯燥、繁琐的数据，更有利于识别和发掘城市信息中隐含的关联关系和发展趋势，更有益于为城市智慧决策提供手段。因此，智慧城市的信息资源架构在地理空间信息框架之上，将使数据植入有根基，信息导出有基础。

基于地理信息框架的智慧城市信息资源顶层架构设计如图 2.2 所示。

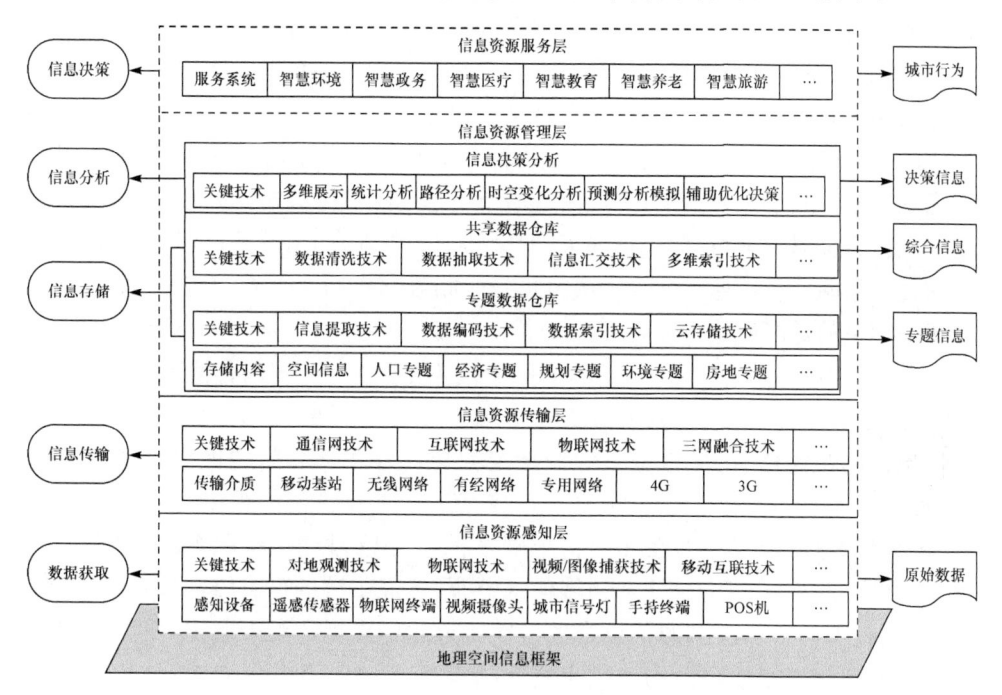

图 2.2 基于地理信息框架的智慧城市信息资源架构

位于最底层的信息资源感知层，利用对地观测技术、物联网技术、视频/图像捕获技术、移动互联技术等，实现对城市内各种信息资源的"天地人一体化"充分感知。该层次的主要组成包括航空航天遥感设备，如遥感卫星、航天飞机、无人机、平流层飞艇等；遍布城市的各类型终端设备，如物联网终端、视频监控摄像头、信号灯等；城市居民的社会活动记录设备，如手机、信用卡、银行卡等。这一层主要获取各种各样的原始数据，这些数据具有离散、多样、异构的特点。

感知层之上的信息资源传输层，实现城市内各种信息资源的迅速传输通信，主要由城市的基础网络构成，即由光纤、基站、wifi 设备等构成的物联网、互联网和通信网。

网络层之上的信息资源管理层，对收集起来的城市海量信息进行存储、处理与分析。智慧城市空间信息公共平台作为智慧城市核心基础平台，通过数据汇交、智能分析与服务发布，对城市信息进行共享交换、信息挖掘和服务决策，对城市具体行为下达行动指令。在这一层，信息资源实现在专题信息、综合信息和决策信息不同状态之间的转换。其中，专题信息主要是对原始信息进行业务归类，具有较强的体系性，但普遍存在相同城市对象的不同属性信息存储于不同专题数据库中的现象，如房屋规划图在建筑业管理局、房屋注册数据在工商行政管理局、房屋高科技数据在科学技术局。利用专题信息，可以实现专题应用的业务分析，保障各部门内部业务运转，但难以实现跨部门数据综合分析。通过数据清洗、数据抽取和数据汇交，专题信息将转换为综合信息存储于共享数据仓库。在数据仓库中，信息不再以专题应用方式存储，而是以城市对象对基础单元进行信息组织，将原本分散在不同专题的、相同城市对象的不同属性，在逻辑上实现无缝一体化管理，还原城市对象的完整风貌。基于综合数据，可以实现城市信息的跨部门分析，为城市顶层决策奠定基础。再辅以决策目标、决策约束、专家知识等内容，利用数据挖掘方法，即可实现综合信息向决策信息的转变。决策信息是指导城市行为的最终指令，是信息资源状态变化的最高形式。

最顶层的信息资源服务层，为城市各个应用系统运营提供信息服务，服务于城市建设、安全防范、经济发展等各个方面。在这一层次，根据信息资源管理层传递出来的决策信息，城市也将针对特定社会现象和社会问题做出科学地行为反应。

为保障信息资源能够在此架构中顺畅传递、识别共享，就需要站在"全局一盘棋"高度，构建一套可涵盖各领域信息资源、标准一致的信息资源体系，通过该体系，把城市各个层面多源信息资源按照一定的标准规范汇聚起来，供城市应用部门和跨部门决策使用。构建信息资源体系通常包含两层含义：一是从管理层面，对分散在各个业务系统中的原始信息资源进行集中整合，形成统一的信息资源体系；二是从服务层面，对各种信息资源进行适当封装，向包括决策层领导、各部门管理人员和广大社会公众在内的不同层次用户，提供内容丰富、形式多样的综合信息服务。无论哪个层面，信息资源体系建设都必须在一系列标准规范约束下有序开展。

2.3.2 智慧城市信息资源集成

集成(integration)是为了实现特定的功能而进行资源再整合、价值再创造的过程。智慧城市信息资源的集成包含三层含义[2]：一是将分散在城市各个领域应用系统的信息汇聚起来得以共享；二是在汇聚共享信息的基础上，城市各个领域应用系统之间可以提出要求相互协调（及互操作）；三是对信息进行数据挖掘，经智能分析后形成优化的行动方案，使众多的相关应用系统协同运行，来处理城市面临的问题。

通常情况下，根据城市辖区范围、组织架构、业务范围的实际情况，智慧城市信息集成平台系统从架构层次上可以分为扁平型、垂直型和综合性，如图2.3所示。

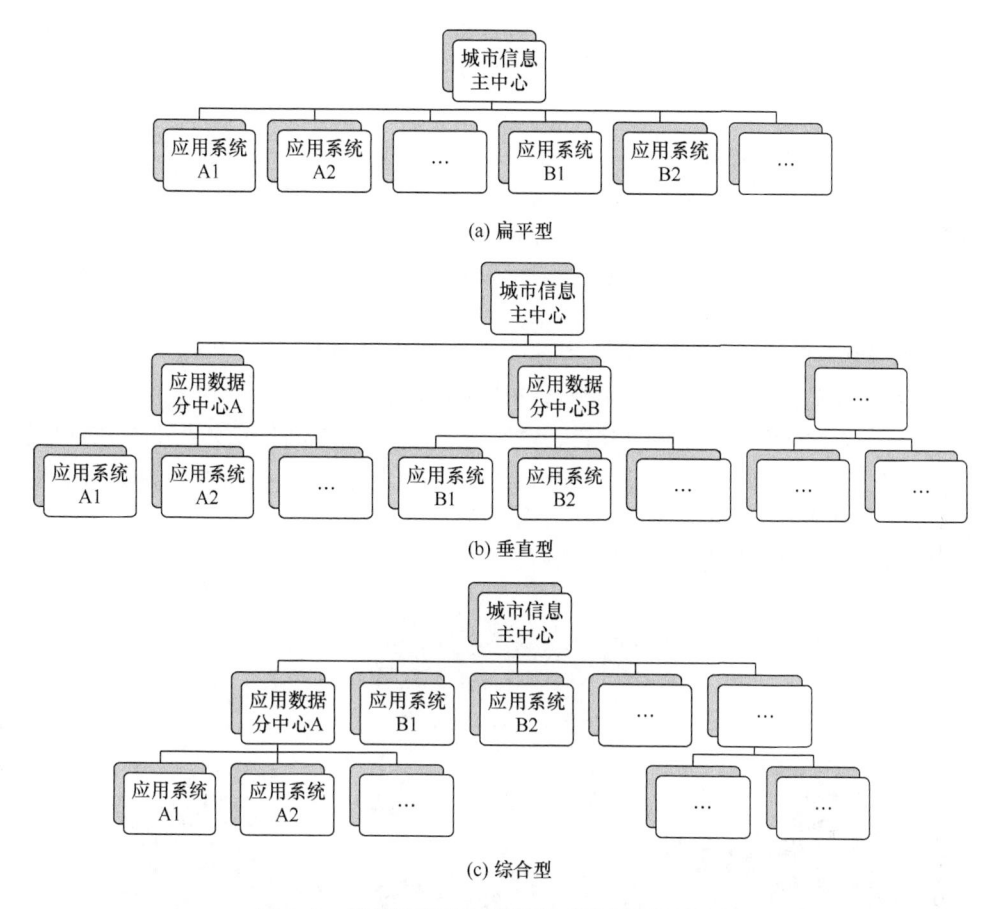

第 2 章 基于空间信息的智慧城市顶层设计与关键技术

(a) 扁平型

(b) 垂直型

(c) 综合型

图 2.3 智慧城市信息资源集成平台架构示意图

在智慧城市建设中,不同的城市和业务领域,不同的用户需求都导致城市信息集成过程中,用户对系统架构要求和功能要求差异较大,因此单纯的扁平型和垂直型都难以完全满足实际需求,而综合型的信息资源集成平台,在系统架构和专题功能上都具备良好的扩展性和灵活性,可以根据实际情况加以灵活设计和建设,从而使智慧城市整套运营体系具备良好的实用性和可持续性。

国家遥感应用工程技术研究中心研制的智慧城市空间信息公共平台采用上述综合型架构,实现了城市信息资源的综合集成,根据实际需求汇聚来自应用数据分中心的共享数据,或直接抽取来自应用系统的共享数据,并基于共享数据,实现跨部门数据综合分析。

2.4 智慧城市平台架构

智慧城市的建设，需要在推进社会事业领域的资源整合和信息共享的基础上，围绕政府、企业、居民在城市管理、社会保障、医疗卫生、文化教育、交通出行等方面的重要问题，提供广覆盖、多层次、差异化、高质量的应用服务，最大限度地满足城市运营参与者对智慧服务的需要。智慧城市的平台建设是实现智慧服务和智慧决策的重要载体和具体手段。

智慧城市的建设，总的来说需要建设五大平台，即空间信息公共平台、数据获取平台、安全管理平台、专题应用平台和公众服务平台。

基于位置的智慧城市平台建设，其核心是智慧城市空间信息公共平台，实现城市范围内多源时空数据和业务专题数据的无缝融合与共享交换，并与数据获取平台、安全管理平台、专题应用平台和公众服务平台四大子平台无缝集成，共同服务于智慧城市的整体建设，如图 2.4 所示。

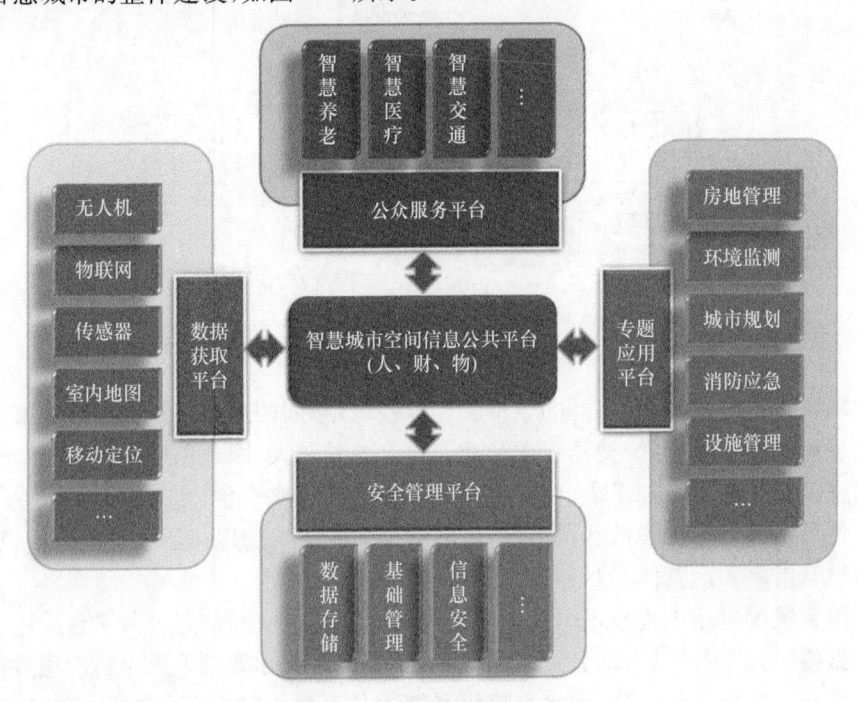

图 2.4 智慧城市平台架构

2.4.1 智慧城市空间信息公共平台

智慧城市空间信息公共平台包括数据获取平台、专题应用平台、公众服务平台、安全管理平台四个组成部分。所谓空间信息公共平台是指基于信息共享目的，将城市信息获取平台采集的城市数据,以及应用服务平台所产生的开放数据,在安全管理平台的支撑下,对城市内的人、财、物等各类信息进行综合管理、交换共享和接口服务的软件平台。其建设目标是基于城市地理空间框架,实现城市企业、居民行为大数据汇集管理与快速检索,实现城市不同政府部门异构系统间的资源共享和业务协同,有效支撑城市正常、健康的运行和管理。

智慧城市空间信息公共平台是智慧城市的核心,其作用主要体现在以下四点。

① 它是城市公共数据的进出通道,可以实现城市公共数据的交换、清洗、编目、整合和组织。

② 它能实现城市公共数据的共享服务,为政府专网和公共网络上的各类智慧应用提供基于位置的城市公共数据服务。

③ 它包括一系列基础时空数据挖掘模型,为专题应用分析和综合决策分析提供基于时空数据挖掘的决策知识服务。

④ 它包含一系列具有共性和基础性的软件开发功能接口,为面向政府、企业、公众的各类应用服务定制开发提供接口服务。

智慧城市空间信息公共平台是智慧城市建设的核心基础平台。本书第 4 章将详细介绍国家遥感应用工程技术研究中心多年来潜心研发的智慧城市空间信息公共平台。

2.4.2 智慧城市数据获取子平台

智慧城市数据获取平台指包括遥感卫星、无人机、物联网、传感器、移动定位、视频监控、社交网络等在内的软硬件基础设施平台。基于该平台,可以"天地人"一体化、快速获取、加工处理并定期更新反映城市体征全貌的时空数据、反映城市运营的专题数据和反映城市主体的用户数据,如遥感 GIS 数据、物联网监测数据、视频监测数据、导航定位数据、社交网络数据等。

该平台具体包括数据采集平台和数据处理平台。数据采集平台采集的数据主要包括的内容如图 2.5 所示。数据处理平台将利用多种数据加工处理方法,对于采集而来的多源异构数据进行加工处理。如对获得的遥感数据,进行几何校正、辐射校正、图像镶嵌、数据融合等初级预处理工作,使得遥感影像数据符合一定的标准和规范。同时,还需基于经预处理的遥感数据,利用信息提取、目标探测、目视解译和外业调研等技术方法,对遥感影像进行深加工,从而获取城市的各类专题数据,如土地利用、城市建筑、道路交通、城市绿地、城市耕地等。

2.4.3 智慧城市安全管理子平台

安全管理子平台包括城市数据存储管理、平台搭建运行的基础软硬件设施,以及用

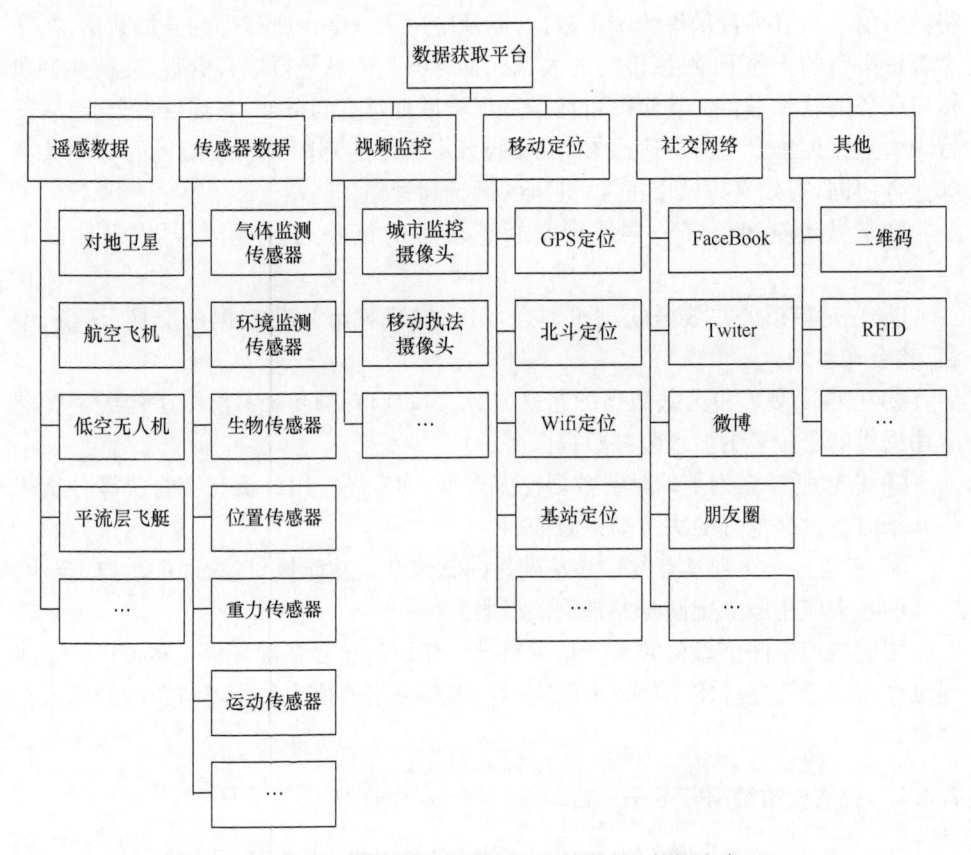

```
                            数据获取平台
         ┌────────┬─────────┬────────┬────────┬────────┐
       遥感数据  传感器数据  视频监控  移动定位  社交网络  其他
         │        │         │        │        │        │
       对地卫星  气体监测   城市监控  GPS定位  FaceBook  二维码
                 传感器    摄像头
       航空飞机  环境监测  移动执法  北斗定位  Twiter    RFID
                 传感器    摄像头
       低空无人机 生物传感器   …     Wifi定位    微博
       平流层飞艇 位置传感器         基站定位    朋友圈
           …    重力传感器           …          …
                运动传感器
                   …
```

图 2.5 智慧城市数据获取子平台获取的数据内容

户身份管理、数据加密管理等一系列信息安全手段。例如,海量数据库软件、ArcGIS 软件等基础软件系统,以及相应的服务器设备及存储设备,如图 2.6 所示。

2.4.4 智慧城市专题应用子平台

专题应用子平台包含面向政府各个业务部门和企业的专题应用系统,如智慧政务、智慧社区、智慧公共安全、智慧环保、智慧食品药品安全等社会管理类应用;智慧市政管理、智慧节能等市政设施类应用;智慧制造、智慧电力、智慧旅游、智慧物流等产业经济类应用。

这类专题应用平台会产生关于城市运营的大量业务信息,因此在某种意义上,该类平台是城市数据的重要来源,产生的信息经清洗、抽取、整合、审查后,将纳入空间信息公共平台为跨部门跨领域的分析决策提供数据支撑。同时,基于空间信息公共平台所提供的公开共享数据,利用综合集成技术和大数据分析等技术,专题应用平台可面向不同领域的不同用户提供智慧的信息支撑服务。

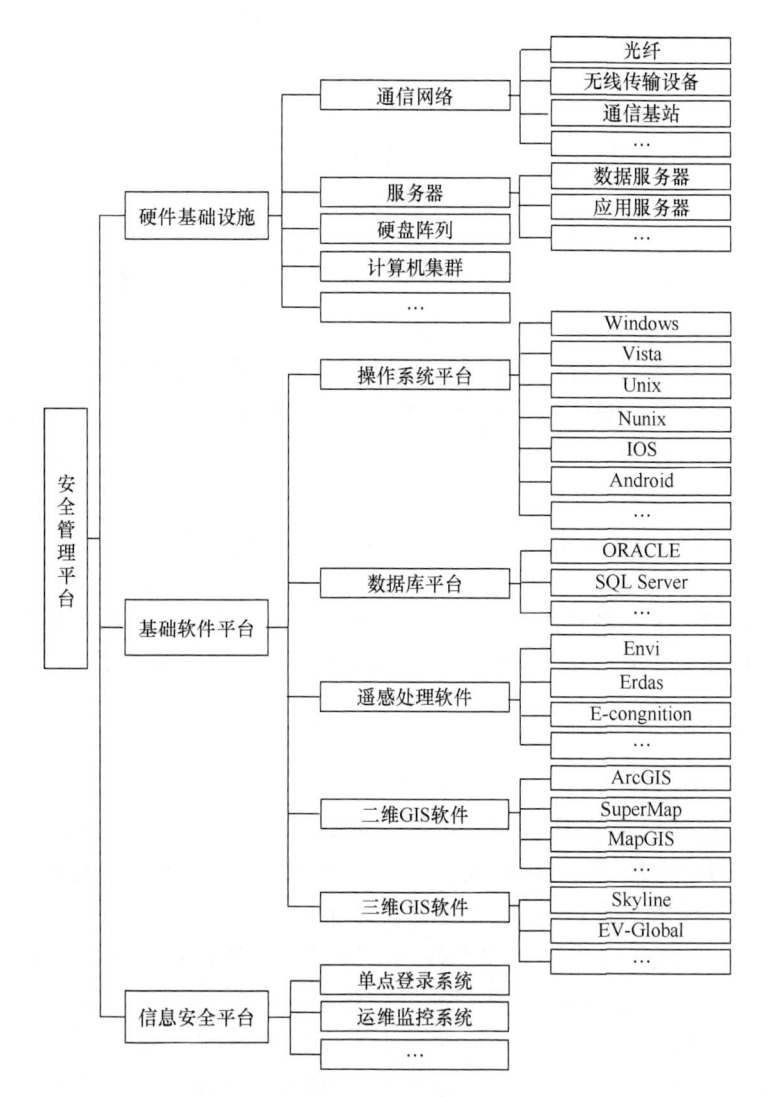

第2章 基于空间信息的智慧城市顶层设计与关键技术

```
                                    ┌─ 光纤
                        ┌─ 通信网络 ─┼─ 无线传输设备
                        │           ├─ 通信基站
                        │           └─ …
                        │           ┌─ 数据服务器
            ┌─ 硬件基础设施 ─ 服务器 ─┼─ 应用服务器
            │           │           └─ …
            │           ├─ 硬盘阵列
            │           ├─ 计算机集群
            │           └─ …
            │                       ┌─ Windows
            │                       ├─ Vista
            │           ┌─ 操作系统平台 ─┼─ Unix
            │           │           ├─ Nunix
            │           │           ├─ IOS
            │           │           ├─ Android
安全                    │           └─ …
管理 ─┤                 │           ┌─ ORACLE
平台                    ├─ 数据库平台 ─┼─ SQL Server
            ├─ 基础软件平台 ─┤        └─ …
            │           │           ┌─ Envi
            │           ├─ 遥感处理软件 ─┼─ Erdas
            │           │           ├─ E-congnition
            │           │           └─ …
            │           │           ┌─ ArcGIS
            │           ├─ 二维GIS软件 ─┼─ SuperMap
            │           │           ├─ MapGIS
            │           │           └─ …
            │           │           ┌─ Skyline
            │           └─ 三维GIS软件 ─┼─ EV-Global
            │                       └─ …
            │           ┌─ 单点登录系统
            └─ 信息安全平台 ─┼─ 运维监控系统
                        └─ …
```

图 2.6 智慧城市安全管理子平台内容

2.4.5 智慧城市公众服务子平台

公众服务子平台指面向社会公众民生问题和惠民问题所构建的服务平台，从服务内容上可以分为智慧养老、智慧医疗、智慧教育、智慧社区、智慧出行等。随着移动互联技术的应用深化，面向公众的智慧服务，需为公众提供全方位的服务，强调用户的参与性和互动协作，使公众能够随时、随地、随愿地在任何智能设备上个性化地获取信息与服务，呈现出基于位置的移动服务这一重要趋势，因此从建设方案上，该平台的建设包括公众数据中心平台和基于多终端的服务软件两大重要内容。

公众数据中心平台需要在保障安全的前提下,秉承平台即服务的云计算理念,对不涉及公众隐私的行为属性数据进行中心存储管理,如智慧养老平台的数据中心,需要对老人的身体健康监测数据、位置数据等进行一体化的管理;智慧旅游的数据中心,需要对旅行者的移动定位数据、旅游偏好数据进行管理等。除此之外,数据中心平台还要为终端应用提供高速服务框架、搜索引擎、推荐引擎、分布式计算等基础服务,以及即时通信、在线支付、资源共享、位置、地图等应用服务接口,并实现新闻、天气等公益性信息自主推送。

基于多终端的服务软件,可以根据用户的实际需求进行个性化定制开发,如智慧出行,市民可通过电脑、手机或车载终端实时了解道路拥挤等情况并根据实际路况规划最优行驶路径。

2.5 智慧城市标准体系

智慧城市标准体系建设是智慧城市建设的重点工作,目前国内外诸多组织机构正在开展相关研究工作。总的来说,国内外标准化工作现状大致如下[3]。

1. 国际标准化机构引领全球智慧城市标准体系的发展方向

国际标准化组织(ISO)、国际电工委员会(IEC)、国际电信联盟标准化部(ITU-T)在积极推动智慧城市标准化工作。2012 年 2 月 23 日,ISO 响应联合国、世界银行等国际组织,以及世界各国对可持续发展标准化的需求,批准成立了 ISO/TC268 社区可持续发展技术委员会(Sustainable Development in Communities),目的是为推动世界各国城市(社区)实现可持续发展,为各类城市(社区)提供支撑技术和工具,包括管理体系要求、指南和相关标准。ISO/TC268 围绕城市和社区可持续发展,组建了 ISO/TC268SC1 城市智能基础设施计量分技术委员会(Smart Urban Infrastructure Metrics),负责制定城市(社区)基础设施计量标准。2011 年日本向 ISO TMB 提出了衡量城市(社区)基础设施智能程度的评估方法,对城市智能基础设施的定义、范围、计量方法等内容提出了具体要求。2013 年 2 月,ITU-T 建立了一个新的针对智慧城市可持续发展问题的专题评估小组,用以评估智慧城市标准化工作。2013 年 6 月,IEC SMB 同意设立智慧城市的系统评价小组,2013 年 7 月在日本召开了第一次工作会议。

2. 欧美各国积极开展国家或区域智慧城市标准化工作

CEN/CENLEC(欧洲标准委员会/欧洲电工标准化委员会)、BSI(英国标准协会)、DIN(德国标准化协会)、ANSI(美国国家标准学会)等地区或国家标准化机构纷纷提出了智慧城市标准化战略定位、体系框架和参考模型。2012年,BSI提出了智慧城市标准化战略,目前正在推动《智慧城市框架:智慧城市和社区决策者的良好做法指南》和《智慧城市术语》等标准的研制工作。2013年4月,CEN及CENELEC共同成立了可持续的智慧城市和社区协调小组(SSCC-CG),加速推进欧洲的智能城市标准化进展。2013年4月4日,ANSI召开了联合会员论坛,讨论标准和一致性解决方案在促进国家和国际智慧城市建设过程中发挥的重要作用。2013年5月,DIN和DKE(德国电气电工信息技术委员会)发布了一份题为"德国标准化路线图:智能城市和社区的可持续发展"的报告。

3. 亚洲国家纷纷智慧城市标准研究计划

2006年,新加坡推出"智慧国2015"计划,并开始研究智慧城市标准化工作。2007年,韩国成立了U-Eco City的研发机构,其任务之一是研究智慧城市的标准化工作。2011年,日本INOTEK组织也开始研究智慧城市标准化工作。从2011年开始,我国国家标准化管理委员会也在积极开展智慧城市标准化工作。

4. 我国正积极开展智慧城市标准体系研究和关键标准研制

我国智慧城市建设的主要标准化组织有全国智能建筑及居住区数字化标准化技术委员会(TC426),主要职责是从事国内城市信息化数字应用标准研究及智慧城市标准体系研究,重点关注城市一卡通、智能家居、数字城管、智能建筑等方面的标准研制,此外还包括全国信息技术标准化技术委员会(TC28)、全国智能运输系统标准化技术委员会(TC 268)、中国通信标准化协会(CCSA)(TC 10)、全国信息分类与编码标准化技术委员会(TC 353)等。地方层面也有部分省市开展了智慧城市标准研究,如浙江省、上海市、南京市、宁波市等地方已将智慧城市标准工作纳入工作任务,并成立了地方标准化组织,积极开展智慧城市评价指标体系、体系结构、信息资源目录和交换等标准规范的研究。目前,我国已经公布《国家智慧城市(区、镇)试点指标体系(试行版)》,并出版《中国智慧城市标准体系研究报告》一书。

2.5.1 引导性指标

由住房和城乡建设部于2012年发布的《国家智慧城市(区、镇)试点指标体系(试行)》,包括4个一级指标、11个二级指标和57项三级指标,如表2.1所示。

表 2.1 引导性指标主体内容

一级指标	二级指标	三级指标
保障体系与基础设施	保障体系	智慧城市发展规划纲要及实施方案、组织机构、政策法规、经费规划和持续保障、运行管理
	网络基础设施	无线网络、宽带网络、下一代广播电视网
	公共平台与数据库	城市公共基础数据库、城市公共信息平台、信息安全
智慧建设与宜居	城市建设管理	城乡规划、数字化城市管理、建筑市场管理、房产管理、园林绿化、历史文化保护、建筑节能、绿色建筑
	城市功能提升	供水系统、排水系统、节水应用、燃气系统、垃圾分类与处理、供热系统、照明系统、地下管线与空间综合管理
智慧管理与服务	政务服务	决策支持、信息公开、网上办事、政务服务体系
	基本公共服务	基本公共教育、劳动就业服务、社会保险、社会服务、医疗卫生、公共文化体育、残疾人服务、基本住房保障
	专项应用	智能交通、智慧能源、智慧环保、智慧国土、智慧应急、智慧安全、智慧物流、智慧社区、智能家居、智慧支付、智能金融
智慧产业与经济	产业规划	产业规划、创新投入
	产业升级	产业要素聚集、传统产业改造
	新兴产业发展	高新技术产业、现代服务业、其他新兴产业

2.5.2 技术类指标

《中国智慧城市标准体系研究报告》一书对智慧城市建设的技术类标准进行了研究,包括总体标准、基础设施、建设与宜居、管理与服务、产业与经济、安全与运维等 6 个标准子体系,涵盖 18 个技术领域 126 个分支的专业标准(图 2.7),收集了 3294 项标准,提出了 267 项待制订的标准计划[4]。

2.5.3 评价指标体系

加强对智慧城市发展水平的评估和研究,有利于引导智慧城市的建设方向,推动我国城市信息化健康、有序的发展。2012 年 10 月,工业和信息化部信息化推进司委托中国软件评测中心研究制定了《智慧城市评估指标体系(征求意见稿)》,并下发到各地的工业和信息化主管部门,开展了广泛的意见征集活动。基于智慧城市的内涵特征,结合各地智慧城市建设实践与发展路径,《智慧城市评估指标体系(征求意见稿)》形成了由智慧准备、智慧管理、智慧服务 3 类一级指标、9 个二级指标,共 45 个考察点组成的评估指标体系,如表 2.2 所示。

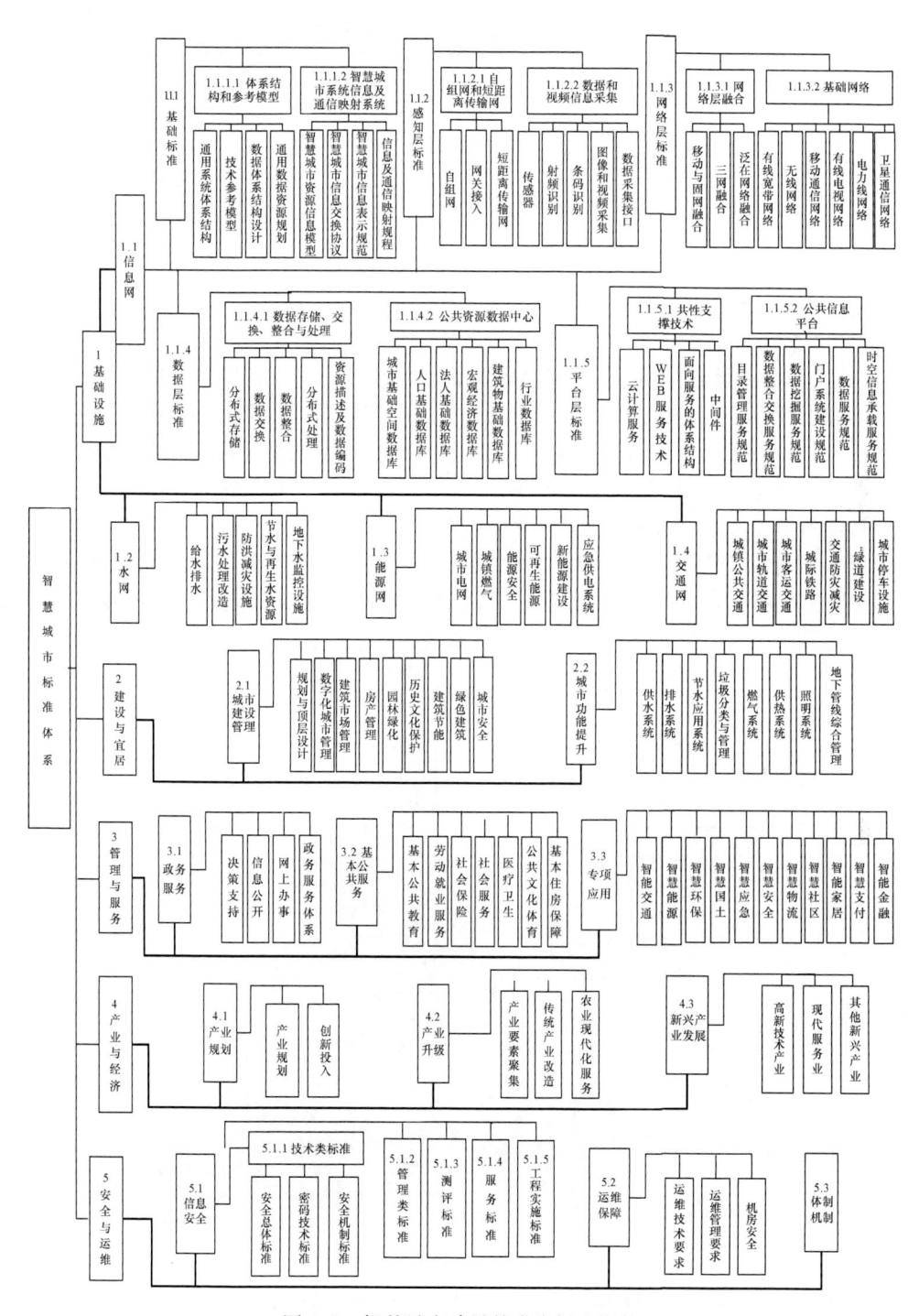

图 2.7 智慧城市建设技术类标准框架

表 2.2 智慧城市评估指标体系框架

总指标	一级指标	二级指标
城市智慧度	智慧准备	网络环境
		技术准备
		保障条件
	智慧管理	城市运行管理能力
		建设过程控制
		运营管理模式
	智慧服务	智慧服务覆盖度
		获取便捷性
		处理效率

中国软件评测中心提出了智慧城市评估 SMART 模型,即从服务(service)、管理和运营(management and maintenance)、应用平台(application platform)、资源(resource)和技术(technology)等方面进行评估,如图 2.8 所示[5]。作为智慧城市评估的理论模型,根据评估侧重点的不同,SMART 模型可划分为投入层、产出层和绩效层。基于 SMART 模型,在《智慧城市评估指标体系(征求意见稿)》的基础上,中国软件评测中心吸收来自地方政府信息化主管部门、电信运营商、IT 厂商和相关研究机构提供的意见和建议后,对智慧城市评估指标体系进行了进一步细化。

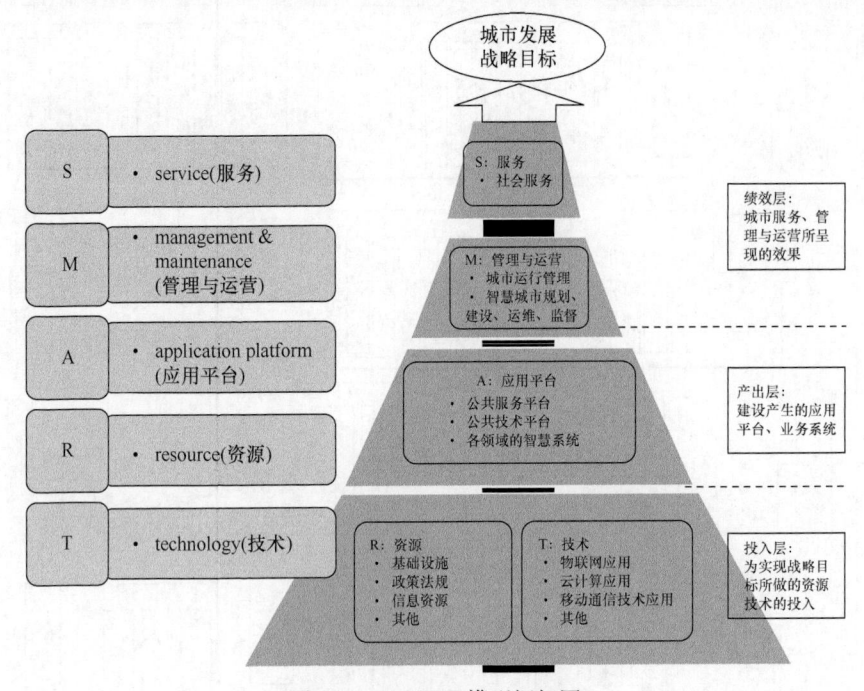

图 2.8 SMART 模型框架图

此外,上海浦东作为智慧城市建设的先锋,于 2012 年 12 月发布了《智慧城市评价指标体系 2.0》,该指标体系主要分为智慧城市基础设施、智慧城市公共管理和服务、智慧城市信息服务经济发展、智慧城市人文科学素养、智慧城市市民主观感知、智慧城市软环境建设等6个维度，包括18个要素、37个指标，如图2.9所示。

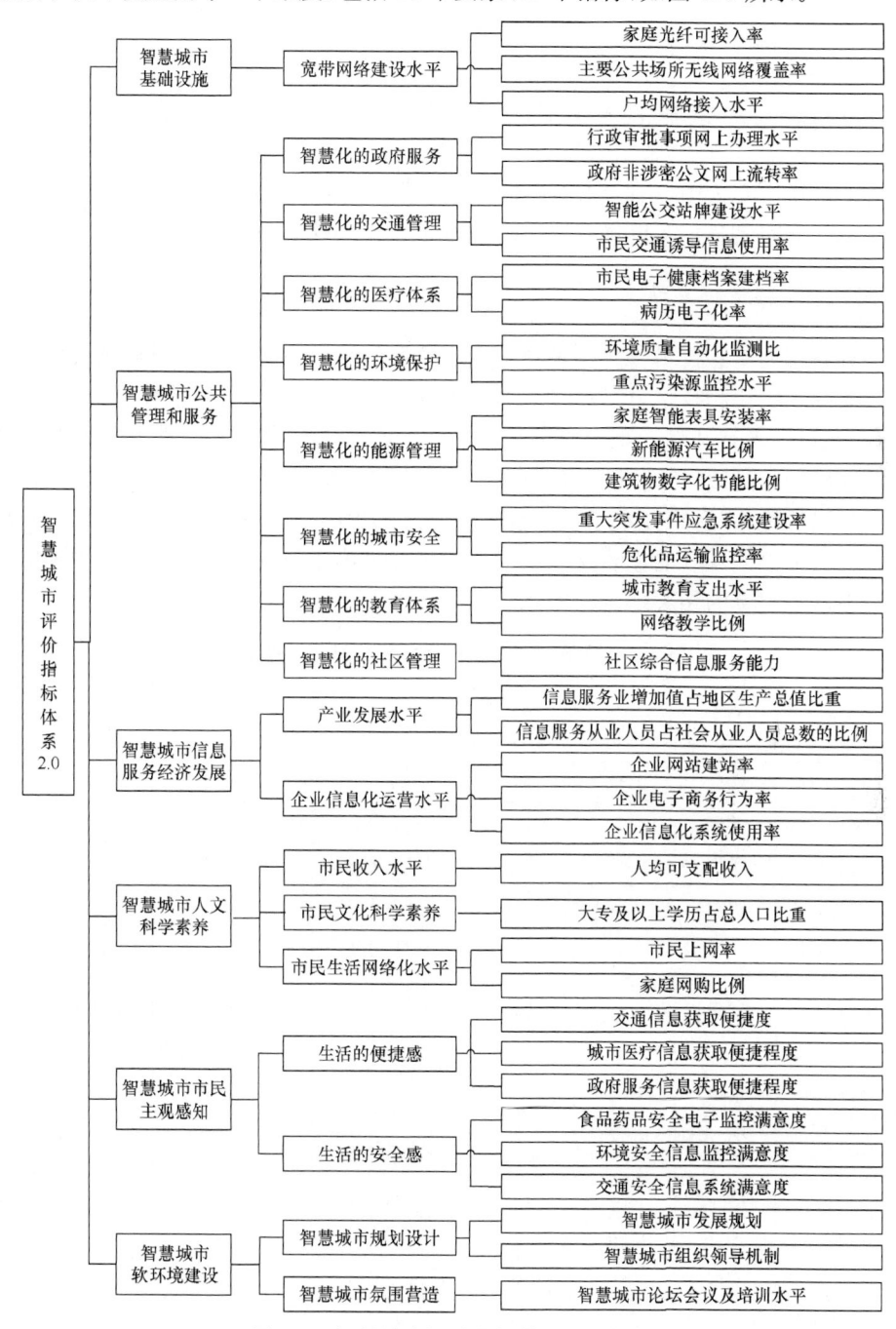

```
智慧城市评价指标体系2.0
├─ 智慧城市基础设施
│   └─ 宽带网络建设水平
│       ├─ 家庭光纤可接入率
│       ├─ 主要公共场所无线网络覆盖率
│       └─ 户均网络接入水平
├─ 智慧城市公共管理和服务
│   ├─ 智慧化的政府服务
│   │   ├─ 行政审批事项网上办理水平
│   │   └─ 政府非涉密公文网上流转率
│   ├─ 智慧化的交通管理
│   │   ├─ 智能公交站牌建设水平
│   │   └─ 市民交通诱导信息使用率
│   ├─ 智慧化的医疗体系
│   │   ├─ 市民电子健康档案建档率
│   │   └─ 病历电子化率
│   ├─ 智慧化的环境保护
│   │   ├─ 环境质量自动化监测比
│   │   └─ 重点污染源监控水平
│   ├─ 智慧化的能源管理
│   │   ├─ 家庭智能表具安装率
│   │   ├─ 新能源汽车比例
│   │   └─ 建筑物数字化节能比例
│   ├─ 智慧化的城市安全
│   │   ├─ 重大突发事件应急系统建设率
│   │   └─ 危化品运输监控率
│   ├─ 智慧化的教育体系
│   │   ├─ 城市教育支出水平
│   │   └─ 网络教学比例
│   └─ 智慧化的社区管理
│       └─ 社区综合信息服务能力
├─ 智慧城市信息服务经济发展
│   ├─ 产业发展水平
│   │   ├─ 信息服务业增加值占地区生产总值比重
│   │   └─ 信息服务从业人员占社会从业人员总数的比例
│   └─ 企业信息化运营水平
│       ├─ 企业网站建站率
│       ├─ 企业电子商务行为率
│       └─ 企业信息化系统使用率
├─ 智慧城市人文科学素养
│   ├─ 市民收入水平
│   │   └─ 人均可支配收入
│   ├─ 市民文化科学素养
│   │   └─ 大专及以上学历占总人口比重
│   └─ 市民生活网络化水平
│       ├─ 市民上网率
│       └─ 家庭网购比例
├─ 智慧城市市民主观感知
│   ├─ 生活的便捷感
│   │   ├─ 交通信息获取便捷度
│   │   ├─ 城市医疗信息获取便捷程度
│   │   └─ 政府服务信息获取便捷程度
│   └─ 生活的安全感
│       ├─ 食品药品安全电子监控满意度
│       ├─ 环境安全信息监控满意度
│       └─ 交通安全信息系统满意度
└─ 智慧城市软环境建设
    ├─ 智慧城市规划设计
    │   ├─ 智慧城市发展规划
    │   └─ 智慧城市组织领导机制
    └─ 智慧城市氛围营造
        └─ 智慧城市论坛会议及培训水平
```

图2.9 智慧城市评价指标体系2.0框架

2.6 智慧城市关键技术

2.6.1 空间信息技术

空间信息是发展智慧城市的重要基础之一,使得智慧城市除了拥有全方位的信息采集能力外,还具备更强有力的信息处理、分析、共享和协同能力。在越来越多的智慧城市实践中,已经利用相关技术构建了一套以空间信息为线索的生态服务体系。空间信息技术已经发展成智慧城市建设的核心技术之一。

1. 航空航天遥感技术

航空航天遥感技术作为一种在不直接接触的情况下对目标物或自然现象远距离感知的一门探测技术,可以快速、准确地获取城市空间结构、发展变化、生态环境等有关信息,既有城市宏观全貌的综合数据,又有城市的一屋一桥等微观图像数据,可以全面、高效、实时地了解城市的发展变化。正是由于这种有别于以往任何常规方法的优势,遥感技术已经被越来越广泛地运用到城市建设的各个领域中,成为智慧城市数据获取的重要技术手段。表 2.3 列出了目前主要在轨民用中高空间分辨率遥感卫星的相关信息。

表 2.3 目前主要在轨民用中高分辨率遥感卫星

卫星	国家/地区	发射年份	重访周期/天	传感器	幅宽/km²	地面分辨/m
Landsat5	美国	1985	16	TM	185×170	30/120
Landsat7	美国	1999	16	ETM+	185×170	15/30
IKONOS-2	美国	1999	3-4	PAN/MSS	11.3×11.3	1.0/4.0
EROS-A	以色列	2000	5	PAN	14×14	1.9
Quickbird-2	美国	2001	4-6	PAN/MSS	16.5×16.5	0.61/2.44
SPOT-5	法国	2002	26	高分辨率几何装置(HRG)	60×60	2.5 或 5.0/10.0
SPOT-6	法国	2012	26 可编程	全色/多光谱 HRV	60×600	1.5/6.0
Pleiades	法国	2010	1	PAN/MSS	20×20	0.5/2.0
ENVISAT	欧空局	2002	35	SAR	5×5	10
IRS-P6	印度	2003	5	LISS-4	23×23/70×70	5.8
Orbview3	美国	2003	2-3	PAN/MSS	8×8	1.0/4.0
FORMOSAT-2	中国台湾	2004	1-6	PAN/MSS	24×24	2/8

续表

卫星	国家/地区	发射年份	重访周期/天	传感器	幅宽/km²	地面分辨/m
IRS-P5	印度	2005	24	PAN	25×25	2.5
北京一号	中国	2005	3-4天	PAN/MSS	24×24/600×600	4.0/32
EROS-B	以色列	2006	3	PAN	14×14	0.7
Resurs-DK1	俄罗斯	2006	5-7	PAN/MSS	28×28	0.9/1.5
RS-1	中国	2006	4	SAR	40/100	5.0/20
ALOS	日本	2006	2	PAN/MSS	35×70/70×70	2.5/10
Orbview5	美国	2007	3	PAN/MSS	15.2×15.2	0.41/1.65
RadarSat-2	加拿大	2007	24	SAR	20×20/50×50	3.0/8.0
Cosmo-SkyMed	意大利	2007	1	SAR	10×10	1
遥感二号	中国	2007	/	PAN	25×25	2
TerraSAR-X	德国	2007	2	SAR	5×10	1
CBERS-02B	中国	2008	26/3	HR/CCD	27×27	2.36/19.5
THEOS	泰国	2008	2	PAN/MS	22×22 90×90	2.0/15.0
HJ-1A/.B	中国	2008	/	CCD	360(单台)、700(二台)	30
Rapideye	德国	2008	1	MSS	77×77	5
Worldview-1	美国	2007	1.7	PAN	17.6×14	0.61
Worldview-2	美国	2009	1.1	PAN/MSS	16×16	0.5/1.8
GeoEye-1	美国	2008	2-3	PAN/MSS	11.3×11.3	0.41/1.65
NigeriaSat-2	尼日利亚	2011	2	PAN/MSS	20×20	2.5/5.0
资源一号02C	中国	2011	3-5	PAN/MSS	单台27,两台54	5.0/10.0
资源三号	中国	2012	5	前视、后视相机；正视相机；多光谱相机	52/51/52	3.5/2.1/6.0
高分一号	中国	2013	4天	PAN/MSS/宽幅	60km,800km	2.0/8.0/16
Landsat8	美国	2013	16	OLI/TIRS	185×170	15/30/60
高分二号	中国	2014	*	PAN/MSS	*	1/4

中国的遥感技术起步于20世纪70年代末期,经过几十年的发展,积累了丰富的经验,已经走在了世界的前列。尤其是近十年来,我国相继发射了资源系列卫星、环境系列卫星、环境减灾系列卫星、测绘系列卫星、高分系列遥感卫星等。例

如,中巴合作发射的 CBRES-01-02 资源遥感卫星,填补了国内遥感数据的空白,结束了我国依赖国外遥感数据的状况;在 2008 年发射的 HJ-1 A/B 星增加高分辨率相机、高光谱相机、宽覆盖 CCD 相机、红外相机。目前正在论证发射 CBERS-04/05 遥感卫星、高分卫星、地震电磁探测卫星、重力场测量卫星等专题应用遥感探测卫星。

遥感具有视野广阔、快速准确、形象直观等特点,获取的信息宏观特征突出、整体性好、可比性强,且具有多维的特点,因此能对城市进行全方位的分析研究。近年来,随着遥感技术、对地观测技术及成像光谱仪技术等技术的飞速发展,使人们可以获得粗、细、精空间分辨率互补,长、中、短时间分辨率互补的遥感数据。这些多源、多量、多类、多维和多应用主题特征的海量城市遥感数据,为人们研究城市用地和城市环境等问题提供了大量宏观的第一手数据,创造了空前的有利条件。遥感数据是城市生态环境、城市规划与管理最为重要的信息源[6],能够为城市环境保护、环境质量评价、城市规划、城市绿化、城市交通规划等提供科学依据。鉴于城市是个多元、多介质、多层次的动态体系,开展综合集成的智慧城市建设,最好实施多种类的遥感监测,进行多途径、多方法的研究,开展多部门、多学科的分析应用。

2. 遥感信息提取技术

航空航天遥感技术可以为城市研究提供海量的影像数据,但这些数据还不是信息,它只是多种信息与噪声的混合载体,只有通过对这些影像数据的进一步处理、分析与信息提取,才能把通过遥感技术获得的数据转化为有用的信息,进而从这些信息中提炼出宝贵的知识,来指导科学决策[7]。如何快速准确地从极为复杂而庞大的数据中获得对人们有用的信息,如何提高城市信息提取的精度和效率,不仅是遥感影像自动解译需要解决的关键问题,也是数字城市、数字地球和智慧城市建设的一个重要方面。

遥感图像中目标地物的特征是地物电磁波辐射差异在影像上的反映。光学遥感图像通过像元亮度值的高低差异(反映地物的光谱信息)和空间变化(反映地物的空间信息)来表示不同地物的差异,这是区分不同图像中不同地物的物理基础。遥感信息提取就是依据图像上的地物特征,识别地物类型、性质、空间位置、形状、大小等属性的过程。常用的遥感信息提取的方法有两大类,一是目视解译,二是计算机信息提取。

目视解译是指专业人员利用图像的波谱特征(色调或色彩)和空间特征(形状、大小、阴影、纹理、图形、位置和布局),与多种非遥感信息资料(如地形图、各种专题图)组合,运用其相关规律,进行由此及彼、由表及里、去伪存真的综合分析和逻辑推理的思维过程。早期的目视解译多是纯人工在相片上解译,后来发展为人机交互方式,并应用一系列图像处理方法进行影像的增强,提高影像的视觉效果后在计算机屏幕上解译。

计算机信息提取是以遥感数字图像为研究对象,在计算机系统的支持下,综合运用地学分析、遥感图像处理、GIS、人工智能技术等,实现地学专题信息的智能化获取。利用计算机进行遥感信息的自动提取必须使用数字图像,由于不同地物在同一波段、同一地物在不同波段都具有不同的波谱特征,通过对某种地物在各波段的波谱曲线进行分析,根据其特点进行相应的增强处理后,可以在遥感影像上识别并提取同类目标物。此外,为了识别地物的变化信息,遥感图像变化检测也成为计算机信息提取的一种常用方法。

城市是一个复杂的人文与自然的复合系统,是人口、资源、环境和社会经济要素高度密集的综合体。城市用地是城市居民生活的基本空间,是城市各种经济活动的场所,也是影响周围地区发展的经济辐射源和社会经济信息反馈交流的中心。随着工业化的迅速发展和城市化进程的加快,导致人口的进一步集聚,城市用地需求增加,城市土地利用矛盾更趋紧张,这促使城市的管理者和决策者寻求现代化的方法和技术为城市发展提供辅助决策的信息支撑。遥感信息提取技术能够提取城市土地利用、城市动态变化、城市物理环境(热环境、不透水层)、城市环境污染(固体废弃物、大气、水)、城市生态系统、城市资源(绿地、湿地、水资源)、城市交通、城市三维信息(地表变形、建筑物)、城市人文社会信息(人口、经济)等城市相关信息,在智慧城市建设中发挥重要作用。

3. 空间数据编码技术

全要素地理编码是空间信息标准化和非空间数据空间化的重要途径。在传统地理研究中,非空间信息与空间信息的互相转化主要归功于地理编码和反编码技术。

联合国地理信息工作组(UNGIWG)对地理编码给出了广义定义:地理编码或位置编码是地理标识码,编码以字母或数字组合方式出现,用来确定特定位置,在特定地点或具体位置的地理编码通常以位置代码的形式存在[8]。一个通用的代码系统建立和共享位置信息,是在不同民族、文化、语言和机构之间建立的共同语言。自然区域编码系统(NAC)是加拿大 NAC 地理技术公司基于广义地理编码方法开发的一种国际网格通用编码。该类编码是能表示世界上任何地点和地区的统一编码,可消除由不同地点的不同表示方法造成的巨大隔阂,目前已被广泛应用于全世界多个领域,如将全球通用地址标注在门牌上、路标上和所有路边物体上以大地数据化,但缺陷是编码较为复杂,不适用于人们日常的使用习惯[9]。

狭义的地理编码方法进行了本地化处理,通过与当地相关的地理相关描述性语言(如街道、邮政编码等),来反推地理实体空间坐标[10,11]。典型的有美国国情普查局 1990 年发布的 TIGER 系统,通过地址内插实现人口普查;加拿大统计局采用通过邮编号码转化规则文件(PCCF),来实现人口普查;澳大利亚的国家地理编码数据库(GNAF)按照行政区划等级将地址划分为区域、街道、宗地(门牌号)三级,并以相应地址所在地域范围的几何中心作为基本位置进行地理编码。该类编码更符合人们的生活习惯,但只限于区域化使用[12]。

智慧城市的核心要素是人,城市构建渗透的任何新生技术都是围绕以人为本的基本理念,以实现经济、社会、环境的全面可持续发展为最终目标。基于上述编码方法,只能基本满足非空间信息与空间信息的互相转化,对城市内部要素间相互协同作用产生的影响考虑较少,不能同时满足通用性和易用性两个编码条件。因此,智慧城市背景下的全要素编码需从城市综合体角度出发,以人为本,重新梳理城市的动态和静态要素,改进现有的地理编码方法,在此基础上创建城市全要素编码模型,让快速膨胀、杂乱无序的城市数据能够以一种有序、可无限扩张的形式与地理空间信息进行绑定,使基于智慧城市的大数据分析能够充分发挥其用武之地。

4. 时空数据融合技术

融合的概念开始出现于20世纪70年代初期,当时称为多源相关、多传感器混合和数据融合。80年代以来,信息融合技术得到迅速发展,对它的称谓亦渐趋统一。现在多称之为数据融合或信息融合[13]。国内外已有很多学者在信号处理、自动控制、遥感应用等方面对数据融合的概念、模式和方法进行了研究[13-16]。

面向智慧城市的城市时空数据融合是指对不同信息源和传感器组成的感知网络采集的时空数据,利用数学方法和技术工具进行加工、融合,从而生成完整、准确、及时和有效的综合基础数据的过程。成熟的数据融合方法主要有经典推理法、卡尔曼滤波法、贝叶斯估计法、Dempster Shafer证据推理法、聚类分析法、参数模板法、物理模型法、熵法、品质因数法、估计理论法和专家系统法等。智能方法主要包括模糊集合理论、神经网络、粗集理论、小波分析理论和支持向量机等。

多源城市时空数据具有冗余性、互补性和合作性。一般来说,对冗余信息的融合,可以减小对目标解译、识别的误差和不确定性,提高精确性;对互补信息的融合,可以提高输出成果的鲁棒性、可信度;对合作信息的融合,可以增强融合系统的协调性[3]。因此,城市时空数据融合的功能可以概括为:扩展时空观测范围,提高目标可探测性,改进探测性能;提高时间或空间分辨率,增加目标特征矢量的维数,降低信息的不确定性,改善信息的置信度;增强系统的容错能力和自适应能力;从而降低推理的模糊程度,提高决策能力[4]。因此,城市时空数据融合往往可以获得单传感器难以获得的结果,融合后的数据扩展了时空范围,使城市数据更丰富、更简洁。

在城市遥感应用中,城市时空数据融合主要是将具有不同空间分辨率、时间分辨率和光谱分辨率的影像数据智能化合成,实现多种信息资源的相互补充,改善遥感影像的空间分辨率和清晰度,提高遥感影像的综合分析精度。例如,将不同时空分辨率特征的数据进行融合,充分利用高分辨率遥感影像提供的空间分布信息和低分辨率遥感影像提供的时间变化信息,从而在更精细的时间空间尺度上反映地表特征的时空变化,获取高时空分辨率数据集,更好地为智能分析提供综合数据支持。

5. 时空数据仓库技术

智慧城市是在城市数据化的基础上提供智能分析和智能服务[17]。研究智慧城市海量数据的收集、存储和分析处理技术,对智慧城市数据挖掘和智慧决策具有重要的意义[18]。目前城市数据多分布在原有各部门(如国土、规划、林业、电力等)分散建立的信息化系统中,通过数据抽取后汇总到数据中心实现综合分析服务,但汇总整合后的数据会经常性地出现难匹配、不一致、信息冗余等问题,难以有效辅助智慧城市的多维决策分析[19,20],因此面向不同应用主题的、辅助高层次、多维度、多时空信息分析的城市时空数据仓库技术是智慧城市建设的关键技术之一。通过设计多层次的时空数据仓库架构体系和多维数据模型,以面向主题的方式抽取聚合并一体化集成多样式、分布式存储的异构多源数据,可以为全面物联、充分整合的智慧城市建设和高层次、全局性的分析决策提供数据支撑。

数据仓库(data warehouse)是一个面向主题的(subject oriented)、集成的(integrated)、相对稳定的(non-volatile)、反映历史变化的(time variant)数据集合,用于支持管理决策(decision making support)[21]。来自于异地、异构的数据源或数据库的数据经加工后均可在数据仓库中存储、提取和维护[22]。时空数据仓库是GIS与数据仓库技术相结合的产物,是在数据仓库基础上,引入时空维数据,增加对时空数据的存储、管理和分析能力,根据主题从不同的GIS应用系统中截取从瞬态到区段,直到全域的不同规模时空尺度上的信息,从而为城市管理提供信息服务和决策支持。

传统的数据库系统主要面向具体应用,其数据结构对单一的工作流程最优,但面对多源数据、历史数据、不一致的数据其分析功能有限,无法充分利用宝贵的数据资源,无法为高层次决策分析提供全面数据支持[23,24]。时空数据仓库的建立可以通过元数据刻画的抽取和聚集规则,将多样式、分布式存储在各种应用数据库系统中的源数据集成起来,按照统一的命名规则和编码规则进行数据存储,使数据结构从面向应用转为面向主题,从而支持不同维度的高层次决策分析。通过智慧城市时空数据仓库建设,可以有效集成聚合多样式、分布式存储的异构源数据,并利用数据联机分析等方法实现数据在不同层次上的多维表达,满足智慧城市决策分析的实际应用需求。

6. 时空数据挖掘技术

随着智慧城市建设的广泛开展,城市的数据资源日益丰富,但数据资源中蕴含的知识远远没有得到充分的挖掘和利用,致使数据爆炸但知识贫乏。因此,从海量数据中发掘有效的信息就成了人们的迫切需求。20世纪末出现了多学科相互交融和相互促进的新兴边缘学科——数据挖掘和知识发现(data mining and knowledge discovery,DMKD),可以为决策者提供极有价值的知识,带来不可估量的效益,已经成为国际研究和应用的热点[25]。

数据挖掘是从大量的、有噪声的、模糊的数据中提取隐含在其中未知的、有用的信息和知识的过程。数据挖掘通常包括关联分析、分类分析、聚类分析、离群点分析、时间序列分析等。关联分析是指如果两个或多个对象之间存在某种关联,那么其中一个对象就能通过其他对象进行预测,目的是为了挖掘数据间隐藏的相互关系。分类分析就是找出一个描述和区分数据类别的模型,以便预测未知数据的类别,应用最为广泛的两种分类模型是决策树模型和朴素贝叶斯模型。聚类分析是在数据对象没有预定类别的前提下,把数据按照相最大化类内相似性、最小化类间相似性的原则归纳成若干类别,从而使同一类的数据对象有很高的相似性、不同类之间相似性较低。离群点分析通过假定一个数据分布或者概率模型,利用统计检验来检测离群点,或者使用距离度量,将远离簇的对象划分为离群点。时间序列是按时间顺序的一组数据序列,分析这些数据演算出的重复发生概率较高的模式,进而通过分析,根据已有的数据推算出未来的数据范围[26]。

在利用数据挖掘方法从城市数据中提取知识的基础上结合过去和现在的信息,建立相应的辅助决策模型,预测分析城市未来的发展状态,为城市运行管理、建设规划、应急指挥、决策支持奠定基础。

决策模型是为管理决策而建立的模型,即为辅助决策而研制的数学模型。随着运筹学的发展,出现了诸如线性规则、动态规则、对策论、排队论、存贷模型、调度模型等有效的决策分析方法,它们均由计算机实现,成为实用的决策手段。在智慧城市建设的许多方面都需要用到决策模型,根据具体应用的不同,设计的决策模型也不尽相同。在多阶段、多目标、多部门应急决策中,引入协同网络、协同矩阵、协同系统等概念建立应急协同的决策模型,不仅解决了决策时各部门的协同问题,而且保证了决策的动态性,并可以根据局势的不断变化动态调整决策[27]。在城市重特大事故处理中,提出情景再现和态势推演策略的"情景-应对"应急决策模型,优于传统的"预测-应对"模式,更能适应当前城市重特大事故应急决策科学性的要求,从而为城市应急提供有益的探索和创新[28]。在公众服务领域,根据消费者的购物习惯分析,构建综合购物决策模型,研究消费者网上购物的决策过程,从而指导商家合理经营[29]。另外,为了使不掌握太多专业知识的使用者能够选择合适的决策模型,可构建基于知识的决策模型选择系统,利用局部择优算法进行模型的自动选择,以研究框架和产生式规则相结合的方式来表示模型选择知识[30]。

预测分析是依据过去和现在的信息,针对不同的预测对象和目标,选取适当的预测方法进行预测的过程,不同的预测对象需要采取相应的预测方法。目前围绕城市生活的各个方面进行预测分析的方法研究已经成绩斐然。在城市扩张方面,运用定性定量相结合的方法来研究土地利用变化情况,预测未来土地利用的动向,为城市土地利用规划、城市规划及土地管理部门等提出合理性、科学性建议。在资源环境方面,学者分析了中国草地资源综合生产能力[31]、北方地区旱涝年代纪[32]、区域水资源量变化[33]、城市热岛效应[34]等,通过评价资源增长趋势及其地域分布状况,为定制化的区域资源调配、生态环境保护、发展规划提供指导。在人口增长预测方面,学者研究了中国未来50年人口增长[35]、北京市人口发展趋势[36]等,为政府进行用地规模决策、设施承载力、交通规划等提供了依据。另外,在交通、经济、政治、军事、气象等领域都进行了有价值的预测分析探索。

7. 三维可视化技术

要实现智慧城市,在当今时代,必须接入互联网平台和移动终端以期为社会大众提供便捷、高效的服务手段,使现实城市在网络上真实再现,并基于此拓展各式各样深入而生动的应用。为此,首先要给平面城市穿上立体外衣,即在网络上真实再现城市立体形态信息。随着计算机技术,特别是计算机图形学、三维仿真技术、虚拟现实技术,以及网络通信技术的飞速发展,三维可视化技术日渐成熟,已成为智慧城市软件平台建设的重要环节。三维可视化技术包括城市三维建模技术和城市三维平台技术。

(1) 城市三维建模

随着数字城市、智慧城市对可视化技术的巨大需求,三维建模技术理论得到了快速的发展和突破。快速、高效地获取并更新维护城市三维模型数据是当前三维建模技术研究的热点。按数据采集方式和建模手段,城市三维建模技术可分为以下几类。

① 基于CAD的建模技术。在制作城市精细模型方面,以3D Max为代表的基于CAD的建模技术具有较大优势,可以大比例尺地形图CAD数据为基础进行三维模型制作,模型纹理图片用数码相机拍照,在经过照片纠正处理后进行纹理贴图。基于CAD的建模方法可主要用于城市建筑和景观等模型的制作,利用该技术可以建立非常逼真的、高精度的三维建筑模型,但存在成本高、效率低等问题。

② 激光扫描建模技术。激光扫描三维建模技术主要有两种。一种是机载激

光扫描技术(LiDAR)。该技术可快速获取数字地面模型(DTM)、数字表面模型(DSM),并可用于地形测图,配以高精度数码相机,可同时完成地表纹理的采集,是数字城市三维建模高效的数据获取方式。目前,该技术研究的重点集中在如何提高自动化建模程度方面。另一种是地面激光扫描三维建模技术。该技术通过对单个空间对象进行激光扫描形成三维点云和纹理采集,再通过后期处理形成三维模型。其优点是可以快速获取单体几何信息,建模成果精度非常高,特别适合不规则空间物体建模。

③ 基于摄影测量的城市三维建模技术。该技术主要有两类:一是基于机载摄影测量的三维建模技术。它是通过立体像对来实现测区三维景观的真实重现,其优点是可快速重建测区范围内所有建筑三维模型、地形地貌三维景观。二是基于近景摄影测量的三维建模技术。该技术从三维信息获取的速度、可靠性及灵活性上来说,能够满足绝大多数的实际需求,但是其效果在很大程度上依赖于三维建模算法的设计,而且算法大都比较复杂,需要较多的计算资源。

④ 移动测量技术。采用移动测量系统搭配高分辨率 LiDAR,以及数码相机可沿道路进行三维数据采集。该系统采集数据效率高、数据精度好、数据成果全面。

⑤ 图像建模技术。近几年,许多国内外研究机构在进行三维信息获取时,在系统中使用包括转台、数码相机在内的普通设备,以期在实验条件下灵活、快速、精确、廉价地得到空间物体的三维模型。在这些系统中,数码相机或者摄像机都是固定的,通过旋转转台,得到待建模型对象的图像序列或视频。基于图像的三维建模方法可以根据处理信息的类型对其进行分类:一是基于侧影轮廓的建模方法;二是利用阴影信息来得到模型;三是使用场景的颜色信息。

⑥ 三维组件式自动建模技术。三维组件式自动建模技术一般应用于模型精度要求不高的环境,如城市盒子模型、地下管线、交通设施、市政设施等,这些模型往往具有一定的相似性或可描述性。该方式主要通过自动化的计算机算法来实现快速建模、可节约大量的人工建模成本和时间成本,对系统硬件要求也相对较低。

(2) 城市三维平台

① Google Earth。以三维地球的形式把大量卫星图片、航拍照片和模拟三维图像组织在一起,使用户从不同角度浏览地球。凭借其强大技术实力和经验,Google Earth 为企业提供各种级别的解决方案,并取得了不俗的业绩,但 Google Earth 还不具备空间分析、大型数据库管理的功能。相比之下,全球在这一方面较为出色的是美国的软件 Skyline 和国内软件 EV-Globe。

② Skyline。当前 Skyline 的三维表现效果相对领先,从 20 世纪 90 年代中期开始,Skyline 系列软件开始进入三维地理可视化领域,并为越来越多的行业应用

提供专业的解决方案。今天,Skyline 以一组用于规划、分发、显示和编辑空间信息的 Skyline 产品系列领导全球市场。

③ EV-Globe。EV-Globe 是北京国遥新天地信息技术有限公司开发的三维海量空间信息平台。自推出以来,就广泛应用于安全监督和管理、指挥调度、资源开发整合、资源综合利用、环境保护检查等领域。实践证明,EV-Globe 在海量数据浏览效率、矢量数据的查询、三维分析功能、安全性等方面相比国内其他同类产品有较为明显的优势。

④ ArcGlobe。ArcGlobe 是 ESRI 公司的一款三维软件产品,可以使用户无缝的浏览和分析大量 GIS 数据,并且显示速度快。ArcGlobe 能够处理大量的数据,并利用多线程处理数据,可以根据用户的操作预先加载数据。根据实际使用测试,其在大数据量的三维地形仿真速度确实不错,但其模型的使用不够优化。

⑤ Geo-Globe。Geo-Globe 是武汉大学吉奥公司的一款三维软件产品,通过对影像数据、地形数据和三维城市模型数据的高效组织、管理和可视化,从而通过互联网实现动态观察地球的功能。Geo-Globe 以其卫星图库与地形资料,通过 3D 技术的应用,为用户提供身临其境般的感觉。

2.6.2 IT 支撑技术

1. 物联网技术

物联网的概念可以追溯到 1999 年,最初源于美国麻省理工学院建立的自动识别中心（Auto-IDLabs）[1]提出的网络无线射频识别系统——把所有物品通过射频识别等信息,将传感设备与互联网连接起来,实现智能化识别和管理[37]。正式提出是 2005 年国际电信联盟（ITU）发布的《ITU 互联网报告 2005：物联网》。物联网在字面意思是指物体与物体之间的互相连接、互通消息,通过网络连接实现物物之间的智能化识别和管理。物联网的实质是以射频识别等传感设备为基础,通过物联网网关建立传感设备与互联网的连接,实现信息通信与交换,构建物体识别与跟踪的智慧管理环境。当今互联网是物联网建设与发展的基础,利用传感网、RFID、无线通信技术等多网融合技术,建构一个涵盖世界上万事万物的"Internet of Things"[38]。在物联网世界里,物体之间能彼此进行交流,而无需人的干预。

通常情况下,可将物联网划分为感应处理终端、传输通道、控制处理平台三大组成部分,对应的网络架构可以分为感知延伸层、网络层、业务和应用层[39]。第一层负责采集物和物相关的信息;第二层是异构融合的泛在通信网络,包括现有的互联网、通信网、广电网以及各种接入网和专用网,通信网络对采集到的物体信息进行传输和处理;第三层是业务和应用,为手机和 PC 等终端设备提供感知信息的应用服务[40]。

(1) 感知延伸层

物联网由于要实现物与物、人与物的通信,感知延伸层是必需的。感知延伸层主要实现物体的信息采集、捕获和识别,包括各种感应处理终端,如"内在智能"的传感器、移动终端、工业系统、数控系统、家庭智能设施、视频监控系统等,以及"外在使能"的传感器,如贴上 RFID 的各种资产、携带无线终端的个人与车辆等。感知延伸层的关键技术包括传感器、RFID、GPS、自组织网络、传感器网络、短距离无线通信等。

(2) 网络层

网络层是物联网的神经系统,主要进行信息的传递,包括接入网和核心网。网络层要根据感知延伸层的业务特征,优化网络特性,更好地实现物与物之间的通信、物与人之间的通信,以及人与人之间的通信,必须建立一个端到端的全局物联网。物联网中有很多设备的接入,是一个泛在化的接入、异构的接入。接入方式多种多样,接入网有移动网络、无线接入网络、固定网络和有线电视网络。移动通信网具有覆盖广、建设成本低、部署方便、具备移动性等特点,使得移动网络将成为物联网主要的接入方式。除此以外,物体是可以移动的,而它们的要求是随时随地都可以上网,因此在局部形成一个自主的网络,还要连接大的网络,这是一个层次性的组网结构,需要借助有线和无线的技术,实现无缝透明的接入[41]。

(3) 业务和应用层

业务和应用层面向物联网的各类应用,实现信息的存储、数据的挖掘、应用的决策等,涉及海量信息的智能处理、分布式计算、中间件、信息发现等多种技术。这一层包含各种面向应用的控制处理平台,在信息计算和处理的基础上实现城市信息互联互通和应用大集成,并在内网、专网、互联网的环境下,采用适当的信息安全保障机制,提供安全可控乃至个性化的实时在线监测、定位追溯、报警联动、调度指挥、预案管理、远程控制、安全防范、远程安保、在线升级、统计报表、决策支持等管理和服务功能,实现高效、节能、安全、环保的管控营一体化。

物联网技术如同城市的神经网络,其卓越的感知能力为智慧城市全方位、无死角管理提供了强有力的技术支撑。通过环境感知、水位感知、照明感知、城市管网感知、移动支付感知、个人健康感知、个人存在感知、无线城市门户感知、智能交通的交互感知等,智慧城市才能实现市政、民生、产业等方面的智能化管理。近年来激增的多种新型城市应用都得益于物联网强大的感知能力。目前,物联网技术已经广泛应用在智慧城市的智慧交通、智慧医疗、智慧物流、智慧电网、智慧水利、智慧农业等方方面面[42],为智慧城市的信息采集和深入应用提供稳定的技术基础。

2. 现代通信技术

现代通信技术就是随着科技的不断发展,采用最新的技术来不断优化通信的各种方式。现代通信技术一般指电信,国际上称为远程通信,无论哪种称呼,本质意在解决人与人之间的沟通问题,使之更加便捷和有效[43]。

现代通信技术,按传输媒质分为有线通信(传输媒质为架空明线、电缆、光缆、波导等形式)和无线通信(传输媒介为微波通信、短波通信、移动通信、卫星通信、散射通信和激光通信等);按传输信号类型分为模拟通信(电信号无论在时间上或是在幅度上都是连续的)和数字通信(一种离散的、脉冲有无的组合形式,是负载数字信息的信号);按工作频段分为长波通信、中波通信、短波通信、微波通信等;按调制方式分为基带传输(将没有经过调制的信号直接传送)和频带传输(对各种信号调制后再送到信道中传输的总称);按业务的不同分为话务通信和非话务通信;按通信者是否运动分为移动通信和固定通信。其主要技术包括数字通信技术、程控交换技术、信息传输技术、通信网络技术、数据通信与数据网、ISDN 与 ATM 技术、宽带 IP 技术、接入网与接入技术等[44]。

现代通信与传统通信最重要的区别是现代通信技术与现代计算机技术紧密结合,其技术发展总的趋势以光纤通信为主体,以卫星通信、无线电通信为辅助,将宽带化、综合化(有的称数字化)、个人化、智能化的通信网络技术作为发展主要内容及方向,目标是实现通信的宽频带、大容量、远距离、多用户、高保密性、高效率、高可靠性、高灵活性。

(1) 宽带化

宽带化是指通信系统能传输的频率范围越宽越好,即单位时间内传输的信息越多越好。由于通信干线已经或正在向数字化转变,宽带化实际是指通信线路能够传输的数字信号的比特率越高越好。要传输极宽频带的信号,非光纤莫属。据计算,人类有史以来积累起来的知识,在一条单模光纤里,用 3~5 分钟即可传输完毕。光纤传输光信号的优点是传输频带宽、通信容量大;传输损耗少、中继距离长;抗电磁干扰性能好;保密性好、元串音干扰;体积小、重量轻。

(2) 综合化(或数字化)

综合就是把各种业务和各种网络综合起来,业务种类繁多,主要包括视频、语音和数据业务。把这些业务数字化后,通信设备易于集成化和大规模生产,在技术上便于使用微处理器进行处理和用软件进行控制整理与管理。

(3) 个人化

个人化即通信可以达到"每个人在任何时间和任何地点与任何其他人通信"。每个人将有一个识别号,而不是每一个终端设备(如现在的电话、传真机等)有一个号码。现在的通信,如拨电话、发传真,只是拨向某一设备(话机、传真机等),而不是拨向某人,如果被叫的人外出或到远方去,则不能与该人通话。未来的通信只需拨该人的识别号,不论该人在何处,均可拨至该人并与之通信。

(4) 智能化

智能化通信就是要建立先进的通信智能网。一般说来,智能网是能够灵活方便地开设和提供新业务的网络,它是隐藏在现有通信网里的网络,而不脱离现有通信网,通过在已有的通信网中增加一些功能单元可形成新的智能通信网络。智能化后,如果用户需要增加新的业务或改变业务种类时,只要在系统中增加一个或几个模块即可,花费的时间可能只要几分钟。当网络提供的某种服务因故障中断时,智能网可以自动诊断故障和恢复原来的服务。

在智慧城市建设中,现代通信技术构建了整个城市的神经传导网络,在城市信息传输的重要环节发挥着不可替代的作用。

3. 移动互联技术

移动互联是当前信息技术领域的热门话题之一,体现了"无处不在的网络、无所不能的业务"的思想,正在改变着人们的生活方式和工作方式。移动互联使人们可以通过随身携带的移动终端,随时随地乃至在移动过程中获取互联网服务[45]。

从移动互联网与地理信息结合的角度出发,国内外众多学者从许多实际问题入手,提出许多地理信息与移动互联交融的研究方向,形成了许多关键技术。本书对国内外学者的研究成果进行归纳与梳理,选取定位技术、移动地图引擎、位置隐私保护、感知技术等进行重点阐述。

(1) 定位技术

位置相关是移动互联网服务的重要特点之一,因此移动终端定位与移动互联网的发展紧密相连,是一个关键的、不可或缺的研究课题。定位也称为位置感知,是指借助已知空间中的一组参考点的位置来获得该空间移动用户位置的过程[46]。定位技术主要有[47]卫星定位技术、网络定位技术、感知定位技术。卫星定位技术利用太空中的人造卫星对移动终端进行定位,如 GPS、北斗卫星导航系统、伽利略卫星导航系统等。网络定位技术利用网络基站(或者接入点)等基础设施对移动终端进行定位,如 2G 网络、3G 网络、WLAN 等。感知定位技术在指定空间内部署传感器,当移动终端进入传感器的感知区域时,则能判定其位置,如无线射频识别技术(RFID)、红外、蓝牙等。

(2) 移动地图引擎

移动终端计算能力有限,数据传输速率不如 PC,同时移动终端用户触摸式的交互方式与传统 PC 端的鼠标键盘式的交互方式不同,基于移动终端的上述特点,在设计移动地图引擎时,应更加注重内存使用效率,设计精巧的数据逻辑组织模型和物理存储格式,以减少内存占用,提高地图显示效率[48]。此外,由于移动地图引擎还包括一些导航、搜索等计算任务,在移动终端上进行计算显然是不现实的,必须分离出大量的运算处理至后台服务系统,因此,移动地图引擎还要有稳定的网络架构与灵活的可扩展性,以满足系统需求的变化。国内外有非常多研究机构与大公司都具备自己的移动地图引擎,其中国外的 ESRI 公司 ArcGis Mobile 系列、Goolge 公司 Google Map Mobile 系列,国内的百度地图、高德地图、图吧地图等,是比较具有代表性的移动地图引擎。

(3)位置隐私保护

用户位置涉及用户曾经去过哪里、正在哪里,或者即将去哪里,属于个人隐私。随着移动互联网中基于位置服务的应用越来越广泛,位置隐私保护逐渐引起了人们的重视。目前,学者们已广泛开展位置隐私保护的研究,提出了多种位置隐私保护方法,如制定位置信息的存储和访问规则[49]、隐藏用户身份与位置的关系[50]、位置匿名[51]等。

(4)感知技术及应用

智能手机内置多种感知设备,如加速度计、电子罗盘、GPS、麦克风、摄像头等,具备丰富的感知功能,在医疗卫生、社交网络、环境监控、交通管理等领域已有了广泛的应用[52]。研究智能手机感知的新技术,综合运用多种感知技术和拓展基于智能手机感知的应用是今后的发展方向。现有的感知模式有参与模式和机会模式。参与模式需要用户手动触发,由于受用户参与积极性的影响,感知数据的获取量得不到保证。机会模式则根据手机上下文自动触发,但对复杂上下文的感知却是个难题。因此,结合参与模式和机会模式的混合感知模式值得关注,可能会出现在未来的许多应用中。

4. 云计算技术

随着信息和通信技术的快速发展,计算模式经历了大型处理机集中交付模式,到后来发展为基于网络的分布式任务处理模式,再到最近的按需处理的云计算模式[53]。目前,关于云计算的概念尚未形成定论,不同文献和资料对云计算的定义有不同的表述,一种比较具有代表性且能较好揭示云计算特点和本质的定义是:云计算是一种可以调用的虚拟化的资源池,这些资源池可以根据负载动态重新配置,以达到最优化使用的目的[54]。用户和服务提供商事先约定服务等级协议,用户以用时付费模式使用服务。因此,简单地说,云计算实质上是给用户提供像传统的电力、水、煤气一样的按需计算服务,是分布式计算、效用计算、虚拟化技术、Web 服务、网格计算等技术的融合和发展,其目标是用户通过网络能够在任何时间、任何地点最大限度地使用虚拟资源池,处理大规模计算问题,以实现资源的按需分配、按量计费,达到按需索取的目标。云计算技术的出现,有益于促进资源规模化和可自治的服务,有利于降低单位资源所消耗的计算成本,促进网络业务的综合创新。

目前,国内外云计算主要提供[55]基础设施即服务(infrastructure as a service,IaaS)、平台即服务(platform as a service,PaaS)、软件即服务(software as a service,SaaS)。IaaS是将云处理、存储、网络等基础资源封装成服务以便用户使用;用户可以从供应商那里获取需要的资源来装载相关计算或存储的应用,但必须考虑多台设备协同工作的策略并为所租用的资源付费。IaaS最具有代表性的产品有Amazon EC2、IBM Blue Cloud、Cisco UCS和Joyent。PaaS是供给用户应用程序的运行环境,主要面向开发人员,提供在互联网上的自定义开发、测试、在线部署应用程序等功能,是对资源更进一步的抽象层次。PaaS比较著名的产品包括Force.com、Google App Engine、Windows Azure platform和Heroku。SaaS是将应用软件封装成服务,用户可直接使用无需安装,最具有代表性的产品是Google Apps、Saleforce CRM、Office Web Apps和Zoho。

云计算应用于智慧城市建设的意义在于能够有效整合计算资源和数据,支撑更大规模的应用,处理更大规模的数据,并且能够对数据进行深度挖掘,从而为政府决策、企业发展、公众服务提供更好的平台。因此,基于云计算建设智慧城市信息资源中心与应用服务系统是一条必由之路,其优势和应用列述如下。

(1) 实现智慧城市平台统一部署和高效能资源整合

对传统数据中心不同架构、不同品牌、不同型号的服务器进行整合,通过云操作系统的调度,向应用系统提供一个统一的运行支撑平台。同时,借助云计算平台的虚拟化基础架构,可以有效地进行资源切割、资源调配和资源整合,按照应用需求来合理分配计算、存储资源,最优化效能比例。

(2) 实现智慧城市大规模基础软硬件的监控管理

智慧城市建设的基础软件资源包括单机操作系统、中间件、数据库、专业基础平台等,基础硬件资源包括计算服务器、数据存储设备、网络交换设备。利用云计算技术,实现对大规模基础软件、硬件资源的资产资源管理、状态性能监控、异常触发报警、用户维护提醒、信息统计分析等全面的监控管理,可以为云计算中心操作系统的资源调度等高级应用提供支撑决策信息,为高层次的资源调度提供决策依据。

(3) 实现智慧城市业务资源的科学调度管理

基于云计算,不仅可以使用户充分共享城市的业务资源,还可以根据业务的负载情况,自动将资源调度到需要的地方,提高资源利用率。

(4) 降低客户端信息资源的安全风险

云计算技术实现了数据计算与数据存储的分离,众多用户对同一基础资源的共享使用。在此环境下,基础资源的集中规模化管理,客户端可以借助云数据中心的安全机制实现业务的安全性,而不用为此耗费自己过多的资源和精力。其安全风险虽然相对降低,但不可规避的是,客户端更多的风险被转移到云计算中心。由于云计算中心承载着用户的许多隐私文件,面临严峻的安全技术问题,因此确保用户数据安全和隐私安全是云计算在智慧城市建设应用的关键[56]。

(5) 节能降耗,降低信息化运营总成本

云计算通过资源整合、统一管理和高效的资源流转,可以有效降低区域信息化的总体成本,从而降低信息化门槛,使更多的单位和企业愿意通过信息化提高工作效率。

总的来说,云计算技术的兴起,给智慧城市建设带来了巨大的信息服务优势,但不可避免地也带来一些新的问题亟待解决,如数据安全、用户隐私等。这些因素制约着云计算技术的发展和应用,值得我们在开展智慧城市建设的过程中不断思考和完善。

5. 大数据技术

随着以博客、社交网络、基于位置的服务(LBS)为代表的新型信息发布方式的不断涌现,以及云计算和物联网等技术的兴起,数据正以前所未有的速度在不断地增长和累积,大数据时代已经来到。Nature 早在 2008 年就推出了 Big Data 专刊[57]。计算社区联盟在 2008 年发表了报告"Big Data Computing: Creating Revolutionary Breakthroughs in Commerce, Science, and Society",阐述了在数据驱动的研究背景下,解决大数据问题所需的技术及面临的一些挑战。Science 在 2011 年 2 月推出专刊 Dealing with Data[58],主要围绕着科学研究中大数据的问题展开讨论,说明大数据对于科学研究的重要性。美国一些知名的数据管理领域的专家学者则从专业的研究角度出发,联合发布了一份白皮书"Challenges and Opportunities with Big Data"[59]。该白皮书从学术的角度出发介绍了大数据的产生,分析了大数据的处理流程,并提出大数据面临的若干挑战。

对于大数据尚未有一个公认的定义[60],目前比较有代表性的是 3V 定义,即认为大数据需满足 3 个特点:规模性(volume)、多样性(variety)和高速性(velocity)。除此之外,还有提出 4V 定义的,即尝试在 3V 的基础上增加一个新的特性。关于第 4 个 V 的说法并不统一,国际数据公司(International Data Corporation, IDC)认为大数据还应当具有价值性(value),大数据的价值往往呈现出稀疏性的特点。IBM 认为大数据必然具有真实性(veracity)。

在智慧城市建设中,数据已经成为核心资产。对数据的掌控导致了对市场的支配和巨大的经济回报。物联网、云计算、移动互联网、车联网、手机、平板电脑、

PC，以及遍布地球各个角落的各式各样的传感器，无一不是数据来源或者承载的方式。大数据技术就是处理城市海量、多源、异构数据的必然选择，是升华城市智慧、提高智能决策的重要途径，是智慧城市各个领域都能够实现智慧化的关键性支撑技术。大数据技术应用将遍布智慧城市的方方面面，从政府决策与服务，到人们衣食住行的生活方式，到城市的产业布局和规划，再到城市的运营和管理方式，都将在大数据支撑下走向智慧化，大数据已经成为智慧城市的智慧引擎[61]。

首先，大数据为政府管理提供强大的决策支持。在城市规划方面，通过对城市地理、气象等自然信息和社会、经济、文化、人口等人文信息的充分挖掘，可以为城市提供科学有据、可持续发展的城市规划发展方案。在应急指挥方面，利用手机用户身份和位置的检测可了解突发性事件发生的地点及聚集情况，通过对突发事件发生现场的地理环境、人员分布、潜在威胁等多维信息进行分析，有效地制订人员疏散、灾情控制方案，并通过预测分析，对可能引起次生灾害的区域进行提前安置，防患于未然。在交通管理方面，通过对道路信息的实时收集与挖掘分析，能够快速获取最优路径，指导用户规避拥堵点通行，从而缓解交通拥堵，同时利用预测分析，为可能发生的拥堵提前部署疏散方案，为各种突发状况提供准确预案，为城市交通的良性运转提供科学决策依据。在舆情监测方面，可以利用短信、微博、微信和搜索引擎收集热点事件与舆情挖掘，利用语义网络、深度学习、时空关联等技术手段，全面真实掌控社情民意，为提高公众服务能力、应对网络突发公共事件、打击违法犯罪提供科学依据。

其次，大数据技术在促进经济发展、提升企业核心竞争力方面，具有不可比拟的优势。大数据技术在商业上可以很好地用于分析用户的购物喜好，如什么商品搭配在一起会卖得更好？从而指导商家合理地进行产品搭配与销售。大数据技术还可以用于分析用户的购物行为，如用户喜欢在什么样的地方进行购物？购买哪类商品？购买能力如何？从而指导商家进行合理地商业选址布局、商业定位与商品库存管理。用户的购物消费记录也是一笔信息财富，根据这类数据，商家可以根据用户在不同时期的不同偏好进行商品推送，从而引导用户进行消费。

最后，大数据技术也将极大地提高城市居民的生活品质。与民生密切相关的智慧应用包括智慧交通、智慧医疗、智慧家居、智慧安防等。这些智慧化的应用将极大地拓展民众生活空间，引领智慧城市大数据时代智慧人生的到来。大数据是未来人们享受智慧生活的基础，将改变传统简单平面的生活常态，通过大数据的应用服务将使信息变得更加泛在、使生活变得多维和立体[62]。

2.7 智慧城市技术趋势

随着近年来信息技术的不断革新,智慧城市也不断融入新的技术理念,下面将选取当前较新的信息技术进行简单介绍。

2.7.1 信息采集技术

1. 基于定制个人传感器的数据采集

传感器在智慧城市建设中扮演着重要作用。目前,传感器的技术发展也日渐趋于微型化和定制化。麻省理工学院的科学家正在开发简单易行的传感器制造技术,例如,打印传感器——利用商业化的喷墨打印机打印传感器电路,这种电路板可以弯曲,像纸一样薄,能贴合在任何物品的表面。科学家们将这种打印传感器贴合到乐器表面,该传感器能够像触控屏一样侦测人的手势,并根据这些手势来改变音乐效果器的设定。再如,可裁减的传感器——对一卷布满了金属导线的传感器材料,可以任意裁减成合适的形状,并把它们贴在家中或人体的任意位置,从而实现对各类信息的实时采集[63]。

2. 基于穿戴设备的数据采集

穿戴设备在信息采集方面的应用正成为智慧城市研究的热点之一,如穿戴式手环,能够采集居民身体数据,如心率、血压等居民数据,又如谷歌眼镜用于拍摄街景地图等。由于穿戴设备拥有比传统设备更加优秀的操纵体验,同时能够随时随地采集数据,在智慧城市的发展历程中,基于穿戴设备的数据采集会越来越普遍,成为智慧城市多元化数据的重要来源之一。

3. 基于无人机的遥感数据采集

无人驾驶飞机简称无人机,是一种有动力、可控制、能携带多种任务设备、执行多种任务,并能重复使用的无人驾驶航空器。

无人机与遥感技术的结合,利用先进的无人驾驶飞行器技术、遥感传感器技术、遥测遥控技术、通信技术、GPS 差分定位技术和遥感应用技术,能够快速获取国土、资源、环境等的空间遥感信息,具有低成本、低损耗、可重复使用且风险小等诸多优势,其应用领域从最初的侦察、早期预警等军事领域扩大到资源勘测、气象观测及处理突发事件等非军事领域。

在智慧城市的数据层次中,高分辨影像数据处于重要地位,相对传统卫星遥感,无人机遥感具备无可比拟的高时效、高分辨率等性能,智慧城市的纵深式发展需要高分辨率的遥感影像数据作支撑,而无人机遥感能够很好地满足这种信息采集需求,相信随着智慧城市建设的持续深入,无人机遥感数据采集手段将成为智慧城市数据来源的重要组成部分。

4. 基于倾斜摄影的三维数据采集

城市三维可视化相对于二维平面可视化而言,具备更加逼真的展示效果,能够对城市展现出生动、直观的了解和更深刻的认识。智慧城市建设迫切需求在网络上真实再现城市立体形态信息,通过建立三维数字城市信息数据库,进一步将真实城市的关键物理信息,如道路、建筑、房屋、桥梁等位置等信息勾取出来,并将管理信息,如房屋使用、人口分布、企业分布、商业分布、电力水力分布等信息与城市三维数据库紧密结合,实现在网络世界里对于真实城市的高效、智能管理。

倾斜摄影技术颠覆了以往正摄影像只能从垂直角度拍摄的局限,通过在同一飞行平台上搭载多台传感器,同时从多个不同的角度采集影像。目前,瑞士莱卡 RCD30 相机、以色列 A3 相机、中国 SWDC-5 相机均能够依托大型飞行平台实现倾斜摄影测量。此外,后期进行三维数据处理的高性能平台,需融合当前最先进的图像处理算法,在不需要飞行平台 POS 定位数据的情况下,快速实现多视高分辨率遥感影像的三维数据产品生产。目前法国的街景工厂、以色列的 Light Speed 平台、瑞士的 HEXMap 平台,均具备高效并行的三维数据产品生产能力,可以全自动实现对复杂形状物体建模,使目前高昂的三维城市建模成本大幅降低,提高了三维城市建模的速度,这对智慧城市多维化模型表达起到至关重要的作用。

2.7.2 信息处理技术

1. Spark 内存计算

Spark 是一个开源的集群计算系统,用于快速数据分析,包括快速运行和快速写操作。Spark 是一种与 Hadoop 相似的开源云计算系统,但是两者之间还存在一些不同之处,这些有用的不同之处使 Spark 在某些工作负载方面表现得更加优越。换句话说,Spark 启用了内存分布数据集,除了能够提供交互式查询外,还可以优化迭代工作负载。

Spark 支持分布式数据集上的迭代作业,是对 Hadoop 的极佳补充,可以在 Hadoop 文件系统中并行运行。Spark 的基本构造模块是 RDDs 和基本分布式不可变集。这些定义的操作(如 map 或 foreach),RDDs 可以从磁盘中读取,然后为提高速度而保留在内存中,也可以被缓存,默认计算环境是在内存中,相对于单一部署 Hadoop 的云计算集群,显著提高了性能,甚至允许迭代算法。

同时,Spark 还配有一个流数据处理模型,Spark 采用一个模型收集事务,然后在短时间内以批处理的方式处理事件。收集的数据成为它们自己的 RDD,然后使用 Spark 应用程序中常用的一组进行处理。

2. 深度学习

深度学习源于一项古老的计算概念——神经网络,这个概念由源自人们对大脑的认识,即无数神经元形成了无数神经连接,含多隐层的多层感知器就是一种深度学习结构。深度学习通过组合低层特征形成更加抽象的高层表示属性类别或特征[64]。例如,一张图片在深度学习系统中,将被分层组织——第一层模拟神经元会简单识别明暗像素,下一层可能会识别构成边缘的像素;再下一层可能会识别水平和垂直的线条,最终有一层可能会识别眼睛,并意识到两只眼睛是构成人脸的要素之一[65]。随着计算能力的提升和数字化信息的爆炸,神经网络的发展被给予了新的发展时机,利用大量的数据识别照片和语音,深度学习正向着更加高深的人工智能大步迈进。在智慧城市领域,深度学习的发展将进一步提升城市海量数据的信息归类、语音识别、发展预测等智慧服务能力。目前,谷歌在安卓系统中部署了基于深度学习的语音识别,减少识别错误率高达25%。2012年,在全球知名的ImageNet大赛中,加拿大多伦多大学的Hinton首次使用深度学习方法获得了图像识别的冠军,并将此方法应用于谷歌的图片搜索引擎。深度学习尽管已经取得诸多发展,但还未成熟。将深度学习连同其他方法应用与智慧城市建设,前途不可限量。

3. 语义网络

智慧城市数据体系庞杂,随着互联网的高速发展,数据已不再限于文本形式,特别是图表、音频及影像等格式经过各类信息采集装置进入智慧城市的数据体系中。毫无疑问,这些数据价值重大,许多真实世界中的问题都可能通过这些数据获得解答,许多重要的应用也可以通过这些数据得以实现,对海量数据进行语义化表达的需求日益增大,目前语义网技术是解决此类问题的技术趋势。

基于语义网和本体技术的关联开放数据是语义网技术的一个最佳实践,采用资源描述框架数据模型,统一资源标识符命名并生成实例数据和类数据,在网络上进行发布和部署后能通过超文本传送协议获取,构建数据互联与人机理解的语义环境。广泛应用于语义搜索和个性化推荐等智能服务。运用关联数据技术发布的资源对象,具有可共享、可重用、结构化和规范化的特性,有利于整合孤立的政府数据,在相同和不同领域政府资源间建立连接,实现跨平台、跨系统之间的查询。对分布式环境下查询请求的语义理解,经过本体推理和语义扩展,使用户查询语义明确化,对构建语义索引结构的关联数据检索用户所需的知识资源;通过基于本体推理的语义查询可以进一步发现更多关联数据知识。

2.7.3 信息交互技术

1. 移动终端展示

根据全球技术研究和咨询公司 Gartner 的最新预测,2014 年全球 IT 终端设备(个人电脑、平板电脑、Ultramobile 和手机)出货量预计将达到 25 亿台,而传统个人电脑(台式电脑与笔记本电脑)的出货量将比上年减少 10.6%,至 3.05 亿台。移动终端出货量大幅超越个人 PC,同时全球移动设备互联网接入占比接近 2/3,已经远远超过了传统 PC,成为互联网流量的最大来源。

移动终端以其便携性、易用性等特点,在智慧城市建设的过程中发挥着至关重要的作用。例如,在智慧医疗当中,医生可以通过手机进行查房,查询各种病人资料和影像资料等;在智能建筑领域中,百姓可以通过手机监控家里的家电;在智慧农业中,一部手机便可控制大棚里的温度、湿度等各项指标;在智能交通中,手机还可以随时查询路况信息及各地停车信息;在旅行途中,一部手机还可以成为智能导游,供游客查询景点的任何可知信息。

2. 智能穿戴设备

穿戴设备发展迅猛,不仅带来了设备硬件形态上的物理变化,也带来了新的人机交互方式,传感器、语音操控、骨传导、手势控制、眼球追踪等一系列技术的新集成应用,也带来触摸屏多点触控操作之外又一次人机交互的重大变革。桌面计算机、移动终端等将不再作为一种独立设备形态而存在,它们将越来越与人随身佩带的工具紧密结合起来,如眼镜、手表、智能相机、智能服装、运动追踪器等。

目前有许多智慧城市服务商,将多种穿戴设备融入各个智慧子专题应用中,智慧医疗引入的健康手环、谷歌眼镜带来的语音交互生活搜索、智能家居遥控器等都已成为智慧城市新兴的用户交互形式,为智慧城市的建设增添许多未来科技感与实用功能。

3. 全息影像

全息影像技术得到的图像是三维立体的,但与传统 3D 技术相比有着完全不同的物理原理,完全不需要特制的偏振眼镜,也无需借助投影幕的帮助。3D 全息影像技术利用干涉和衍射原理记录并再现物体真实的三维图像技术,其实现过程分为两步:第一步拍摄,即利用干涉原理记录物体光波信息;第二步成像过程,即利用衍射原理再现物体光波信息。全息图像的每一部分都记录了物体上各点的光信息,故原则上它的每一部分都能再现原物的整个图像,而且通过多次曝光可以在同一张底片上记录多个不同的图像,各图像可以互不干扰地分别显示出来。

在未来,通过智能全息成像技术,在智慧家居中可以抛弃等离子和液晶电视,精彩的英超足球赛在自家的咖啡桌或是玻璃窗上便可上演；玻璃窗上可以实时投影拉丁舞远程教学，教练的每个动作，你都能看得一清二楚。除此之外，你还能随时与朋友"面对面"交流。

利用全息成像技术，还能够将移动终端屏幕进行无限扩展，通过对空气介质的操作完成 GPS 导航、地物生动再现等一系列功能，同时各类智慧城市专题应用，包括智慧旅游、智慧教育、智慧医疗等，都可以通过全息影像技术生动重现。

参 考 文 献

[1] 刘远彬,丁中海,孙平,等. 两型社会建设与智慧产业发展研究[J]. 生态经济,2012,(11):133-135.
[2] 程大章. 智慧城市顶层设计导论[M]. 北京:科学出版社,2012.
[3] 张永刚,岳高峰. 我国智慧城市标准体系研究初探[J]. 标准科学,2013,(11):14-18.
[4] 郭理桥. 中国智慧城市标准体系研究报告[M]. 北京:中国建筑工业出版社,2013.
[5] 中国软件评测中心. 智慧城市评估指标体系研究报告[EB/OL]. http://www.docin.com/p-603358973.html[2013-1-10].
[6] 杜培军,谭坤,夏俊士,等. 城市环境遥感方法与实践[M]. 北京:科学出版社,2013.
[7] 戴昌达,姜小光,唐伶俐. 遥感图像应用处理与分析[M]. 北京:清华大学出版社,2004.
[8] 江洲,李小林,刘碧松. 地理信息系统地址编码技术标准化研究[J]. 世界标准化与质量管理,2007,(05):22-25.
[9] Parker N. A look at NAC geographic:Directions Magazine[EB/OL]. [2004-09-14]. http://www.directionsmag.com/articles/a-look-at-nac-geographic/123642.
[10] Dramowicz E. Three standard geocoding methods:Directions Magazine[EB/OL]. http://www.directionsmag.com/articles/three-standard-geocoding-methods/12362[2004-10-24].
[11] Goldberg D W,Ballard M,Boyd J H,et al. An evaluation framework for comparing geocoding systems[J]. International Journal of Health Geographics,2013,(12):50.
[12] Zandbergen P A. A comparison of address point,parcel and street geocoding techniques[J]. Computers Environment and Urban Systems,2008,32(3):214-232.
[13] 贾永红,李德仁,孙家柄. 多源遥感影像数据融合[J]. 遥感技术与应用,2000,(01):41-44.
[14] 何国金,李克鲁,胡德永,等. 多卫星遥感数据的信息融合:理论、方法与实践[J]. 中国图象图形学报,1999,(09):30-36.
[15] 潘泉,于昕,程咏梅,等. 信息融合理论的基本方法与进展[J]. 自动化学报,2003,(04):599-615.
[16] 王耀南,李树涛. 多传感器信息融合及其应用综述[J]. 控制与决策,2001,(05):518-522.
[17] 李德仁,邵振峰,杨小敏. 从数字城市到智慧城市的理论与实践[J]. 地理空间信息,2011,(06):1-5,7.
[18] 邬贺铨. 智慧城市的数据管理[J]. 物联网技术,2012,(11):11-14.
[19] 常原飞,武红敢,董振辉,等. 国家级林业有害生物灾害监测与预警系统[J]. 林业科学,2011,(06):93-100.

[20] 莫洪源,王英杰,罗斌,等.省级国土规划管理信息系统的设计与实践——以广东省为例[J].地球信息科学学报,2010,(05):687-694,699.
[21] Inmon. W H. Building the Data Warehouse[M]. Indianapolis:Wiley,2005.
[22] 胡侃,夏绍玮.基于大型数据仓库的数据采掘:研究综述[J].软件学报,1998,(01):54-64.
[23] 李宏丽.空间数据仓库在资源环境中的应用研究[D].广州:中国科学院研究生院(广州地球化学研究所)博士学位论文,2006.
[24] 沙宗尧.空间数据仓库体系结构框架的概念模型[J].地理空间信息,2008,(01):18-21.
[25] 李德仁,王树良,史文中,等.论空间数据挖掘和知识发现[J].武汉大学学报(信息科学版),2001,(06):491-499.
[26] 郭骅,周吉.数据挖掘在智慧交通领域的应用[J].现代商贸工业,2013,(12):152-153.
[27] 陈兴,王勇,吴凌云,等.多阶段多目标多部门应急决策模型[J].系统工程理论与实践,2010,(11):1977-1985.
[28] 吴广谋,赵伟川,江亿平.城市重特大事故情景再现与态势推演决策模型研究[J].东南大学学报(哲学社会科学版),2011,(01):18-23,123.
[29] 李双双,陈毅文,李江予.消费者网上购物决策模型分析[J].心理科学进展,2006,(02):294-299.
[30] 张志华,王丽亚,黄海量.基于知识的决策模型选择[J].机械制造,2005,(06):8-12.
[31] 刘黎明,张凤荣,赵英伟.2000-2050年中国草地资源综合生产能力预测分析[J].草业学报,2002,(01):76-83.
[32] 王革丽,杨培才,王咏青,等.中国北方地区旱涝的年代际预测分析研究[J].高原气象,2007,(01):67-74.
[33] 张永勤,缪启龙,何毓意,等.区域水资源量的估算及预测分析——以南京地区为例[J].地理科学,2001,(05):457-462.
[34] 盛辉,万红,崔建勇,等.基于TM影像的城市热岛效应监测与预测分析[J].遥感技术与应用,2010,(01):8-14.
[35] 门可佩,曾卫.中国未来50年人口发展预测研究[J].数量经济技术经济研究,2004,(03):12-17.
[36] 陈功,曹桂英,刘玉博,等.北京市未来人口发展趋势预测——利用多状态模型对未来人口、人力资本和城市化水平的预测分析[J].市场与人口分析,2006,(04):29-41.
[37] 孙其博,刘杰,黎羴,等.物联网:概念、架构与关键技术研究综述[J].北京邮电大学学报,2010,(03):1-9.
[38] 陈立,李春香,李志勇.基于物联网的智慧城市的内涵、特征与要素构成[J].硅谷,2012,(09):15,16.
[39] 朱晓荣,孙君,齐丽娜,等.物联网[M].北京:人民邮电出版社,2010.
[40] 朱洪波,杨龙祥,于全.物联网的技术思想与应用策略研究[J].通信学报,2010,(11):2-9.
[41] 朱洪波,杨龙祥,朱琦.物联网技术进展与应用[J].南京邮电大学学报(自然科学版),2011,(01):1-9.
[42] 杨秀忠.物联网技术在智慧城市中的应用[J].中国新通信,2013,(20):74,75.

[43] 刘国欣. 现代通信技术与现代生活[J]. 中国新通信,2012,(11):1,2.
[44] 姚瑞瑞. 浅谈现代通信技术及其发展总趋势[J]. 中国高新技术企业,2012,(06):6-8.
[45] Morgan Stanley Co. Incorporated. Mobile Internet Research Report[EB/OL]. http://issuu.com/guido.masnat/docs/mobile-internet-report[2009-12-15].
[46] 张明华. 基于WLAN的室内定位技术研究[D]. 上海:上海交通大学博士学位论文,2009.
[47] 周傲英,杨彬,金澈清,等. 基于位置的服务:架构与进展[J]. 计算机学报,2011,(07):1155-1171.
[48] 余涛,俞立中,王铮. 移动计算环境下GIS技术的发展及应用[J]. 测绘通报,2002,(02):40-42.
[49] Kaasinen E. User needs for location-aware mobile services[J]. Personal and ubiquitous computing,2003,7(1):70-79.
[50] Lei Y,Quintero A,Pierre S. Mobile services access and payment through reusable tickets[J]. Computer Communications,2009,32(4):602-610.
[51] Sweeney L. Achieving k-anonymity privacy protection using generalization and suppression[J]. International Journal of Uncertainty,Fuzziness and Knowledge-Based Systems,2002,10(05):571-588.
[52] Lane ND,Miluzzo E,Lu H,et al. A survey of mobile phone sensing[J]. Communications Magazine,2010,48(9):140-150.
[53] 李乔,郑啸. 云计算研究现状综述[J]. 计算机科学,2011,(04):32-37.
[54] Vaquero L M,Rodero-Merino L,Caceres J,et al. A break in the clouds:towards a cloud definition[J]. ACM SIGCOMM Computer Communication Review,2008,39(1):50-55.
[55] 房晶,吴昊,白松林. 云计算安全研究综述[J]. 电信科学,2011,(04):37-42.
[56] 高雪莹,吴韶波,陈思锦. 云计算及其安全技术[J]. 物联网技术,2014,(03):88-90.
[57] Science. Special online collection:Dealing with data [EB/OL]. http://www.sciencemag.org?site?special?data?,2011[2012-10-02].
[58] Bryant R,Katz R H,Lazowska E D. Big-Data [R]. http://www.cra.org/ccc/docs/init,Big_Data.pdf[2012-10-10].
[59] Agrawal D,Bernstein P,Bertino E,et al. Challenges and Opportunities with Big Data-A community white paper developed by leading researchers across the united states [R/OL]. http://www.cra.org/ccc/files/docs/init/bigdatawhitepaper.pdf[2012-10-02].
[60] 孟小峰,慈祥. 大数据管理:概念、技术与挑战[J]. 计算机研究与发展,2013,(01):146-169.
[61] 曹方. 大数据 点燃智慧城市信息引擎[J]. 上海信息化,2013,(07):14-17.
[62] 邹国伟,成建波. 大数据技术在智慧城市中的应用[J]. 电信网技术,2013,(04):25-28.
[63] 格申·多布伦,约瑟夫·A·帕拉迪索. 定制个人传感器[J]. 环球科学,2014,8:32,33.
[64] 孙志军,薛磊,许阳明,等. 深度学习研究综述[J]. 计算机应用研究,2012,(08):2806-2810.
[65] 尼古拉·琼斯. 深度学习:人工智能新篇章[J]. 环球科学,2014,3:67-69.

第3章 基于位置的智慧城市数据体系

3.1 概 述

智慧城市融合了物联网、云计算、移动互联和大数据等新一代信息技术,涉及智慧社区、智能楼宇、智能家居、智能交通、智能物流、智慧健康、智慧医疗能、城市生命线管理、食品药品管理、票证管理等诸多领域,支撑这些不同领域智慧应用的正是自然、地理、社会、经济、人口、现象、事件等各个方面多种类型的城市数据资源。数据资源已是当今社会的宝贵财富,其重要价值不仅体现在单项数据所表达和衡量的社会现象,更重要的是通过多种数据资源进行综合分析挖掘得到的规律、趋势,以及基于前期数据综合分析积累的经验、对可预见社会问题的预警与处理。城市各类信息与地理空间密切相关,可依据其隐含的空间属性与地理空间进行关联、组织、索引和分析。对城市数据资源的深入分析利用,离不开地理空间信息这一统一框架,因此构建基于位置的智慧城市数据体系具有重要的科学意义和应用价值。

3.2 智慧城市数据内容

3.2.1 智慧城市数据分类

城市是以人为主体、以空间利用为特点、以集聚效益为目的的空间地域系统。基于城市信息的类别、分布、规律等特征,不同行业部门和应用领域对城市的信息有不同的划分标准。2006年发布的国家标准《GB/T 13923—2006 基础地理信息要素分类与代码》[1]将基础地理信息要素划分为定位基础、水系、居民地及设施、交通、管线、境界与政区、地貌、植被与土质等8类,国家的各种地形、地理要素的梳理,该标准是大比例尺分类编码标准,它对诸多精细的城市地理信息没有单独的规定。2007年住房和城乡建设部发布行业标准《CJ/T 214—2007 城市市政综合监管信息系统管理部件和事件分类、编码及数据要求》[2],侧重于城市部件和事件的梳理,按照市政管理部门等条件对城市地理信息进行细化,城市部件/事件的门类清晰,要素归属明确。由于适用范围、侧重点等差异,行业标准和国家标准略显不同,如环保监测站在国家标准 GB/T 13923—2006 中属于科学观测站类,而在行业标准 CJ/T 214—2007 中被分在市容环境类,这为面向综合集成应用的智慧城市建设带来困扰。

基于智慧城市的建设实践，在融合国家标准及行业标准的基础上，本书将城市数据划分为地理信息、经济主体、社会事件三大类（表 3.1），三类数据可依据其包含的时间、空间、对象等信息进行关联、组织、索引和分析。

（1）地理信息

地理信息是城市信息资源重要的组成部分，通用性强、共享需求大。地理信息数据主要由自然环境和人工环境数据组成，自然环境由水系、地貌、植被、动物、土壤、岩石矿物、太阳辐射、空气等要素构成，人工环境由建筑及设施、公共服务设施、交通、管线、功能区划等要素构成。地理信息是智慧城市数据整合、分析、服务的基础。

（2）经济主体

经济主体是城市的主要决策者和参与者，指在市场经济活动中能够自主设计行为目标、自由选择行为方式、独立负责行为后果并获得经济利益的能动的经济有机体。

经济主体从宏观角度可分为政府、企业、个人三大类。

政府是市场运行和经济关系的管理调节主体，是国民总收入的分配主体，也是市场监管的主体。政府在城市管理过程中，将产生大量的业务专题数据。

企业是从事生产经营活动的经济组织，是物质产品和服务的提供者，是社会的生产经营主体，是市场监管的相对人。企业在生产过程中将产生大量的经济、项目、生产等数据。

个人是生产要素的提供者，是政府和企业主要的参与主体。

三大经济主体在城市地理环境中发生各种社会事件，并时刻产生大量行为数据，是智慧城市的主要服务对象、分析对象。基于经济主体数据可以搭建人口数据库、法人数据库等基础数据库。

（3）社会事件

社会事件指广义的社会事件，即在城市范围内已经发生、正在发生和即将发生的自然环境、人工环境或经济主体参与下的事情，如城市灾害、环境治理、突发应急抢险、人口迁徙等。同时，社会事件也包含城市管理过程产生的各种专题数据，如城市规划、项目建设、城市管理、宏观经济、能源消耗、环境监测等。

表 3.1　智慧城市数据内容分类表

数据类型		数据内容
地理信息	定位基础	测量控制点
	城市分区	县级行政区域、开发区、保税区、街道、街坊、居民小区等
	城市环境	城市绿化、园林绿地设施、信息牌等
	城市交通	铁路、城市道路、水运设施、航道、空运设施、道路交通设施等

续表

数据类型		数据内容
地理信息	社会服务	公共服务及其设施、名胜古迹、宗教设施、科学观测站、公共设施等
	城市管线	不明管线、电力线、电信线、给水线、排水线、燃气管线、工业管线等
	城市水利	河流、沟渠、湖泊、水库、海洋要素等
	室内地图	楼宇房屋、通道、楼梯、消防设施等
经济主体	个人	姓名、性别、年龄、受教育程度、收入、联系方式等
		购物、上午、订餐、出行等用户日常行为数据
	企业	基本信息、工商信息、统计信息、财政信息等
	政府	人力、权力、财力、权威、信息、文化、管理等
社会事件	市容环境	私搭乱建、暴露垃圾、积存垃圾渣土、道路不洁、水域不洁、绿地脏乱、空气污染等
	宣传广告	非法小广告、违章张贴悬挂广告牌匾、占道广告牌、街头散发广告等
	施工管理	施工扰民、工地扬尘、道路遗撒、施工废弃料等
	突发事件	路面塌陷、管道破裂、管道堵塞或破损、火灾淹没、地震、地址灾害、寒潮、气象灾害、旱灾等
	街面秩序	无照经营游、流浪乞讨、占道废品收购、店外经营、机动车乱停放等
	城市运营	城市规划、项目建设、宏观经济、能源消耗、环境监测等
	设施监管	井盖丢失、公交站牌损毁、垃圾桶丢失等
	其他事件	

3.2.2 智慧城市数据特性

城市数据具备多空间尺度、多时间尺度、多用户对象和多专题类型的特性,如图3.1所示。针对目前城市数据多样化、统筹难的现状,以及智慧城市决策分析对城市数据全局掌控的迫切需求,从四个维度建立应用驱动型的城市数据概念模型,是构建多主题智慧城市数据仓库的有效前提。在实际数据建库过程中,通过空间数据抽取和再组织,这四个维度将作为不同的维度表与每个数据建立逻辑关联并一体化存储,支持城市数据从多个不同维度进行集成分析。

空间和时间是城市数据的基本要素。城市数据的空间性是指城市地理空间实体的几何特征(位置、大小、形状和分布状况等)、与其他地理空间实体的空间关系(拓扑关系、顺序关系和度量关系等)及各类属性信息与地理空间实体之间的空间对应关系。城市数据的时间性是城市实体对象随时间发展而呈现出不同形态的特性。城市数据本质上具有明显的时空一体化特征。首先,城市作为一个整体研究对象,其出现、扩张、消亡的过程在地球系统中体现出明显的时空特征。其次,城市

第3章 基于位置的智慧城市数据体系

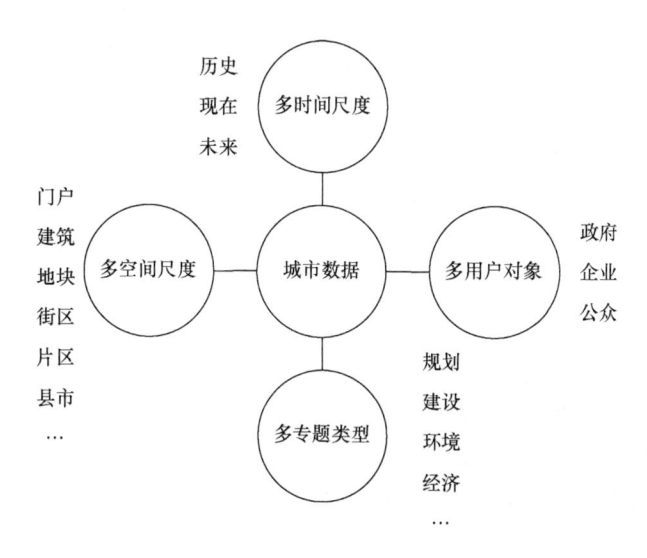

图 3.1 城市数据四维特性

的自然环境和人工环境,其空间分布伴随着时间推移和城市建设产生变化。再次,人作为城市的主要组成,其空间定位、属性、身份,以及与其关联的经济、社会、环境信息也会随时间的迁移而变化发展。传统观念上重时间轻空间或重空间轻时间的作法都割裂了城市的时空特征这一本质,只有将城市多元信息从空间和时间两个维度有机和谐进行一体化统筹管理,才能为城市公共信息化建设和可持续有效运行夯实基础。

城市数据本身具有明显的多专题类型特征。在不同的应用专题中,同一城市数据体现出不同的内涵与特征。如城市绿地,在城市规划专题中被视为一种地表覆盖现象,关注其空间位置、覆盖面积等信息;在环境保护专题中被视为一类维护管理对象,关注其生长状态、维护成本等内容。再如投资项目信息,在经济应用专题中侧重其年度完成投资、资金类型、项目累计投资额等信息特征分析;在环境应用专题中侧重其环评信息、环保投资额、污水排放去向、垃圾处理方式等信息特征分析。对于企业法人信息,在工商注册、纳税服务、环保管理、人力社保等不同业务方面分属工商、税务、环境、人事等不同应用专题。在跨专题数据应用中,需要依据不同应用专题的信息分类标准建立多维度的统计评价和决策分析准则,满足智慧城市数据综合管理需要。

因数据多专题类型特征,城市数据相应地具备多用户对象特征。首先,不同的专题数据归由不同的用户对象进行维护、查看和分析。其次,即便同一专题数据,企业、公众和政府乃至政府内不同级别的业务人员和领导,能操作的数据字段内容不同。因此,在城市数据化建设中需要通过灵活有效的权限配置使不同用户对象对城市数据拥有不同的管理、查阅和决策权限。

3.3 智慧城市数据来源

智慧城市建设涉及多种类型数据资源,这些数据资源的获取途径多样,其中航空航天遥感是智慧城市空间信息数据获取的重要来源,业务抽取、导航定位、物联网监测、视频监控、站点观测、野外测量、地图数字化等也是数据获取的重要途径。

3.3.1 城市数据遥感获取手段

全球3000多颗卫星的运行,各种不定期的航空和地面遥感作业,可见光摄影、彩色红外摄影、热红外扫描、多光谱扫描等多种成像方式使用,使得多分辨率、多光谱、多质量等级的城市动态信息(图像和数据)获取成为可能。

遥感数据获取技术能够在城市的土地利用、动态变化、物理环境、环境污染、生态系统、城市资源、城市交通、城市仿真、城市人文社会信息等城市相关信息的获取中发挥关键作用。基于多源遥感数据,可以实现城市数据的定量提取与更新,活化城市数据。利用遥感手段为智慧城市提供的数据内容具体如下。

1. 城市遥感影像地图

遥感图像作为地表地物光谱信息的一种载体出现,不仅扩大了人们的视觉领域,更重要的是提供了极其丰富的地表与地下资源信息,提高了人们认识世界、认识自然的能力。基于遥感数据资料,利用图像处理和计算机技术可以制作不同种类、各种比例尺的城市遥感影像地图,以满足不同使用者的需求。不论是规划者、建设者、管理者或决策者,均可以从图中获得所需要的信息,拟订方案或对策。

(1) 遥感影像地图分类

遥感影像地图是一种以遥感影像和一定的地图符号来表现制图对象地理空间分布和环境状况的地图。在遥感影像地图中,图面内容要素主要由影像构成,辅助以一定地图符号来表现或说明制图对象。遥感影像地图按其表现内容可分为普通影像地图和专题影像地图。

普通遥感影像地图是在遥感影像中综合、均衡、全面地反映一定制图区域内的自然要素和社会经济内容,包含等高线、水系、地貌、植被、居民点、交通网、境界线等制图对象。专题遥感影像地图是在遥感影像中突出,而完备地表示一种或几种自然要素或社会经济要素,如土地利用专题图、植被类型图等,这些专题内容通过遥感影像信息增强和符号注记予以突出表现。

(2) 遥感影像制图方法

遥感影像制图采用综合制图原理和方法,根据制图目的,以遥感资料为基础信息源,结合其他专题资料,按照要求分类原则与制图比例尺,制作反映与主题相关的一种或数种要素内容图件。简而言之,城市遥感影像制图步骤包括遥感图像输入、数据预处理、图像识别分类、几何投影变换、影像图形输出等。若仅制作普通遥感影像地图则不需要进行图像识别分类,专题遥感影像图的制作需要这一步。

另外,遥感数据源的选择是整个遥感制图工作中最基本和重要的工作。遥感数据源的选择一般包括遥感图像的空间分辨率、时相及波段的选择。在具体的工作中,数据源的选择还要综合其他非图像数据内容本身的因素来考虑,如成果图形的比例要求、精度要求、经费支持强度、遥感图像获取的难易程度等。

2. 城市土地利用数据

土地利用这一术语来自农业经济学,最初用来描述一块土地及其经济学用途,后来被用于城市规划中[3]。城市土地利用的一般意义是城市功能范畴,如居民区、工业区、商业区、零售区、政府机关空间及休闲区中的空间分布或地理类型。

及时准确掌握城市土地利用变化情况是加强城市规划和国土资源动态管理,确保城市总体规划和土地利用总体规划实施的必要前提条件。随着卫星遥感影像分辨率的提高,遥感技术为城市规划和国土资源管理对快速、动态、现势、精准的城市土地利用信息需求提供了支持,已经成为城市土地利用现状数据获取的主要手段。

(1) 城市土地利用分类标准体系

我国颁布的国家标准《城市用地分类与规划建设用地标准》[4]将城市用地分为10大类、46中类、73小类。表3.2是城市用地的分类,每一大类又可分为若干中类,如居住用地大类分为四中类,即一、二、三、四类居住用地。一类居住用地为市政公共设施齐全、布局完整、环境良好,低层为主的居住用地;二类居住用地为市政公共设施齐全,布局完整,环境较好,中、高层为主的居住用地;三类居住用地为市政公共设施比较齐全,布局不完整,环境一般,或与工业等用地混合交叉的居住用地;四类居住用地为以陋房简屋为主的居住用地。多数中类又分为若干小类,例如公共设施用地大类下的体育用地中类又分为体育场馆用地及体育训练用地两小类。

表3.2 我国城市用地分类表

代码	用地名称	内容	说明
R	居住用地	住宅用地、公共服务设施用地、道路用地、绿地	居住小区、居住街坊、居住组团和单位生活区等各种类型的成片或零星的用地,分有一、二、三、四类居住用地

续表

代码	用地名称	内容	说明
C	公共设施用地	行政办公用地、商业金融业用地、文化娱乐用地、体育用地、医疗卫生用地、教育科研设计用地、文物古迹用地、其他公共设施用地	居住区及居住区以上的行政、经济、文化、教育、卫生、体育以及科研设计等机构和设施用地,不包括居住用地中的公共服务设施用地
M	工业用地	一类工业用地、二类工业用地、三类工业用地	工矿企业的生产车间、库房及其附属设施
W	仓储用地	普通仓库用地、危险品仓库用地、堆场用地	仓储企业的库房、堆场和包装加工车间及其附属设施等用地
T	对外交通用地	铁路用地、公路用地、管道运输用地、港口用地、机场用地	铁路、公路、管道运输、港口和机场等城市对外运输及其附属设施等用地
S	道路广场用地	道路用地、广场用地、社会停车场用地	市级、区级和居住区级的道路、广场和停车场等用地
U	市政公用设施用地	供应设施用地、交通设施用地、邮电设施用地、环境卫生设施用地、施工与维修设施用地、殡葬设施用地、其他市政公用设施用地	市级、区级和居住区公共设施用地,包括建筑物、建筑物及管道维修设施等用地
G	绿地	公共绿地、生产防护绿地	市级、区级和居住区级的公共绿地及生产防护绿地,不包括专用绿地、园地和林地
P	特殊用地	军事用地、外事用地、保安用地	特殊性质的用地
E	水域和其他用地	水域、农村用地、闲置地、露天矿用地、自然风景区用地	除以上九大类城市建设用地之外的用地

在国外,每个国家根据具体情况的不同制定自己国家城市土地用途分类标准。日本《城市规划法》规定了居住类、商业类和工业类等12小类土地用途。德国的福兰克夫于1891年、柏林于1892年分别将城市土地分成了居住用地和工业用地两大类。美国土地用途采用分区制分类并由各州政府制定,国家没有统一标准。

由于规划建设用地分类偏重于土地的社会功能属性,存在同物异类和异类同物的现象。遥感常用的土地利用分类标准采用三级分类系统,共分耕地、林地、草地、水域、城乡/工矿/居民用地和未利用土地 6 个一级类、25 个二级类、8 个三级类[5]。遥感土地利用分类无法与《城市用地分类与规划建设用地标准》建立起深度的对应关系,呈现出一对多的关系。在实际工作中,多根据不同的应用需要,确定城市用地分类体系,并根据城市基本要素的组合关系,确定城市用地类型。

(2) 城市土地利用遥感分类方法

遥感土地利用分类通常有人机交互目视判读和计算机自动识别两种方式,图像中目标物的大小、形状、阴影、颜色、纹理、图案、位置及周围的系统等要素是进行土地利用图像解译的重要依据。

目视解译是,利用人们对地表物体存在的一种先验知识,辨别在遥感影像上的某些影像与地表哪些物体相对应,并用轮廓线作为类型界线,将其圈出来并赋予属性代码,或用符号、颜色表示属性。

对于计算机自动识别,传统方法多使用中低分辨率影像,依靠目标的光谱物理特性来分类,受混合像元"异物同谱"和"同物异谱"影响很大。城市内部多是混合像元,所以很难细分出用地类型,只能冠名为城市建设用地。同期的高分辨率航空遥感数据在数据获取、分析方法上都存在不足,这是导致早期规划部门遥感分类应用较弱的重要原因。

随着航天遥感进入亚米级的高分辨率影像时代,城市细节信息在影像中得到精细反映,为开展面向城市建设用地的遥感分类提供了良好的数据基础。针对高分辨率遥感影像,面向对象分类方法[6]被提出并得到广泛应用,充分发掘了影像蕴含的丰富空间信息,突破基于像元方法的不足,对特定用地分类取得了较好效果[7]。

(3) 城市土地利用分类实例

1999年起国土资源部开始以美国陆地卫星TM数据和法国SPOT卫星数据为主要数据源,对国务院审批的66个50万人口以上的城市开展土地利用动态监测工作(一年一次)。近年来,随着我国城市化进程的不断加快,城市土地利用变化迅速,为了更好地掌握城市土地利用现状,全国多个城市也分别展开了城市土地利用遥感监测。例如,天津市规划和国土资源局从2001年起,每年按季进行四次市域土地利用卫星遥感动态监测。

通过城市土地利用遥感调查,可以绘制出土地利用现状图和土地利用演变图,自动测算出该区域内各种用地面积、分布、变化情况和发展趋势。城市规划和管理者通过这些资料,迅速判断城市布局是否合理,城市绿地是否足够,存在哪些不足,需要如何改进等,从而因地制宜,辅助城市制定相应的规划、建设和管理方案。

3. 城市用地变化数据

随着我国经济的快速发展和城市化进程的日益加快,城镇用地规模迅速扩张,不仅占用了大量的土地资源,而且也对城市周边的生态环境产生巨大的影响。及时有效地获得城镇用地信息,对于监测城市扩张的动态变化、科学合理地指导城市规划、控制城市用地规模、保护有限的土地资源和生态环境具有十分重要的指导意义。城市扩张在遥感影像上体现为城市面积,特别是城镇建筑用地的不断扩张。研究表明,利用卫星遥感影像数据通过数字图像处理的方法获取城镇用地信息,揭示城市扩张的动态变化是监测城市扩张的有效方法,与统计数据分析方法相比更具实时性和可靠性。

基于遥感影像提取城镇用地及其变化信息的方法主要有目视解译方法、计算机监督分类和非监督分类等。陈宁强[8]等基于目视解译方法利用两个时相 TM 影像对城市土地利用进行动态监测,首先利用人机交互式方法解译遥感图像,并将多时相遥感图像进行叠加,最后利用地理信息系统软件进行各种分析和图件输出。王雷等[9]根据同一数据源的陆地卫星 TM 和 ETM+影像,首次从 1990 年、2000 年和 2010 年基准年图像中以人工解译方法为主获得我国所有城市 20 年间建成区分布范围,最后对照三期城市数据建立了中国城市扩展数据库。人工解释方法由于加入了人的知识,判读精度较高,但工作较繁琐,要求工作人员有较高的遥感解译知识与经验。计算机分类方法是常用的城镇用地信息提取方法,通过对分类结果进行比较分析,获取城市扩张信息。基于自动分类方法的城镇用地分类精度一般较低,多数不超过 80%[10]。为了取得更高的精度,依然需要采用目视解译方法。刘亚岚等[11]提出对整幅遥感图像进行分区自动分类的方法,分区精度在 80% 以上,但受分区数量影响,存在人为误差且不易操作。

近年来,学者通过研究城镇用地光谱特征,提出了若干个基于谱间特征分析的城镇用地指数来提高城镇用地信息提取的精度和效率,其中应用较多的是归一化建筑用地指数(normalized difference built-up index,NDBI)及该指数的改进形式。NDBI 的提出源于对 NDVI 的深入分析,最早由杨山[12]提出,称为仿植被归一化指数,后由查勇等[13]改为归一化建筑指数。NDBI 指数法最初是基于 Landsat TM 图像构建的,城镇用地在 TM5 波段 ND 值比 TM4 波段高,这是与其他地类的主要区别(图 3.2)。因此,$NDBI = (TM5-TM4)/(TM5+TM4)$,图像上 NDBI 值大于 0 的地物则认为是城镇用地。查勇等[13]在 2003 年提出并利用 NDBI 自动提取了无锡市的城镇用地信息,取得了较好的结果。

4. 城市建筑物轮廓数据

城市区域 80% 的地物是建筑物和道路,建筑物轮廓数据是城市空间地理信息库的重要组成部分,也是城市建筑三维模型重建的重要基础工作。作为人类生产和生活的处所,建筑物是城市发展中最容易发生变化的部分,也是智慧城市数据中最需要及时更新的部分。建筑物边界轮廓的提取在城市建筑物基础信息数据库更新、目标识别、灾害预估和变化检测等方面有着广泛的应用价值。传统的测绘方法

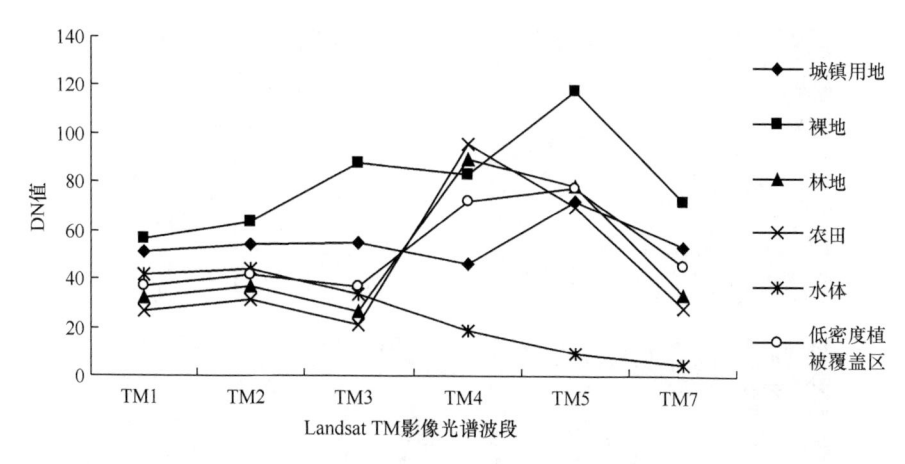

图 3.2　典型地物在 Landsat TM 影像上的光谱曲线

获取建筑物轮廓耗费大量人力、物力,且难以满足城市管理和城市规划等对数据时效性的需求。高分辨率影像包含大量地表目标丰富的形状结构和纹理信息,使城市建筑物遥感制图成为可能。基于遥感图像,尤其是高分辨率遥感图像,可以实现建筑物轮廓信息提取。

基于遥感图像进行建筑物轮廓提取时,无法在遥感影像中直接获取建筑物底部地表几何数据,一般以建筑物顶部几何形状数据代替其底部几何数据。由于在遥感影像上,一般建筑物不是正射成像,因此屋顶与底部之间存在一定的偏移量,需要根据建筑物高度与卫星高度角之间关系得到偏移量计算模型,并对遥感影像上建筑物的偏移量进行校正。基于遥感图像的建筑物顶部轮廓提取方法一般可分为以下两类。

① 利用影像信息(包括全色、多光谱信息)结合遥感图像处理与分析、机器视觉、人工智能等学科领域的新方法实现对建筑物屋顶信息半自动甚至全自动的识别与提取。现有的基于遥感图像的建筑物轮廓提取模型一般都是基于建筑物矩形特征建立的。这种方法要点在于:基于几何约束、某种规则,或者知识等优化轮廓线的方法进行提取。然而,从遥感图像中提取人工建筑物信息是一个非常复杂的过程,在实际应用中,建筑物轮廓数据的遥感图像提取通常采用计算机自动识别辅助人工解译来完成[14]。鉴于此,学者研究了基于多尺度分割与面向对象分类方法的建筑物图斑轮廓的精确提取方法[15]。该方法以分类为基础实现建筑物的位置、形态的初步自动化提取。与已有的基于线性特征的方法不同,面向对象分类综合考虑了光谱信息和上下文信息以及不同尺度下地物的相关关系,基于该方法可以较容易的排除其他地物的影响和干扰。图 3.3 为基于面向对象方法的建筑物轮廓提取结果示例,其中图 3.3(a)和图 3.3(c)为建筑物二值化图像,图 3.3(b)和图 3.3(d)为建筑物轮廓提取结果叠加在影像原图上。

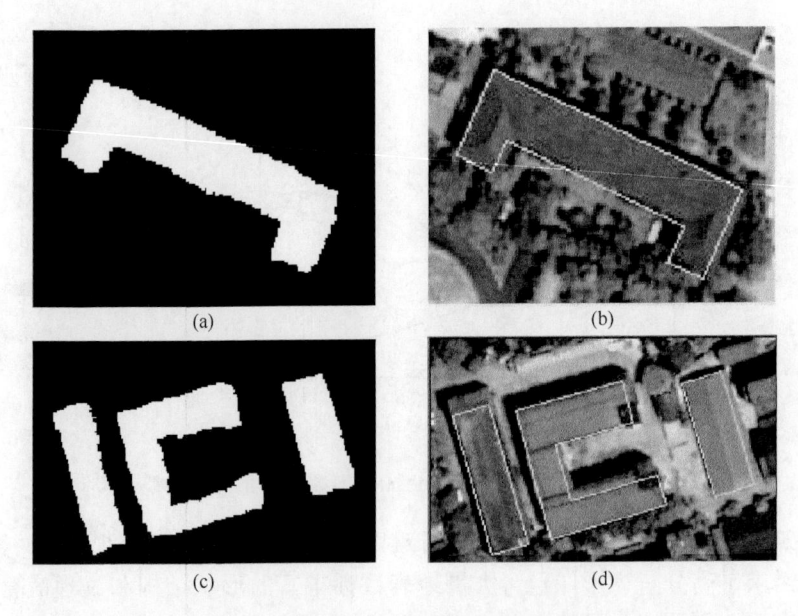

图 3.3 基于面向对象方法的建筑物轮廓提取结果示例[15]

② 利用图像信息结合高程信息进行建筑物屋顶轮廓信息的提取,其主要原理是利用建筑物与周围环境之间存在的高差进行建筑物屋顶的提取[16]。已经有大量的比较成熟的算法[17],有些成熟的商业化软件系统就附加有此项功能。此类方法大多需要辅助数据,如数字高程模型(digital elevation model,DEM)、数字表面模型(digital surface model,DSM)等,尤其 DSM 中包含了建筑物的平面轮廓范围和高程信息。随着信息化测绘的不断推进,利用摄影测量法和激光雷达扫描技术可以获得高精度测绘成果 DSM,这种方法也更加实用。

5. 城市道路交通数据

城市交通调查的传统方法是从统计部门、规划部门、土地管理部门、民政部门或公安系统搜集城市经济与土地利用的规划或普查数据,存在工作量巨大、调查精度不高、数据的现势性不强等弱点。遥感技术特别是高空间分辨率与高光谱遥感技术,为交通领域全面、系统、科学、合理地利用空间信息提供了良好的基础,为交通规划获取原始、实时、动态的空间信息创造了条件。

(1) 城市道路与交通基础设施调查

城市道路交通基础设施调查的内容主要包括城市路网总体状况调查(包括城市道路网络的结构、总长度、总面积、密度面积率、各级道路比重、质量、道路人均占有量等)、城市道路设施状况调查(包括具体道路路段的等级、长度、宽度、面积、线形、车道划分、路面质量、侧向与竖向净空等)、城市交叉口设施状况调查(包括交叉口几何形状、控制方式、分隔渠化措施等)和停车场调查(包括停车场的地点位置与分布情况、性质、类型、占地面积、可停车面积、停车容量、实际停车数量、停车密度、车辆构成等)。

在城市交通基础设施调查中，由于城市建筑物密集、道路较窄、路网复杂，主要采用高分辨率的卫星遥感数据和航空遥感数据获取全貌性交通基础数据，据此可圈定道路堵塞现象地段与路口，确定现有道路设施的通行能力、饱和程度和服务水平等，制作城市交通基础设施分布图、交通量图、城市路网分布与结构图等，为城市交通规划和管理提供重要的依据。

遥感技术根据地物不同的反射波谱，以及不同地物特有的形状、大小、纹理和结构信息来实现不同地物的提取和识别。结合城市道路的色调、纹理、形状和结构特征，运用滤波技术、边缘检测和跟踪处理等遥感图像处理技术，提取出城市道路信息。国内外已经有很多学者对此进行了研究：Tupin 等[18]基于边缘平行线提取方法，利用条带窗口法提取出可能的道路，然后利用马尔可夫随机场模型连接候选道路段，进而得到道路网；Gecen 和 Sarp[19]利用 IKONOS 数据对城市道路进行半自动化提取，取得了较好效果；刘珠妹和刘亚岚[20]利用 IKONOS 数据，采用最大似然法分类提取了城区复杂道路，效果较好；Zhang 等[21]基于 IRS 卫星全色数据，利用小波变换方法提取道路。

(2) 城市交通流信息调查

随着城市交通和经济的发展，交通拥堵问题越来越严重，对其进行监测，分析城市交通流的规律，找出造成城市交通拥堵的原因，可以为解决城市交通问题提供数据支持。交通流参数的监测是交通管理智能化的前提，是交通规划、设计、交通流理论研究的基础。

城市交通流信息主要包括路段与路口的车流量、车道占有率、车速、拥堵分布及程度、路况视频信息、出行分布、交通事故信息和 CPS 巡逻警车信息等动态信息。这些信息随时间的变化而变化，需要实时监测、实时采集，是交通信息中非常重要的一类。设置在路段上的交通量调查观测站，以及浮动车采集设备是动态交通信息获取的两大重要渠道。随着通信技术、空间信息技术、计算机技术的不断发展，遥感、GIS 和 GPS 技术不断渗入到城市交通管理中，交通流参数采集方式呈现多样化的发展趋势，越来越多的学者将目光投向高分辨率遥感影像用于交通监测这一领域。当前，国际上利用航空(特别是基于低空遥感平台)和航天遥感传感器获取的地面高分辨率遥感影像进行交通数据采集、交通状况描述和交通流监测应用，正在迅速发展为一个新兴的研究领域。

基于高分辨率遥感获取交通基础数据的同时，可以进行车辆识别、分类与计数，间接获取交通量、行程时间、区间速度、占有率、拥堵点车队长度等截面和路段的交通参数，开展道路使用效率评价、机动车辆起点到终点的出行需求或出行规律调查等研究,有助于全面了解路域交通状况及区域交通流量在时间、空间上的变化规律。高分辨率遥感技术与传统交通信息采集方式结合,将成为估算大范围交通参数的重要技术途径。

基于遥感获取交通流参数的方法,按照数据获取平台的不同分为两种。一种是利用有人机、无人机和飞艇等航空平台上装载的摄像机,在飞行过程中拍摄的时间连续的航空序列影像来进行交通流参数监测。另一种是利用航天平台中卫星传感器获取的瞬时影像来监测。

卫星遥感交通流参数提取利用卫星瞬时影像在车辆识别和车速检测的基础上,进行交通密度和交通流量等交通流信息的提取,其关键在于车速信息的提取。Etaya 等[22]、Zhang 和 Xiong[23] 以及 Liu 等[24] 利用 QuickBird 全色波段与多光谱波段的拍摄延迟,在单幅影像上计算运动车辆的车速。卫星遥感获取交通流参数最大的优势就是可以大范围,而且不受天气条件等限制。

高分辨率遥感技术能够获取高视角、大范围的地面影像数据,并且由于传感器远离路面,与地面调查相比,既不会影响交通,也不会给地面调查人员带来危险,可大幅度降低实地调查的劳动强度和调查成本,提高路网信息采集的广度和全局性,因此在交通上的应用得到国内外的广泛关注[25]。

6. 城市环境污染数据

城市环境调查与监测是城市环境保护和污染控制的基础和依据。城市环境是自然环境和社会环境综合作用下的人工环境。环境质量是指城市各环境要素本身及其组合受到污染影响的程度。当前,城市环境污染调查的主要内容是固体废弃物污染、大气环境污染和水污染,基于遥感技术可以辅助完成城市环境污染数据采集。

(1) 固体废弃物污染调查

由于固体废弃物自身的物理化学分解作用,温度一般比周围地面的温度要高,所以在航空热红外图像上表现出明显的色调特征,同时废弃物堆积区具有比较杂乱的纹理特征,从而可以利用遥感图像对固体废弃物进行有效的调查。通过遥感监测,不仅能获得固体废弃物的统计数据,更重要的是可以掌握其宏观分布状况,进一步为其整治决策提供依据。

遥感技术用于固体废弃物的调查与检测由来已久,2006 年 7 月北京市环保局、北京市土地勘测局地质工程勘察院等利用航拍完成了《北京市生活垃圾填埋场污染风险评价报告》[26]。刘亚岚和任玉环等[27]以北京市平原区为研究区域,利用北京 1 号卫星融合数据,研究了非正规垃圾场的影像特征,通过人机交互和计算机自动检测方法对北京地区的非正规垃圾场进行了分析[28]。

(2) 大气环境污染调查

常规的大气环境质量评价是在典型区布点采样,在室内分析大气中污染物的含量来评价大气环境质量。我国已经初步建成覆盖全国的大气环境质量监测网络,逐渐实现了监测的实时性、连续性和完整性。从效果上来看,地面监测站能够直接得到反映污染物地面浓度及时间变化的较为准确的信息,但是由于我国幅员辽阔,且监测仪器、设备较为昂贵,因此只能在有限的地点进行,不能实现良好的空间覆盖,不能满足及时、准确地做出环境质量报告、污染预报的要求[29]。

基于遥感技术监测大气污染物的原理主要是通过利用卫星测量大气散射、吸收和辐射的光谱特征值,反演出气溶胶光学厚度,从而识别出大气组分及其含量,实现大气污染物监测。影响大气环境质量的主要因素是大气气溶胶(大气与悬浮在其中的固体和液体微粒共同组成的多相体系,包括可吸入颗粒物(PM10)、细颗粒物(PM2.5)、微量金属、硫酸盐、硝酸盐等)的含量和各种有害气体,如一氧化碳(CO)、二氧化硫(SO_2)、二氧化氮(NO_2)等的浓度。实践证明,遥感数据可以定量用于大气环境监测,补充地面监测站点的不足。

(3) 水污染调查

城市水污染主要包括城市水体热污染和废水污染。由于溶解或悬浮于水中的污染物成分、浓度不同,使水体的颜色、密度、透明度、温度产生差异,导致水体反射波谱能量的变化,在遥感图像上表现出色调、灰阶、纹理特征等方面特征的差别,因此可以基于遥感图像进行水环境污染调查。例如,工厂中排出的冷却污水比环境水温高,在多光谱图像和热红外图像中有明显的反映,密度分割后即可确定热水污染的范围。因此,对城市废水污染可用多光谱合成图像进行监测。

7. 城市物理环境数据

城市物理环境包括城市热环境和城市不透水层等。城市热环境和城市不透水层一直以来被认为是在城市和环境相关研究中的重要参数,已成为城市化进程的评价指标,同时也是环境质量的评价指标。通过遥感图像分类与定量反演技术,可以获得大面积连续的城市热环境与不透水层等物理环境数据。

(1) 热环境

快速城市化进程改变了地表下垫面的理化性质,原本是土壤、草地和水体等比热大的自然表面被水泥、沥青等比热小的表面代替,不仅改变了反射和吸收面性质,还改变了近地面层热交换和地面粗糙度,使大气物理状况受到影响。大量的观测对比和分析研究确认,城市热岛是城市气候中最普遍存在的气候分布特征。如果绘制成等温线图,则形成等温线闭合状态的高温区,人们把这个高温区比喻为立于四周围较低温度的乡村海洋中的孤岛称为城市热岛。这种城市气温高于四周郊区气温的现象称为城市热岛效应。城市气温与郊区同期(瞬时、日平均、月平均、年平均等)气温差值大小,则称为城市热岛强度。

利用热红外遥感对城市的热辐射进行白天和夜间扫描,通过地表温度反演,可以查明城市热源、热场位置和范围,并对城市热岛分布规律、形态特征等进行研究,从而对城市热环境进行科学合理的规划、整治和管理。热红外遥感资料可以为城市热环境质量评价和热源调查提供准确、丰富的信息,作为常规监测方法的补充具有较好的应用价值和推广前景。

(2) 不透水层

不透水层是一种水体不能通过其渗入到土壤中的人为要素,基本上是通过交通和建筑的建设形成的与人类活动和居住密切联系的表面,道路、车道、人行道、停车场、屋顶和建筑等都是不透水层的范畴[30]。不透水层的增加会导致城市径流的数量、持续时间,以及强度的增加,从而导致急流、洪水加剧。同时,不透水层还直接影响着排水区域的水质量,主要表现在非点源污染的传播[31]。另外,不透水层的时空动态还会影响城市气候,改变城市表面温度。准确有效地进行城市不透水层的空间制图,不仅有助于城市环境管理,也对城市规划等有极强的指导作用[32]。

传统的不透水层地面调查与制图方法成本高且需要大量的人力物力投入,而且不适用于大范围作业。随着高分辨率影像的不断涌现和遥感信息自动提取技术日益成熟,利用遥感结合计算机算法来自动实现城市不透水层的制图与监测,已日渐成为城市环境研究的新热点。常用的不透水层提取方法有基于像元的图像分类方法、面向对象的图像分类方法,以及多元回归估计方法等。

8. 城市生态系统数据

(1) 森林净初级生产力

森林净初级生产力(net primary productivity, NPP)表示植物固定的有机碳中扣除其本身的呼吸消耗之后的部分。森林 NPP 是表征森林活动的关键变量,作为地表碳循环的重要组成部分,不仅直接反映植被群落在自然环境条件下的生产能力,表征陆地生态系统的质量状况,而且是判定生态系统碳源/汇和调节生态过程的主要因子,在全球变化及碳平衡中起到重要的作用[33]。城市森林作为陆地生态系统的组成成分之一,在全球变化背景下,研究其在全球碳循环中的地位和作用有很重要的意义。目前,对城市森林在全球变化地位方面的评估进行的也越来越多,这方面的研究也成了政府部门和科技工作者共同研究和关注的热点[34]。

森林 NPP 研究经历了站点实测、统计回归及模型估算研究等阶段[35]。基于站点观测的传统生态学研究方法,在大区域 NPP 估算中存在局限性。在模型估算研究中,遥感数据的引进已经成为一个重要的发展方向。遥感作为地球表面信息获取的有力手段,可以获取多种地表参数,这些参数可以为陆地净初级生产力的估算提供丰富的数据。采用遥感手段,可实现研究成果由点向面的推演和扩展,形成以面状信息为基础的完整的成果表达,准确、及时地得到监测范围内多时空尺度的 NPP 时空分布特征,这是利用常规的地面站点观测结果难以得到的。

目前计算 NPP 的模型有很多,Ruimy 将 NPP 计算模型总结为[37]气象相关统计模型(statistical model)、参数模型(parameter model)和生态系统过程模型(progress-based model),其中参数模型是主要依据遥感数据的模型。

(2) 碳排放

全球气候变暖是人类迄今面临的最重大环境问题,也是 21 世纪人类面临的最复杂挑战之一,已经成为影响世界经济秩序、政治格局和生态环境的一个重要因素、建立在化石燃料基础上的城市生产和城市消费是造成全球温室气体浓度增加、导致气候变暖的主要原因。近年来,我国工业化水平迅速提高,城市化速度明显加快,城市形态扩张显著,也促使城市碳排放效应日趋加剧。对城市的碳排放水平进行精确模拟,探索城市层面碳排放规律,从而制定相应碳减排目标,将是未来城市发展低碳经济、制定低碳发展规划的基本要点。

对温室效应贡献最大的是二氧化碳(CO_2),其次为甲烷(CH_4)和氧化亚氮(N_2O)。随着化石燃料燃烧、水泥生产、森林砍伐等活动的影响,大气中的 CO_2 浓度在不断升高。目前,碳排放数据主要来自碳排放监测网络的观测,因受限于观测成本,观测站点较少而不能满足使用需要。遥感作为一种监测大气参数和组成变化的有效手段,可以显著提高碳排放数据的时空分辨率。碳排放监测传感器主要有垂直探测器(tiros operational vertical sounder,TOVS)、大气红外探测仪(atmospheric infrared sounder,AIRS)、超高光谱红外大气探测仪(infrared atmospheric sounding interf,IASI)、大气层制图扫描成像吸收频谱仪(scanning imaging absorption spectroMeter for atmospheric chartography,SCIAMACHY)、美国极轨碳观测卫星 OCO(orbiting carbon observatory)和日本温室气体观测卫星 GOSAT(greenhouse gases observation satellite)上搭载的被动红外探测器等。碳排放遥感监测方法主要有热红外探测、太阳波谱差分吸收和主动遥感方法。

9. 城市资源调查数据

准确调查绿地、湿地、地表水等城市资源现状是正确评价城市资源及其生态效益、客观分析城市环境承载力、合理制定城市资源系统规划、科学建立和有效管理城市资源的工作基础。基于遥感技术,可以获得城市绿地、城市湿地资源、城市地表水资源等的调查数据。

(1) 城市绿地调查

城市绿地在城市生态平衡中扮演着重要的角色[37],是城市的氧源,更是电磁辐射、噪声及多种有害气体的良好吸收体[38]。因此,城市绿地含量逐渐成为衡量城市生活质量的一个重要指标,受到城市管理者的重视。传统的绿地调查采取实地测量与统计相结合的方法,但效率低下且统计结果受人为影响。遥感等对地观测技术的出现,特别是近年来众多高分辨率遥感卫星的发射使得利用遥感技术提取各种城市信息成为了可能。高分辨率遥感图像的广泛应用给城市绿地信息提取提供了有效而便捷的手段。遥感技术可以提取的城市绿地信息[40]包括绿地的种类及结构、绿地的分布特点、绿地植物的分布数量和绿化的发展变化等。

基于遥感图像的城市绿地信息提取方法一般有两种[39]。一种是目视解译方法,即依据光谱规律、地学规律和解译经验,通过遥感图像的颜色、纹理、结构、位置等各种特征解译出各种绿地景观类型。另一种是计算机自动提取方法:第一步先通过植被指数、KT变换等[40]突出城市植被信息,再设置一定的阈值将绿地信息分离出来;第二步利用图像分类法,通过选择分类特征、利用模式识别模型,确定每一像元的植被类型,其中面向对象分类方法研究和应用较多。

(2) 城市湿地资源调查

湿地是地球上生物多样性、生产力较高和分布广泛的一种特殊的生态系统。城市湿地系统是城市重要的生态基础设施,是城市可持续发展依赖的重要自然系统,是城市及其居民能持续的获取自然服务的基础[41]。保护和合理利用湿地资源既是生态环境保护的需要,也是城市经济可持续发展的需要。城市湿地资源调查的目的是查清城市湿地资源的类型、分布范围、面积和开发利用情况,掌握湿地资源动态变化情况,建立城市湿地资源数据库和管理信息平台,逐步实现对城市湿地资源及生态环境全面、准确、及时地分析评价和把握,为湿地资源保护、管理和合理利用提供统一完整、及时准确的基础数据和决策依据。

城市湿地资源遥感调查,通常以遥感信息为主,利用遥感技术波段多、视域广、信息丰富、现势性强等优势,结合已有的地质、水文、土地、湖泊、河流、海洋及环保等与湿地有关的地理信息资料,采用全球定位系统,并采取多源信息相互印证及"3S"相结合的工作方法,室内解译与野外实地调查相结合,解译资料与已知成果相结合,提高遥感解译的效果和质量。

(3) 城市地表水资源调查

随着科学技术的不断发展,人们生活质量的不断提高,水资源问题已成为人们面临的严峻问题。面对水资源如何继续支撑人类社会的生存发展,提高人们居住的环境质量,人类如何合理地开发和利用水资源等问题,遥感技术成为最有效的技术手段之一。通过遥感手段,可以快速、全面、客观、准确地获得广大地区的河流、水库、湖泊等地表水体信息。对时间序列监测资料进行分析,可以了解水资源量及其利用状况的动态演化过程。

一般来说,对可见光影像而言,当水体混浊、浅水沙底及水面结冰,或是光线恰好反射至镜头时,水体影像会呈现浅灰色或白色的亮色调;当水体较深或水体为泥底时,其影像色调较深;对彩红外影像而言,由于水体对近红外波强烈的吸收作用,水体影像的色调相应地呈现为黑色,与周围地物可形成明显界线,易于识别。另外,在一些特殊情况下,若水体受到某种性质或某种程度的污染,这种水体变异信息也会在遥感影像上通过水体影像色调的变化体现出来。总之,水体具有明显区别于其他地物的特殊光谱特性,在基于遥感的地表水资源调查中,可以根据水体的光谱特性方便地从影像中将其提取出来,主要判读标志为色调,另外还可以结合形态、纹理等特征进行判读。

10. 城市三维数据

(1) 城市地面沉降数据

地面沉降是由自然或人为因素引发的地下松散地层固结压缩导致区域性地面标高缓慢损失的现象。城市地面沉降是国内城市的严重环境地质灾害,全国已有70多个城市发生了不同程度的地面沉降。地面沉降将对沉降区的生态环境、基础设施等产生了严重的影响。同时,地面沉降的结果极难进行恢复,成为一个严重的地质问题,已经引起社会各界的广泛关注。

传统的地面沉降监测方法,如精密水准测量、GPS测量,虽然测量精度高,但是无法满足大尺度面域上的地面沉降监测,且易受气候条件的限制。遥感合成孔径雷达差分干涉测量技术(D-InSAR)可以解决面域监测难题,同时其雷达视线方向上形变测量精度能达到厘米级,甚至毫米级,具有高分辨率、不受云雨条件限制、数据获取周期短的特点,能最大限度地实现大尺度面域地面沉降的实时动态监测。

InSAR技术的核心是利用相位观测值获取目标的几何特征及变化信息。干涉纹图中任一像元的相位表示雷达与该像元间距离的变化和该目标的散射相位变化之和,若两次观测期间散射相位保持稳定,则干涉相位反映的是两次观测期间目标与雷达间距离的变化,包含地形信息、地表形变,以及大气活动引起的相位延迟。因此,可以根据各分量对干涉相位贡献的大小,分别计算出地形信息、两次观测期间目标沿雷达视线方向的变化量,以及大气延迟量等[42],从而监测到地表形变。

自从1993年Massonnet等利用InSAR技术检测到加州兰德斯地震的地表形变之后,该技术已经广泛地应用于城市地面沉降、矿山沉降、火山形变、地震形变等地面形变监测领域,并取得了不少成果。InSAR形变结果与传统的沉降观测手段GPS、水准测量的融合,可以得到较高时间分辨率和较高空间分辨率的毫米级精度城市地面形变信息,提供给相关政府职能部门作为决策参考。

(2) 城市三维模型数据

表达城市物体的三维模型,主要包括三维地形模型、三维建筑模型、三维管线模型(输电线路、地下管线等)[43],这些三维模型是数字城市重要的基础信息之一。目前已有的三维建筑建模技术多种多样,如基于高分辨率遥感影像的建筑三维建模、基于激光雷达数据的城市三维建模等。

① 基于高分辨率遥感影像的建筑三维建模。

作为城市风光代表的城市建筑物是建立城市三维景观的首要关注点,基于高分辨率遥感影像的建筑物三维快速建模越来越得到人们的重视。该类方法的基本思路是利用阴影信息批量获取建筑物高度信息,以建筑物屋顶几何数据代替其地表空间位置数据,快速实现城市建筑物三维几何建模。

基于高分辨率遥感影像的建筑三维建模,其关键问题是建筑物高度信息的获取,具体过程如下:对建筑物阴影实现自动提取,在分析全色影像中建筑物阴影的灰度值特点及几何特征基础上,采用类间方差阈值法及面积阈值法对影像进行建筑物阴影区域提取;利用数学形态学法对阴影区域进行边缘提取;采用分析阴影长度自动求值方法,以阴影长度计算建筑物高度值;基于阴影形状特点,运用面积法求出理想化阴影长度;考虑到阴影边缘的凹凸不均,进一步采用最大特征值对阴影边界进行角点检测,以角点间最近距离均值作为阴影最优长度值;将两种计算值与实际量测值对比分析,获得最佳结果。充分分析建筑物阴影形成时卫星、太阳及建筑物之间的空间位置关系,进一步考虑建筑物走向及阴影与建筑物主方向的夹角,给出阴影计算建筑物高度的数学模型。最后,以建筑物屋顶几何数据代替其地表空间位置数据,利用建筑物轮廓提取的方法提取建筑物地表几何数据,结合前面获得的建筑物高度信息建立建筑三维模型。

② 基于激光雷达数据的城市三维建模。

自 20 世纪 80 年代开始,作为一种快速完成三维空间数据采集技术的激光雷达测量技术(light detection and ranging,LIDAR)在一些发达国家得到很好的应用,我国近几年也有越来越多的单位及科研机构使用。机载 LIDAR 系统由激光扫描仪、高精度惯性导航仪(IMU)、GPS 和高分辨率的数码相机组成[44],这四种设备集成可以快速地完成地面三维空间地理信息的采集,通过数据预处理,便可得到具有坐标信息的激光点云数据和影像数据。基于 LIDAR 激光点云数据和影像数据可以构建三维地形模型和三维建筑模型。

使用 LIDAR 数据商业处理软件,将地面数据与非地面数据分离,可以快速得到纯地表数据,生成 DEM。初始的影像外方位元素一般达不到精度要求,利用纯地表数据对影像外方位元素通过寻找同名像点的方式进行校正,快速生成 DOM。DEM 和 DOM 叠加在一起的三维地形模型,能够清晰地表达地形的高程信息及纹理信息,从而反映真实三维地形信息。

激光点云数据能真实反映建筑物的位置、高度信息,DOM 能清晰表达建筑物的轮廓,LIDAR 配备的两台数码相机同时进行倾斜摄影能够获得建筑物四个方向的纹理影像,三者结合就能建立具有高精度的建筑模型。

11. 城市人文社会信息

遥感可以估算城市人口等城市人文社会相关信息数据。人口数据对于各级政府部门制定决策有十分重要的意义。人口普查每十年进行一次，其精度固然很高，但人口普查周期长、工作量大，成本也很高。因此，各种成本较低、工作量较少的人口估计方法研究就显得十分重要。近几十年来，国内外学者在应用遥感技术进行人口估算方面做了大量研究，并且取得了很多研究成果。

在定性、定量、定位地调查了城市各种土地利用现状后，可以迅速而准确地获得城市的建筑密度、住宅房屋密度等城市用地特征参数。城市居住建筑密度与人口分布密度往往有着某种必然的联系，因此可以以住房密度作为变量用于人口普查、人口统计学等方面的研究，从而为国家人口普查提供一个方便、快捷、精确的辅助手段。

利用遥感监测城市人口密度主要有居住单元法、土地利用密度法、建成区面积法、耗能法及地物光谱法[45]。方法的差异主要在于采用航空相片或卫星相片的波段和比例尺的不同，其中土地利用密度法应用较多，该方法关键在于抽样区代表性。事实上，即使相邻区域同类住宅，由于不同时期所建或居民成分不同，其建筑容积率、人均居住面积均有所差异，因此人口密度很难保持一致，这为选择样本区域带来一定难度，抽样区的选择在很大程度上决定着最后城市人口或者人口密度的估算精度。

3.3.2 城市数据其他获取手段

1. 业务抽取数据

利用遥感手段，可以获得城市的诸多空间数据，只有当空间数据与实时动态变化的属性数据无缝融合，才能满足智慧城市建设的实际应用需求。业务抽取，即从城市政府部门的各种业务应用系统中抽取城市对象的业务公共数据，如人口属性数据（姓名、年龄、性别、学历、居住地、居住方式、学习工作单位、年收入情况等）、企业属性数据（企业名称、企业类型、法人代表、注册地点、完税情况、企业利润、企业人才等）、建筑物属性数据（建筑名称、建筑性质、建筑材质、地名地址、入住企业\居民、房屋入住与闲置情况等）、土地属性数据（土地编号、土地位置、利用类型、入驻\闲置情况等）等。

在进行业务抽取的时候，需要注意以下问题。

① 数据的逻辑性问题。专业业务系统的数据关联一般已有约束保证，代码表和参照表等数据也比较准确；综合平台需求则不同，需根据综合平台需求采取清洗策略，保证数据仓库各事实表和维表之间的关联完整有效。

② 数据安全性。由于公共空间信息平台涉及的部门和数据库比较多，合理定

义抽取转化装载任务的用户权限是首要问题。

③ 数据的时间差异性问题。在抽取旧有数据时,要将不同时期的数据定义统一,较早的数据不够完整或不符合新系统的数据规范,一般可以根据规则,在存入中转区的过程中予以更新或补充。

④ 数据的平台多样性问题。在传统抽取时,大部分数据都可采用表复制方式直接导入数据中转区集中,再做处理。

由于公共空间信息平台一方面涉及传统关系数据库,另一方面涉及叠加在关系数据库上的空间数据中间件 SDE,在设计时需要针对不同数据设计不同流程。

数据抽取是数据仓库数据抽取转化装载规则(extract transform loading, ETL)的一个重要环节,通常有全量抽取和增量抽取两种方式。在抽取业务公共属性信息的时候,通常会采用增量抽取方式。目前增量数据抽取中常用的捕获变化数据的方法有触发器、时间戳、全表对比、日志对比[46]。

① 触发器。在要抽取的表上建立插入、修改、删除三个触发器,当源表中的数据发生变化时就被相应的触发器将变化的数据写入一个临时表,抽取线程从临时表中抽取数据。

② 时间戳。基于递增数据比较的增量数据捕获方式,在源表上增加一个时间戳字段,系统中更新修改表数据,同时修改时间戳字段值;当进行数据抽取时,通过比较系统时间与时间戳字段的值来决定抽取哪些数据。

③ 全表比对。典型的全表比对的方式是采用 MD5 校验码。

④ 日志对比。通过分析数据库自身的日志来判断变化的数据。

2. 导航定位数据

实时动态是智慧城市的重要特性,城市中各种移动对象的位置变化,如人的移动、车辆的运动等,反映了城市的变动,是城市动态性的直接体现,将终端接收到的导航卫星信号与其他定位相关的传感器信息传输到计算中心,通过实时解算,实现室内外高精度手机连续位置定位和实时导航,适用于地理国情监测员、灾情报告员、森林调查员、地质勘测队员、土地调查员、城管员、公安交警人员等国家公务员和车联网用户。定位信息可以分为室外和室内两个部分,室外可以采用卫星定位方法,室内无线信号包括 RFID NFC、蓝牙、WLAN、蜂窝网络、无线数字电视信号等,其他位置传感器有加速度计、陀螺仪、电子罗盘和手机摄像头等。

(1) 室外定位技术

除我国的北斗卫星导航系统之外,世界上正在运行的全球卫星导航定位系统主要有美国的全球定位系统(global positioning system,GPS)、俄罗斯的格洛纳斯全球卫星导航系统(global navigation satellite system,GLONASS)、欧盟正在建设的有自己特色的伽利略卫星定位系统(galileo positioning system,Galileo)。因此,未来密布在太空的全球卫星定位系统将形成 GPS、GLONASS、北斗、Galileo 四大卫星导航系统共存竞争的局面[47]。四大卫星导航系统各有优劣：GPS 应用较广，但精度相对较低；GLONASS 的民用精度较高，但由于长期在轨卫星少而一直处于降效工作状态；Galileo 性能更先进、功能更全，但仍在建设中；北斗的特长是可通过短信让他人获知自己的位置，是其他导航系统目前所不具备的，但仅覆盖中国本土[49]。

① GPS。

美国国防部于 1973 年开始组织研制能满足陆海空三军需要的"导航卫星定时和测距全球定位系统"，简称 GPS 全球定位系统。历时 20 多年，耗资 200 多亿美元，是美国继"阿波罗"登月飞船和航天飞机后的第三大航天技术工程。该系统是能在海、陆、空进行全方位高准确度实时定位、测速、授时的新一代卫星导航定位系统。GPS 是当今世界上技术先进、应用广泛的全球卫星精密定位、导航和指挥调度系统，在星基导航定位领域中扮演重要角色，在现代生活中发挥了重要作用[48]。

具有精密定位、精确导航、准确授时的功能能进行静态、动态等不同方式的精密定位测量，能准确提供速度、时间、方向、距离的信息，可广泛用于地球科学研究、大地测量、工程测试、勘探测绘、电子地图、各种用途的位置监控等；可用于精确导航，如飞机、船舶、星际导航、卫星轨道定位、武器精密制导、车辆的调度、监控与导航等；可面向全球需要提供标准时间的用户进行准确授时。具有全球性、全天候、高精度、高效率、应用广泛和操作简便等优势。

② GLONASS。

GLONASS 1976 年启动建设，苏联解体后由俄罗斯政府负责运营。1995 年，俄罗斯耗资 30 多亿美元，完成了 GLONASS 导航卫星星座的组网工作，但随着俄罗斯经济不断走低，该系统也因失修等原因濒临崩溃。2001～2010 年，俄罗斯政府已经补齐了该系统所需的 24 颗卫星。2012 年，GLONASS 卫星的数量增加到 30 颗，实现全球定位导航功能，导航范围可覆盖整个地球表面和近地空间，定位精度可达到 1m 左右。

GLONASS 是俄罗斯第二代军用卫星导航系统，与美国的 GPS 相似，该系统也开设了民用窗口。在军事领域，GLONASS 可为海军舰船、空军飞机、陆军坦克、装甲车、炮车等提供精确导航，也可在精密导弹制导、C3I 精密敌我态势产生、部队准确的机动和配合、武器系统的精确瞄准等方面广泛应用。同时，GLONASS 在大地和海洋测绘、邮电通信、地质勘探、石油开发、地震预报、地面交通管理等各个国民经济领域也获得了越来越多的应用[47]。

③ 北斗。

我国于 2000 年初步建成了北斗卫星导航实验系统，成为世界上第 3 个拥有自主卫星导航系统的国家。2003 年开始提供服务，目前已全面完成亚太区域系统网的组建工作并于 2012 年 12 月 27 日开始提供正式服务[49]。

北斗是国家重要的基础设施,也是世界导航系统的重要组成部分,发展独立自主的卫星导航系统是重大国策。作为我国自主研制的卫星导航系统,打破了少数国家对卫星导航领域的垄断,已经得到各类不同用户的广泛使用,其性能稳定、使用方便,在我国国防建设、森林防火、抗震救灾、海洋渔业、交通和水利等行业已发挥了重要作用。随着我国卫星导航系统研发工作的不断进展,以及数字地球、智慧地球等技术的快速发展,北斗在覆盖区域、系统性能等方面会不断提升,将在更广泛的领域为用户提供更优质的服务。未来北斗卫星导航体系和应用技术都有望取得新的突破,在全球定位导航及相关应用领域发挥更为重要的作用[50]。

④ Galileo。

欧盟正在建设的 Galileo 是基于民用的全球卫星导航定位系统,预计在 2019 年完工,投入运行后 Galileo 用户将使用多制式的接收机,获得更多的导航定位卫星的信息,能够极大地提高导航定位的精度,Galileo 还可以实现多系统内的相互合作。

Galileo 系统是欧洲自主独立的全球多模式卫星定位导航系统,提供高精度、高可靠性的定位服务,同时实现了完全非军方控制和管理。该系统实现了多系统内的相互兼容,任何用户将来都可以用一个接收机采集各个系统的数据或者各系统数据的组合来实现定位导航的要求。伽利略系统可以分发实时的米级定位精度信息,同时能够保证在许多特殊情况下提供服务,即使定位失败也能够在几秒钟内通知用户,对安全性有特殊要求的情况,如火车、汽车导航、飞机着路等,伽利略系统具有得天独厚的应用优势[51]。

(2) 室内定位技术

由于 GPS 等室外定位信号在穿越建筑物后衰减太快,现在市场上比较成熟的智能终端应用主要针对广阔的室外环境,在建筑物密集的街区、树荫下、停车场、机场、医院等大型建筑内均无法使用,所以对室内定位的需求显得极其迫切。

室内定位技术包括广域室内定位技术和局域室内定位技术。广域室内定位技术的代表是北京邮电大学的 TC-OFDM、澳大利亚的 Locata 和美国高通公司的方案,是承载到广域网上实现广域覆盖的;局域室内定位技术的代表是 wifi、蓝牙、ZIGBEE、RFID 等定位方案,是承载到局域网中实现局部区域的覆盖。广域室内定位技术通常需要改造基站及手机芯片等设备模块,成本巨大,时间周期较长。局域室内定位技术成本较低、周期短,是目前商业化推广运作较好的选择方案。其中,wifi 定位由于 wifi 网络的普及,变得非常流行。wifi 定位可以达到米级定位(1~10 米),传统的 wifi 定位产品主要应用在专业行业领域(矿井、监狱、医院、石油石化等),如 Aeroscout 和 Ekahau 公司的 wifi 定位产品。一些 wifi 网络设备厂商,如 Cisco、Motorola 等公司也有自己的 wifi 定位产品,并随着其 wifi 网络设备的推广,已经有很多应用。随着市场(特别是大众消费相关行业)对室内定位需求的增加,google 把 wifi 室内定位和室内地图引入了 google 地图,目前已经覆盖了北美和欧洲一万多家大型场馆,近期也涌现出一批 wifi 定位很有特色的公司,如 wifislam、Meridian、智慧图、wifarer、wifront 等公司。百度、高德、四维等公司也相继研发 wifi 室内定位产品。

3. 物联网监测数据

物联网是指通过各种信息传感设备及系统,如射频识别装置[52]、红外感应器、全球定位系统、激光扫描器、气体感应器等[53],按约定的协议,把任何物品与互联网连接起来,进行信息交换和通信,以实现智能化识别、定位、跟踪、监控和管理的一种网络[54,55]。具体地说,就是把传感器嵌入和装备到电网、铁路、桥梁、隧道、公路、建筑、供水系统、大坝、油气管道等各种物体中,并且被普遍连接,形成物联网。互联网实现了人与人的交流,物联网则实现了人与人、人与物、物与物的连接和交互[57]。

物联网上部署了海量的多种类型传感器,每个传感器都是一个信息源,能够采集监测目标的声、光、热、电、力学、化学、生物、位置等各种需要信息。不同类别的传感器捕获的信息内容和信息格式不同,如日常生活中的各种智能卡、条码标签,可获得对象的识别信息,分布在市区的各个噪声探头可监测获得噪声污染数据,二氧化碳传感器可以监控获得大气中二氧化碳的浓度,移动定位标签可跟踪获得人员、车辆的实时位置数据,交通路口的摄像头可捕捉获取实时交通流等。物联网传感器获得的数据具有实时性,按一定频率周期性的采集环境信息,不断更新数据。

4. 视频监控数据

视频监控通过对重点区域的探测、监视,能够实时显示、记录现场图像,同时可以检索和显示历史图像,具有直观、准确、及时和信息内容丰富等特点,具有巨大的应用潜力,已经广泛应用于道路、地铁、银行、宾馆、超市、社区、停车场、校园等各种场合[3,58]。受平安城市建设、交通信息化建设、金融监控、安全生产、智能家居等各种项目建设与发展的带动,视频监控产品的需求量不断扩大。根据实际应用需求及应用方式的不同,从视频监控数据中挖掘出的信息主要分为目标身份信息、目标图像特征信息、人群行为信息、车辆行为信息、视频统计信息和移动轨迹数据等六类[1]。

(1) 目标身份信息

目标身份信息主要指人员身份及车辆牌照信息等。在进行刑侦工作时通过对大量视频进行目标查找,可以获取犯罪嫌疑人的身份信息及其驾驶车辆的车牌信息。高速公路行业用户通过收费处视频监控可以获取车辆牌照信息。

(2) 目标图像特征信息

目标图像特征信息是指可描述的目标图像特征,如黑色轿车、穿红白条纹衣服的女子,用户可以利用这类信息在海量视频数据中对目标进行快速定位。

(3) 人群行为信息

公安行业用户在日常治安管理工作中能从视频中及时获取治安异常事件的信息并进行处理,如有人闯入区域、有人奔跑、发生斗殴事件或群聚性事件,这类监控数据广泛应用于机场、铁路、监狱、油田、住宅小区等监控领域。

(4) 车辆行为信息

交通监管行业工作人员从交通视频数据中可以及时获取车辆逆行、车辆慢行、违章停车、交通堵塞、交通事故、闯红灯、超速等车辆异常行为信息,以便对交通异常行为作出准确判断并及时响应。

(5) 视频统计信息

视频统计信息是指从视频中获取的长时间统计数据,如商场的客流量、交通要道的车流量等,这类信息对管理优化及决策辅助有宝贵的应用价值。例如,连锁店的客流量、保有量及客户购买率等信息能为店铺的优化提供基础数据,车流量、平均车速等统计类信息可优化交通管理,减少人工投入,提高工作效率。

(6) 移动轨迹数据

识别出移动物体之后,可以进一步从监控视频中提取移动物体经过场所的轨迹。例如,在广场、车站等人流量大的公众场所,视频监控设备能显示并记录下每个人的走动轨迹,如果一个人长时间在视野中徘徊游荡,超过一定时间,设备可以自动报警提示发现可疑行为人物。

5. 站点观测数据

站点观测是智慧城市数据获取的一个重要途径,通过站点观测的实时传输可以获得准确的气象、水质、空气污染等相关的定点、定时、定量、连续数据。根据观测目标的不同,可将观测站点分为生态系统监测站、气象观测站、水文观测站、空气质量监测站、地质环境监测站、交通量观测站等类型。

(1) 生态系统监测站

生态系统监测站以科学、连续的精确数据来动态观测生态环境的变化,从而更加科学地指导生态资源培育、保护和有效利用。根据生态系统类型的不同,生态系统监测站可分为农田生态站、森林生态站、草原生态站、水体生态站等,对这些生态系统的生物、土壤、水分、大气状况等进行监测。

(2) 气象观测站

气象观测站是设在陆地和海上(船舶和浮标等)实施气象观测的场所。根据用途、安装及精确度可分为便携式气象站、高精度自动气象站、高速公路气象站、森林火险气象站及校园气象站,主要用于采集温度、湿度、风向、风速、太阳辐射、雨量、气压、光照度、土壤温度、土壤湿度、露点等多项信息并做公告和趋势分析。自动气象站可与 GPS 定位系统、GPRS、GSM 通信和 Modem 等设备连接,具有性能稳定、检测精度高、无人值守等特点。

(3) 水文观测站

水文观测站是观测和收集河流、湖泊、水库等水体的水文、气象资料的基层水文机构,其中兼具气象监测的水文站也称为水文气象站。水文站观测的水文要素包括水位、流速、流向、波浪、含沙量、水温、冰情、地下水、水质等;气象要素包括降水量、蒸发量、气温、湿度、气压和风等。

(4) 空气质量监测站

空气质量监测站又称空气站,主要功能是对存在于大气、空气中的常规污染物质进行定点、连续或者定时的采样、测量和分析,监测因子包括污染极细颗粒物(PM2.5、PM10)、臭氧、二氧化硫、一氧化碳、硫化氢、氮氧化物、挥发性有机污染物、总悬浮颗粒物、铅、苯、气象参数、能见度等。为了对空气进行监测,一般在一个环保重点城市设立若干个空气站,站内安装多参数自动监测仪器作连续自动监测,将监测结果实时存储并加以分析后得到相关的数据。空气质量监测站是空气质量控制和对空气质量进行合理评估的基础平台,是一个城市空气环境保护的基础设施。

(5) 地质环境监测站

地质环境监测站完成地质灾害监测、地下水地质环境监测、矿山地质环境监测、地质遗迹监测、地面沉降监测,以及其他相关地质环境监测。一般要建设地质环境监测点、地质环境监测站和地质环境监测信息系统,共同组成地质环境监测网络,从而实现地质环境监测与分析。

(6) 交通量观测站

交通量观测站是设在道路沿线的某些特定地点观测记录交通量的工作站,采集的信息包括交通流量、车速、交通密度、轴载等。公路交调站采集的实时交通数据可以接入网络,将即时交通信息和公路交通阻断信息报送制度相结合,可为百姓出行提供服务。

6. 野外测量数据

野外测量是通过实地测绘、调查访谈等获得原始的第一手资料,是最重要、最客观的基础地理数据来源。基础地理数据包括地球表面测量控制点、水系数据、居民点、设施、交通、管线、境界与政区、地貌、植被与土质、数字正射影像、地籍、地名等有关自然和社会要素的位置、形态和属性信息[58],其中大部分信息都可以通过野外测量手段获得。

野外测量根据所用设备的不同可以分为经纬仪测量、全站仪测量、全球定位系统测量和航空摄影测量。

(1) 经纬仪测量

经纬仪是用来测量水平或竖直角度的仪器，根据角度测量原理制成，是一种重要的大地测量仪器，分为光学经纬仪和电子经纬仪。经纬仪测量是传统的测量方法，是大比例尺地形图主要采用的测绘方法。一般测得资料后制成通用地图，再输入到地理信息系统的数据库中。这种方法获得的资料具体、准确，但花费人工多，工作周期长。

(2) 全站仪测量

全站仪，即全站型电子速测仪(electronic total station)，是一种集光、机、电为一体的高技术测量仪器，具有测量水平角、垂直角、距离(斜距、平距)、高差等多项功能。按测量功能全站仪可分成经典型全站仪、机动型全站仪、无合作目标性全站仪和智能型全站仪等四种类型。全站仪是在传统经纬仪基础上改造而成的较现代化的测量仪器，增加了红外测距仪、电子量测设备、电子手簿等。除具有经纬仪的基本功能外，所有测量数据均以数字方式记录和存储，并可通过电子手簿直接将野外测量数据输入计算机，其特点是测量成果精度高，且减少了测量人员的野外工作量。通常被用于进行精度要求较高的控制测量和地图修测。

(3) 全球定位系统测量

全球定位系统是一种可以授时和测距的空间交会定点的导航系统，可以向全球用户提供连续、实时、高精度的三维位置、三维速度和时间信息。全球定位系统具有全天候、高精度、自动化、高效益等特点，已经成功地应用于大地测量、工程测量、航空摄影、运载工具导航和管制、地壳运动测量、工程变形测量、资源勘察、地球动力学等多种学科。全球定位系统测量通过 GPS 接收机在野外接收均匀分布地球上空的已知方位的子午卫星发出的信号，经解码、计算和平差处理得到站点的大地坐标。该方法为野外测量带来极大的方便。随着该技术的进一步发展，GPS 还可以直接用于城市地物的测量。

(4) 航空摄影测量

航空摄影测量是指根据在航空飞行器上拍摄的地面相片，获取地面信息来测绘地形图。航空摄影测量是大规模测绘 1∶1000～1∶100 000 国家基本比例尺地形图的主要方法，精度较高。通常要经过航空摄影、野外控制测量、外业调绘、控制点计算机加密、立体测图仪测图、地图整饰编绘、制版印刷等工序。近几年通过对精密立体测图仪的数字化改造和解析测图仪的引进，航空摄影测量也可以直接生产地形图的数字化产品和直接获得地物的三维坐标。

7. 地图数字化

地图是地理数据的重要来源,是地理信息系统、地图数据库最基础和最重要的数据源。纸质地图或图片地图是传统和常用的地图形式。地图数字化技术是从这些地图中采集数据的主要方法。地图数字化是将地图图形或图像的模拟量转换成离散的数字量的过程,以便进一步在计算机中进行存储、分析和输出。根据数字化方法的不同,地图数字化可分为跟踪数字化和扫描数字化。

(1) 跟踪数字化

跟踪数字化是将地图放在跟踪数字化仪(手扶或自动)上,通过控制点坐标建立数字化仪坐标系和大地坐标系的转化关系,并利用数字化仪上的鼠标对图形要素(点、线、面)进行定位跟踪,量测和记录运动轨迹的坐标值,从而将地图上的模拟空间信息转换为数字信息,获取矢量式地图数据。该方法是建立 GIS 空间数据库的通用地图输入方法、操作简单,但该方法需要较多操作人员和设备,劳动强度较大,数字化精度因人而异,往往不够稳定。

(2) 扫描数字化

扫描数字化是在扫描仪上将纸质地图或影像图片沿 X 方向或 Y 方向进行连续扫描,获取二维矩阵的点阵数字信息,并进入计算机,然后用矢量软件对栅格扫描图上的点阵信息进行自动跟踪,并转换为矢量线化信息,或将扫描图调入计算机屏幕,经坐标配准,然后用鼠标在计算机屏幕上直接对地图进行跟踪数字化。直接在计算机屏幕上数字化不需要购置较昂贵的数字化仪,且具有操作方便、便于检查、可多台计算机同时进行、数字化精度较稳定等特点,同时用扫描仪也可以直接将影像图片扫描为数字图像。

参 考 文 献

[1] 全国地理信息标准化委员会.国家测绘局测绘标准化研究所.GB/T 13923-2006 基础地理信息要素分类与代码[S].北京:中国标准出版社,2006.

[2] 建设部标准定额研究所.CJ/T 214－2007 城市市政综合监管信息系统管理部件和事件分类、编码及数据要求[S].北京:中国标准出版社,2007.

[3] Breke P R,Godschalk D R,karser E,et al. Urban Land Use Planning[M]. Urbana:University of Illinois Press,1979.

[4] 中国城市规划设计研究院.GB/J 137-90 城市用地分类与规划建设用地标准[S].北京:中国标准出版社,1993.

[5] 张增祥,等.中国城市扩展遥感监测[M].北京:星球地图出版社,2006.

[6] 杜凤兰,田庆久,夏学齐,等.面向对象的地物分类法分析与评价[J].遥感技术与应用,2004,(01):20-23,77.

[7] 黄慧萍,吴炳方,李苗苗,等.高分辨率影像城市绿地快速提取技术与应用[J].遥感学报,

2004,(01):68-74.

[8] 陈宁强,戴锦芳. 苏南现代化进程中的遥感土地利用动态监测——以苏、锡、常地区为例[J]. 长江流域资源与环境,1999,(03):61-66.

[9] 王雷,李丛丛,应清,等. 中国 1990～2010 年城市扩张卫星遥感制图[J]. 科学通报,2012,(16):1388-1403.

[10] Lo C P. Land use mapping of Hong Kong from landsat images an evaluation[J]. International Journal of Remote Sensing,1981,2(3):231-252.

[11] 刘亚岚,阎守邕,王涛. 遥感图像人机交互判读方法研究及其应用[J]. 地理与地理信息科学,2003,(01):27-31.

[12] 杨山. 发达地区城乡聚落形态的信息提取与分形研究——以无锡市为例[J]. 地理学报,2000,(06):671-678.

[13] 查勇,倪绍祥,杨山. 一种利用 TM 图像自动提取城镇用地信息的有效方法[J]. 遥感学报,2003,(01):37-40,82.

[14] 王永刚,王振亚,王宏斌. 基于高分辨率遥感影像的建筑物轮廓信息提取[J]. 国土资源信息化,2008,(05):7-11.

[15] 孟亚宾. 高分辨率卫星影像建筑物轮廓提取方法研究[D]. 辽宁:辽宁工程技术大学硕士学位论文,2007.

[16] 钱韬. 从 DSM 数据中自动提取建筑物的方法研究[J]. 测绘与空间地理信息,2008,(06):137-140.

[17] 曹敏,史照良,沈泉飞. 基于高精度 DSM 的建筑物三维几何模型构建[J]. 测绘通报,2011,(10):20-22.

[18] Tupin F,Houshmand B,Datcu M. Road detection in dense urban areas using SAR imagery and the usefulness of multiple views[J]. Geoscience and Remote Sensing, IEEE Transactions on,2002,40(11):2405-2414.

[19] Gecena R,Sarpb G. Road detection from high and low resolution satellite images[J]. The International Archives of the Photogrammetry,Remote Sensing and Spatial Information Sciences,2008,37:355-358.

[20] 刘珠妹,刘亚岚,谭衢霖,等. 高分辨率卫星影像车辆检测研究进展[J]. 遥感技术与应用,2012,(01):8-14.

[21] Zhang Q,Isabelle C. Automatic road change detection and GIS updating from high spatial remotely-sensed imagery[J]. Geo-Spatial Information Science,2004,7(2):89-95.

[22] Etaya M,Sakata T,Shimoda H,et al. An experiment on detecting moving objects using a single scene of QuickBird data[J]. Journal of the Remote Sensing Society of Japan,2004.

[23] Zhang Y,Xiong Z. Moving vehicle detection using a single set of Quick Bird imagery—an initial study//ISPRS Commission VII Mid-Term Symposium Remote Sensing:From Pixels to Processes,2006.

[24] Liu W,Yamazaki F,Vu T T. Automated vehicle extraction and speed determination from Quickbird satellite images[J]. Selected Topics in Applied Earth Observations and Remote

Sensing,IEEE Journal of,2011,4(1):75-82.

[25] Reinartz P,Lachaise M,Schmeer E,et al. Traffic monitoring with serial images from airborne cameras[J]. ISPRS Journal of Photogrammetry and Remote Sensing,2006,61(3).

[26] 贺慧宇,段金平.非正规垃圾处理场敲响环境警钟[N].中国建设报,2005-04-18.

[27] 刘亚岚,任玉环,魏成阶,等.北京1号小卫星监测非正规垃圾场的应用研究[J].遥感学报,2009,(02):320-326.

[28] Lin Y,Ren Y,Wang A,et al. Identifying the location and distribution of the open-air dumps of solid wastes using remote sensing technique[C]//International Archives of the photogrammetry,Remote sensing and spatial Information Scnences,2008:67-71.

[29] 戴前伟,杨震中.遥感技术在环境监测中的应用[J].西部探矿工程,2007,(04):209-211.

[30] Wang Q. Remote Sensing of Impervious Surfaces[M]. Boca Raton:CRC Press,2008.

[31] Ahn G C. The effect of urbanization on the hydrologic regime of the big darby creek watershed[D]. Ohio:The Ohio State University,2007.

[32] 沈文娟,孙力,明莉,等.城市不透水层遥感监测研究进展[J].安徽农业科学,2012,(10):6347-6350.

[33] Steffen W,Noble I,Canadell J,et al. The terrestrial carbon cycle:implications for the Kyoto Protocol[J]. Science,1998,280(5368):1393,1394.

[34] Dong-sheng G,Yu-juan C. Roles of urban vegetation on balance of carbon and oxygen in Guangzhou,China[J]. Journal of Environmental Sciences,2003,15(2):155-164.

[35] 林文鹏,王臣立,赵敏,等.基于森林清查和遥感的城市森林净初级生产力估算[J].生态环境,2008,(02):766-770.

[36] Ruimy A,Saugier B,Dedieu G. Methodology for the estimation of terrestrial net primary production from remotely sensed data[J]. Journal of Geophysical Research:Atmospheres,1994,99(D3):5263-5283.

[37] John A. Nitrogen cycling and nitrogen saturation in temperate forest ecosystems[J]. Trends in ecology and evolution,1992,7(7):220-224.

[38] 车生泉,王洪轮.城市绿地研究综述[J].上海交通大学学报(农业科学版),2001,(03):229-234.

[39] 栾猛,张欣,王松华.遥感在城市绿地调查中的应用[J].安徽农业科学,2009,(28):3815-3818-3821.

[40] 黄颖.基于遥感的城市绿地提取研究[J].西部探矿工程,2008,(03):64-66.

[41] 潮洛蒙.北京城市湿地的生态功能和社会效益[J].北京园林,2002:17-20.

[42] 何敏,何秀凤.合成孔径雷达干涉测量技术及其在形变灾害监测中的应用[J].水电自动化与大坝监测,2005,(02):45-48.

[43] 阎凤霞,张明灯.三维数字城市构建技术[J].测绘,2009,(02):93-96.

[44] 李艳玲,杜殿斌,刘丽茹.激光雷达技术在城市三维建筑模型中的应用[J].测绘,2010,(01):42-44.

[45] 鹿琳琳,郭华东.利用遥感影像自动估算深圳福田城市人口[J].遥感信息,2008,(02):64-

68,75.
- [46] 祁利刚.数据仓库数据抽取转换加载系统的研究[D].河北:华北电力大学博士学位论文,2007.
- [47] GPS、GLONASS、北斗、Galileo:四大卫星导航系统"竞风流"[J].军民两用技术与产品,2012,(05):10-12.
- [48] 刘美生.全球定位系统及其应用综述(二)——GPS[J].中国测试技术,2006,(06):5-11.
- [49] 李鹤峰,党亚民,秘金钟,等.北斗卫星导航系统的发展、优势及建议[J].导航定位学报,2013,(02):49-54.
- [50] 王让会,张玥."北斗"应用概述[J].国际太空,2012,(04):38-41.
- [51] 蔡艳辉,程鹏飞,李加洪.伽利略计划进展简述[J].测绘科学,2003,(02):60-62,71.
- [52] 张海江,赵建民,朱信忠,等.基于云计算的物联网数据挖掘[J].微型电脑应用,2012,(06):10-13.
- [53] 杨剑波,谭茜.物联网传感器技术探讨[J].电信网技术,2011,(12):40-44.
- [54] 李德仁,邵振峰,杨小敏.从数字城市到智慧城市的理论与实践[J].地理空间信息,2011,(06):1-5,7.
- [55] 刘强,崔莉,陈海明.物联网关键技术与应用[J].计算机科学,2010,(06):1-4,10.
- [56] 李一,陈火峰.关于物联网的研究思考[J].价值工程,2010,(08):126,127.
- [57] 贾茜.智能视频监控中运动目标检测与跟踪技术研究及实现[D].湖南:中南民族大学博士学位论文,2009.
- [58] 刘影.浅谈基础地理数据的获取与管理[J].西部探矿工程,2011,(09):151-153,156.

第4章 智慧城市空间信息公共平台

4.1 概 述

近年来,随着国家政府部门、企业和公众对网络地图和地理信息服务需求的与日俱增,一站式空间信息公共平台逐渐被列为政府部门信息化建设的重要任务之一。2009年,国家测绘局启动了国家级地理信息公共服务平台建设,制定并印发了《国家地理信息公共服务平台建设专项规划(2009-2015年)》、《关于加快推进国家地理信息公共服务平台建设的指导意见》和《国家地理信息公共服务平台技术设计指南》等报告指南,指导地方进行空间信息公共平台建设。2013年7月12日,国务院总理李克强在主持召开国务院常务会议上要求加快实施"信息惠民"工程,建立公共信息服务平台,开展智慧城市试点示范建设。同年8月,住房和城乡建设部司文:"优先建设以数字城管为基础的城市公共管理和服务工程,以建筑数据库为载体的城市公共信息平台。"2014年8月,国家发展和改革委员会、工业和信息化部、科学技术部、公安部、财政部、国土资源部、住房和城乡建设部、交通运输部等八部委联合印发《关于促进智慧城市健康发展的指导意见》,指出"统筹城市地理空间信息及建(构)筑物数据库等资源,加快智慧城市公共信息平台和应用体系建设",进一步推进智慧城市空间信息公共平台在全国范围内的开展。

智慧城市空间信息公共平台定位于整个智慧城市建设基础核心,平台以构建城市公共数据库为基础,将政府公共建设的各种原始异质异构数据,整合为面向城市智慧应用的信息服务资源,渗透到城市建设管理、城市功能提升、政务服务、基本公共服务和专项应用等智慧应用中,提高政府的服务水平和协同办公能力。空间信息公共平台旨在打造开放共享的公共服务环境,提高各个系统间的基础数据交换、优化分析服务能力,为各部门及第三方系统集成应用提供支撑,促进部门和行业间信息互联、互通、融合和共享,加速智慧应用孵化进程,实现城市共性问题的统一处理,解决某一个应用单位或机构难以独立完成的公共问题,为政府、企业和公众的各类应用及其协同提供平台支撑。

国家遥感应用工程技术研究中心信息共享研究组结合多年数字城市、智慧城市建设经验,研发凝练了智慧城市空间信息公共平台,力争实现从"1+1=2的数据服务"到"1+1>2的智慧服务"实质飞跃。本章将对国家遥感应用工程技术研究中心多年潜心研制的智慧城市空间信息公共平台进行详细介绍。

4.2 平台总体架构设计

4.2.1 总体框架设计

空间信息公共平台为分层结构设计,包括基础设施层、大数据层、应用支撑层、应用层和标准体系和安全保障体系,如图 4.1 所示。

基础设施层是整个空间信息平台系统运行的基本保证,包括服务器、网络交换设备、网络安全设备、负载均衡器等硬件设备。依托于云计算技术,通过对虚拟化硬件、虚拟化软件等资源的管理和调度,为平台搭建提供基础软硬件和网络支持。

大数据层为平台提供数据管理支撑服务,是信息服务共享的源头。数据层管理的数据包括物联网数据、城市公共信息、政务资源信息、时空地理信息、人口经济数据等。通过建立资源目录体系、元数据模板与元数据库,能够实现对城市数据的有效组织管理,同时提供多维可视化、动态更新、专题查询与统计分析等功能,以友好的用户界面,辅助用户进行智慧城市大数据管理。

应用支撑层是连接大数据层和应用层的过渡层,包括全要素接口层、共享管理中心、服务接口层等内容。全要素数据接口是实现公共平台与业务系统和各类外部系统之间互联互通的通道。全要素编码将各类异质异构数据进行标准化后,通过各类的全要素数据接口进行平台数据更新,确保平台系统数据的完整性和实时性。共享管理中心涉及数据、运维、服务及审批工作流的综合管理功能,保障"数据→信息→服务"安全、高效和精细化的管理。服务接口层是连接公共平台和外部各类应用系统和框架的桥梁,通过对共享信息和空间分析的各种模型以标准的地理信息服务模式对外实行发布和共享,实现为政府、企业、公众提供基本的服务源支持。应用支撑层是空间信息公共平台的建设重点,通过应用支撑层的建设,为平台的后续服务提供强大的数据管理能力、综合分析能力、接口服务能力、IT 应用能力。

应用层面向政府、企业、公众等用户提供不同的应用支持。通过灵活调用应用支撑层所提供的数据服务接口和功能开发接口,可以建立面向不同应用功能和应用的云服务模型,并通过定制专题应用模板,构建面向不同业务需求的微应用服务。同时,各种融入了高级专家知识的专业模型,也可以通过网络接口的方式提供服务。此外,结合国家遥感应用工程技术研究中心正在研发的知识组装引擎,还可对各种服务模型进行灵活组装,为更加深入的业务应用提供定制服务。

随着科学技术的飞速发展,单一的被动传输数据模式已经向主动接受信息模式发展,在空间数据展示方面,随着技术进步,精细化程度日益提升,传统的一、二维数据逐步扩展到全三维展示和室内地图。在展示方式上,逐渐从桌上展示拓展到用户墙上展示和手上展示,形成多屏合一的全方位交互格局。智慧城市空间信息公共平台的总体框架内容也将随着信息技术的不断发展加以扩充和丰富。

第 4 章　智慧城市空间信息公共平台

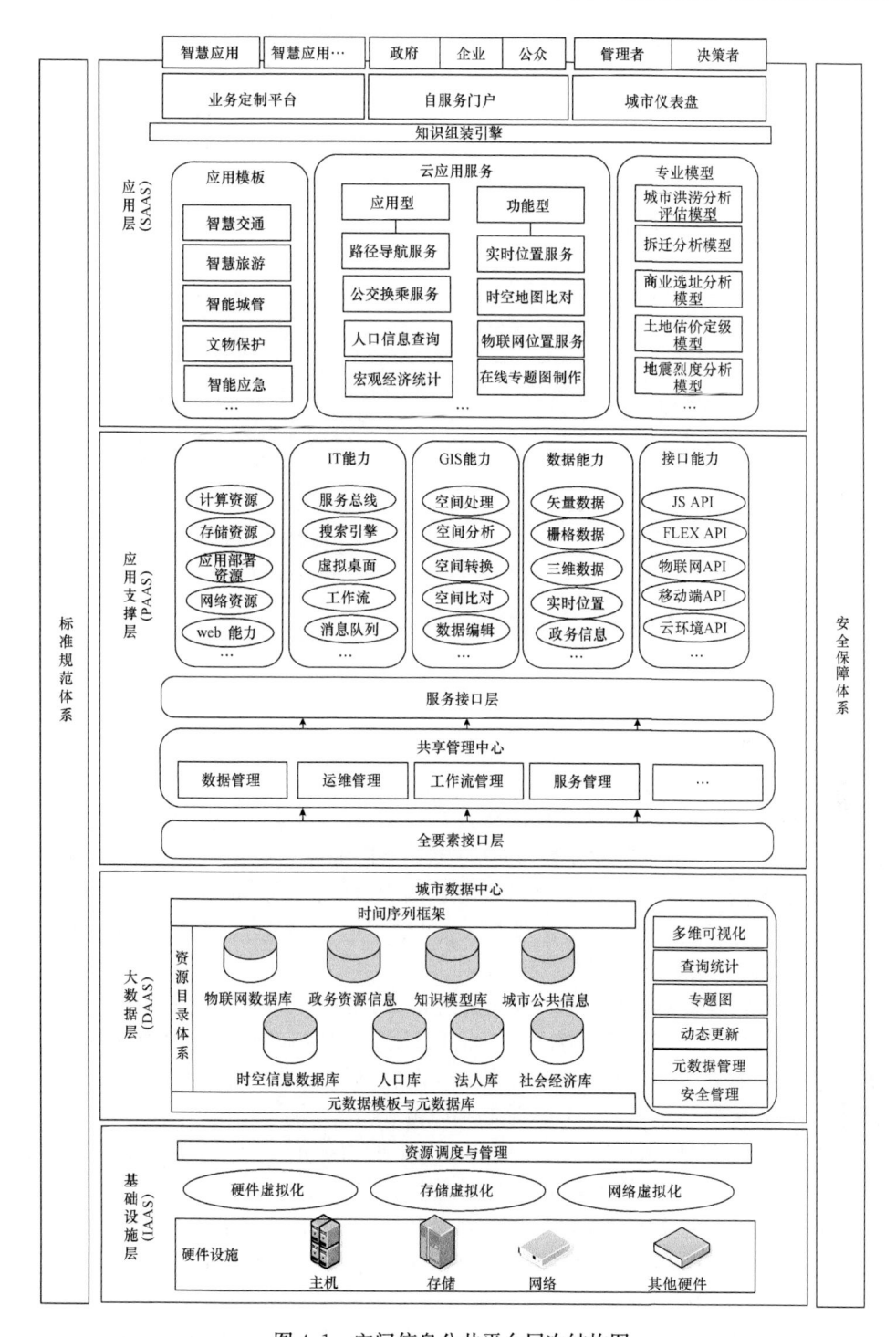

图 4.1　空间信息公共平台层次结构图

4.2.2 平台模块设计

从用户应用的角度划分,空间信息公共平台主要包括后台管理模块(信息共享和管理平台)和前台展示模块(信息综合服务平台)。信息共享和管理包括平台数据管理、运维管理、工作流管理、服务管理。信息综合服务平台包括多维数据可视化、多源数据集成分析、移动互联服务等。图4.2为空间信息公共平台功能模块构成图。

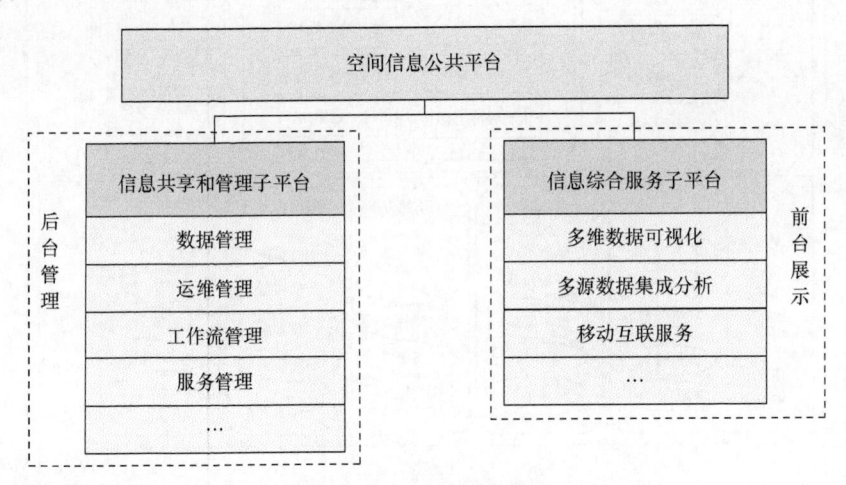

图 4.2 平台模块构成图

(1) 信息共享和管理平台

① 数据管理实现对系统数据的管理与监控,保障数据完备性和一致性,为应用服务和信息共享提供数据支持,包括数据目录服务和数据管理工具两个子模块。数据目录服务包括空间、非空间以及文档数据的展示、查询、编辑等功能,可以根据特定需求进行功能扩展。数据管理工具包括数据中心、数据库、要素、数据编码、索引、权限控制、数据汇交、元数据管理等功能。

② 服务管理针对系统需要共享的服务信息,为各个服务信息制定统一标准接口和传输协议,获取各应用系统的本地信息获取接口或定制信息获取接口,包装为统一标准服务,在 SOA 架构下进行服务发布。具体的服务管理功能包括服务的设计、生产、部署、申请、监控、权限控制和服务安全等方面。

③ 工作流管理实现多部门、多用户参与下的数据汇交、服务发布和申请等业务,包括数据汇交流程、服务申请流程、流程监控等功能。

④ 运维管理实现系统基础信息的自动化管理,以提高平台管理和运营效率,包括用户信息管理、权限管理、系统监控、菜单管理、日志管理等基础功能。

(2) 信息综合服务平台

① 多维数据可视化。由于人类没有对高维数据的空间猜想能力,无法获得直

观的认识,因此如何可视化多维数据,从中挖掘出有用的知识,是空间信息可视化面临的挑战[1,2]。基于不同领域数据的特点和应用模式,公共平台采用二维平面、三维立体、四维时空、虚拟现实、丰富专题图表,混合多维联动的动态展示方式,使用户能够多角度、全方位、直观地理解数据。

② 多源数据集成分析。多源数据是指数据源的不同来源、结构、性质、特点导致的数据在存储格式上的差异。空间信息公共平台的多源数据集成分析,即是在多源数据已经实现物理集成的基础上,以地理空间数据为基础框架,整合查询统计分析、叠置分析、网络分析、回归分析、聚类分析和综合评价分析等功能,实现数据在应用层的无缝兼容和表达。在这个过程中需充分考虑数据的属性、时间和空间特征、数据自身及其表达的地理特征和过程的准确性。

③ 移动互联服务。空间信息公共平台基于智能终端技术、移动 Web2.0 技术及移动业务实现等辅助技术,服务方式包括实时数据采集和信息推送。

4.2.3 共享交换设计

自政府部门应用信息化以来,由于缺乏统一规划,存在大量的各自为政的信息系统,称为孤岛式信息系统。空间信息公共平台的核心要务便是打破这种地域、职能和层级所形成的信息孤岛,解决异构系统间的信息共享和与交换问题,便于信息资源的深度开发和利用[3],涉及构建共享交换标准体系、建立数据 ETL(抽取-转换-装载)和设计共享服务接口。

1. 共享交换标准体系

共享交换标准体系建设是实现数据共享和交换的基础内容,是决定空间信息公共平台成功的必要条件,在地理信息共享中占有重要地位。该标准体系的目标是在技术上联系各职能部门和各行业领域,规范对接到公共平台上的数据格式和内容,提高数据生产和服务质量,使数据和服务的创建者、使用者都能够正确理解和认知同一数据对象,在安全保密的环境下,实现不同数据间的共享和互操作[4]。在建设过程中,应以国际标准、国家标准、行业标准和地方标准为基础,还需要结合当地文化,使其符合实际情况。

智慧城市空间信息公共平台共享交换标准体系涉及数据采集、生产、分类、建库、表达、更新、共享与使用等数据生命周期的各环节,具体包括数据规范、服务规范、接口规范、管理规范和技术环境规范等方面。

(1) 数据规范

数据规范包括数据分类编码规范、数据字典、数据库建设规范、数据可视化表达规范、元数据规范、数据更新规范、数据质量检查验收规范等。

① 数据分类编码规范规定了空间信息公共平台数据的分类和编码原则与方法。

② 数据字典是定义数据库的结构和数据项,是数据库设计的核心,该规范规定了空间信息公共平台数据的属性项及各属性项的字段要求、值域及约束条件等。

③ 数据库建设规范规定了空间信息公共平台数据库建设的总体要求及数据库系统设计、建设、集成、安全保障与运行维护的内容与要求。

④ 数据可视化表达规范规定了各地物的表达要求,并建立符号体系规范其表达的图形方案,包括电子地图数据和三维景观数据的坐标系统、数据源、地图瓦片、地图分级及地图表达。

⑤ 元数据规范规定了空间信息公共平台数据元数据的内容,包括数据的标识、内容、质量、状况及其他相关特征。

⑥ 数据更新规范规定了数据更新的原则、各类数据更新的内容和周期、具体操作流程和技术要求、数据更新的组织管理和安全控制措施等内容。

⑦ 数据质量检查验收规范规定空间信息公共平台数据质量评定的内容及要求等。

(2) 服务规范

服务规范包括服务元数据规范、服务专题分类规范、服务质量规范、数据分发服务规范、数据交换服务规范。服务规范以元数据规范为主体。

① 服务元数据标准内容包括服务类型、服务名称、服务 URI、服务描述、服务属性等信息。

② 服务专题分类规范规定了服务的分类体系。

③ 服务质量规范主要用于规定服务性能标准和服务区分。

④ 数据分发服务规范主要用于规定和描述数据分发服务接口的通用参数和使用规则。

⑤ 数据交换服务规范主要用于规定和描述数据交换服务接口的通用参数和使用规则。

(3) 接口规范

接口规范包括服务接口规范和数据服务共享交换规范,确定共享服务使用过程中的数据规范和接口规范,用于指导系统平台开发商在开发数据共享平台时应该遵守的数据规则和应该实现的接口。

① 服务接口规范规定了空间信息公共平台的服务分类原则、服务类目划分、服务内容、服务统计、服务应用等内容。

② 数据服务交换与共享规范规定了数据交换的方式、方法、格式和内容等。

(4) 管理规范

管理规范明确空间信息公共平台的建设者、维护者、使用者等各方的权利和义务,确保数据共享与交换的安全保密,实现平台数据长久持续更新和服务。管理规范包括平台运行管理规定和平台安全保密规范。

① 平台运行管理规定说明了系统的运行环境、运行管理策略、运行组织、人力管理和运行制度等内容。

② 平台安全保密规范确保信息系统的安全性、可靠性，重点突出数据或信息的安全保密、数据共享与交换安全保密、软件的安全保密、网络的安全保密和硬件安全。

（5）技术环境规范

技术环境规范规定了公共平台运行的软硬件要求和网络保障，规定了主分中心和前置机软硬件要求和网络保障措施，如表 4.1 所示。

表 4.1 共享标准体系

类别	子类别	标准名称
数据规范	数据分类编码规范	城市基础地理实体要素分类与编码规范
		社会经济实体分类与编码规范
		行业领域要素分类与编码规范
		地名地址标准规范
		智慧城市全要素地理编码规范
	数据字典规范	地名地址数据字典
		基础地理信息要素数据字典
		专题库数据字典
		辅助数据库数据字典
	数据库建库规范	人口基础信息库建设规范
		法人单位基础信息库建设规范
		宏观经济数据库建设规范
		基础地理信息城市数据库建设规范
		特色领域库建设规范
	数据可视化表达规范	电子地图数据规范
		三维景观数据可视化表达规范
	元数据规范	元数据规范
	数据更新规范	地名地址数据更新技术规范
		基础地理信息要素数据更新技术规范
		遥感影像数据更新技术规范
		三维景观数据更新技术规范
		街景数据更新技术规范
		专题数据更新技术规范
	数据质量规范	数据质量检查验收规定

续表

类别	子类别	标准名称
服务规范	服务元数据规范	
	服务专题分类规范	
	服务质量规范	
	数据分发服务规范	
	数据交换服务规范	
接口规范	服务接口规范	地理信息服务接口规范
		通用信息服务接口规范
	数据和服务交换与共享规范	数据和服务交换与共享规范
运行管理规范	平台运行规范	平台运行管理规定
		数据对接流程规范
		数据对接协议
	平台安全保密规范	平台安全保密规范
技术环境规范	主分中心	主分中心网络、硬件等支撑环境要求
		主分中心软件管理配置规范
	前置机	前置机网络、硬件等支撑环境要求
		前置机软件管理配置规范

2. 数据 ETL

智慧城市空间公共信息数据库与传统数据库不同,并非是存储数据的简单数据库,而是一个以大型数据管理信息系统为基础,存储了从城市管理所有业务数据库中获取的综合数据,并能利用这些综合数据为用户提供经过处理后的有用信息的综合数据仓库。智慧城市云数据以及数据仓库的重点与要求是能够准确、安全、可靠地从数据库中取出数据,经过加工转换成有规律信息之后,再供管理人员进行分析。

数据 ETL,是数据抽取(extract)、转换(transform)、清洗(cleaning)和装载(loading)的过程,是构建数据仓库的重要环节。从数据源中抽取出所需要的数据,经过清洗后,最终按照预先定义好的数据仓库模型将数据加载到数据仓库中,完成数据从数据源向目标数据仓库转化的过程。在数据仓库构筑中,ETL 是工作量最大、最复杂的作业,其工作量要占整个数据仓库项目的 60%～80%。空间数据仓库是在数据仓库的基础上引入空间维数据,增加对空间数据的存储、管理和分析能力,根据主题从不同的 GIS 应用系统中截取不同时空尺度上的信息,从而为地学研究和相关环境资源政策的制定提供信息服务。空间数据仓库不仅具有通常数据仓库的面向主题化的集成、数据的稳定和安全、随时间变化等特点,还具有海量数据存储、时空数据的动态性、多尺度等特点。与一般数据仓库建设相比,空间数据仓库的 ETL 工作更加复杂。除了要对属性数据进行数据抽取、转换等工作外,还要借助专门的 GIS 工具解决,如空间数据集成、地理编码、空间数据尺度表达、空间数据分割等特殊问题。

空间信息公共平台数据库建设中,对接系统结构是分布式的、数据是海量随时间变化的,因此空间数据 ETL 亟待解决问题很多,包括分布式环境、多语义性、多时空性、数据获取手段和管理方式不同、空间基准不一致、数据生命周期的多样性、专业数据复杂多样、结构化与非结构化信息的集成、专题应用需求多样、地理编码、数据管理自动化。在此基础上,将 ETL 与分布式城市空间数据管理结合,在传统数据库数据抽取-转换-装载基础上,结合空间数据特点对空间数据 ETL 机制进行创新,建立空间数据抽取-转换-装载处理工作流程,完成分散在各部门的空间和非空间数据向数据仓库数据的汇交。

3. 共享服务接口

(1) 地理信息服务接口

地理信息服务接口使用户可以通过互联网按需获得和使用地理数据和计算服务,如地图服务、空间数据格式转换、空间分析等。基于 OGC 标准,按性质可以分为可视化服务、数据服务、应用分析服务、数据分发服务、目录服务,如表 4.2[5]所示。

表 4.2 服务分类表

一级类	二级类	定义
可视化服务	网络地图服务(WMS)	通过 Web 向客户端提供渲染好的一张地图图片。详细接口规则由 OGC 的 WMS 规范规定
	网络瓦片地图服务(WMTS)	按照一定的规则将地图分割成格网,以格网为单位向客户端提供渲染好的地图图片,请求过程遵循 Web 通信协议。详细接口规则由 OGC 的 WMTS 规范规定
	基于缓存的网络地图服务(WMS-C)	将地图预先按照一定的规则渲染生成为图片。在接收到客户端的地图请求后,以预先生成的地图图片为基础输出地图

续表

一级类	二级类	定义
数据服务	网络要素服务(WFS)	通过Web向客户端提供空间要素信息,要素访问过程支持过滤操作,详细接口规则由OGC的WFS规范规定
	网络覆盖服务(WCS)	通过Web向客户端提供空间覆盖信息。空间覆盖信息通常为栅格形式,详细接口规则由OGC的WCS规范规定
	网络地名地址要素服务(WFS-G)	地名地址要素服务遵循OGC的WFS规范,将地名地址数据通过WFS接口发布出来
应用分析服务	网络处理服务(WPS)	以一种统一的规范化的形式把GIS的分析处理功能通过网络发布出来
数据分发服务	数据分发服务	将数据按特定的要求进行提取和处理,然后提供给请求者
目录服务	资源目录服务	按照来源和主题两种编码规则对空间数据资源进行组织,各数据资源采用统一的元数据模型。通过Web提供对目录的访问
	网络目录服务(CSW)	用一定的元数据模型来描述空间数据、服务和其他资源,将这些资源按照一定的规则进行分类组织,并提供基于Web的发布和发现空间数据和地理信息服务元数据的功能。详细接口规则由OGC的CSW规范规定

此外,还有一些专业领域公司定制的服务形式,如ESRI提供的.NET、Java、SOAP,以及REST等接口,在大量的地方性GIS平台建设中崭露头角。

(2) 通用信息服务接口

用户采用通用的服务框架和标准进行数据建设,通过地图服务、要素和属性数据在多种类型的客户端应用程序中使用,适用性更强,并能灵活扩展。空间信息公共平台根据各类用户的业务需求,对经济、环境、能源等专题数据进行整合处理形成面向各领域问题的信息服务,通用信息服务的发布和管理平台可以采用通用WebServices框架进行构建。按照通用信息服务的用途将其划分为投资应用通用信息服务、环境应用通用信息服务、能源应用通用信息服务等。

4.3 信息共享管理平台

来源于不同部门的城市数据体现出较强的多源异构特征,对各类数据集成管理需要构建信息共享管理平台,以实现标准统一的数据管理和服务。在数据管理环节,感知层、业务层和应用层的数据实时更新到各个分中心,数据通过 ETL 进入数据仓库为信息服务提供数据支撑。空间数据仓库的 ETL 相对传统数据仓库较为复杂,除了要对属性数据进行数据抽取、转换等工作外,还必须借助专门的 GIS 工具处理,如空间数据集成、地理编码、空间数据尺度表达、空间数据分割等特殊问题[6]。在信息服务过程中,需要针对社会现实需求,对具体问题进行整理、归类和抽象,分析解决问题所需要的信息,结合统计方法、机器学习、神经网络等数据挖掘方法构建模型库,从数据仓库中提取出有用信息,实现用户问题导向的个性化信息服务机制,如图 4.3 所示。

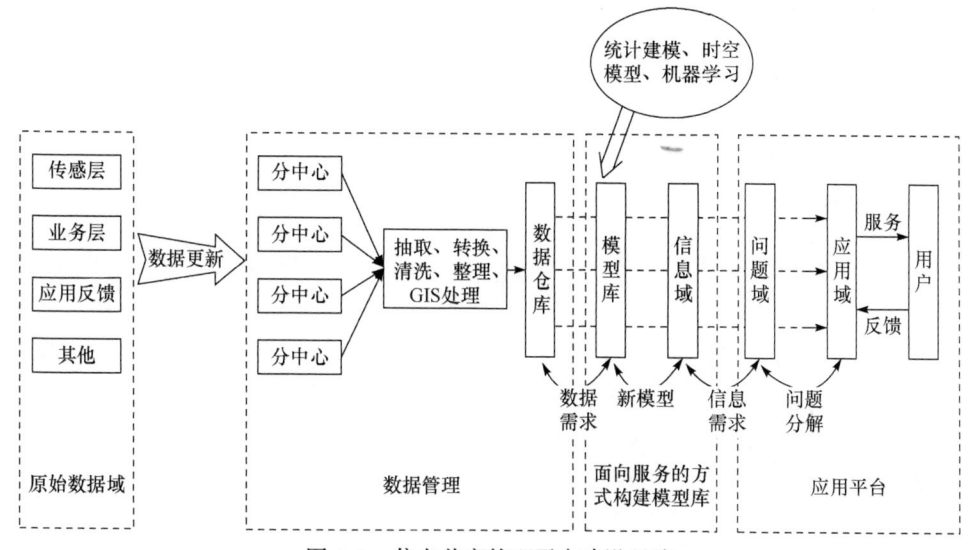

图 4.3 信息共享管理平台建设思路

大数据存储与管理是信息共享管理平台的核心,主要的难点体现在数据多源异构性、数据量大、数据种类繁多、结构化与非结构化数据并存等方面,要解决这些问题就要充分利用现有的技术。大数据存储技术与传统的数据库技术在数据存储与管理方面各有优势,因此需要构建一套统一的大数据管理平台,通过传统数据库技术、空间数据引擎、服务器集群等技术构建关系型数据仓库,利用 Hadoop、Mapreduce、Hive 等大数据存储与运算技术构建非关系型数据仓库,从真正意义上构建城市大数据统一管理平台,如图 4.4 所示。

根据现实需求,管理平台至少包括运维管理、数据管理、服务管理和业务流管理四大功能。数据管理包括数据注册管理、编码、全库索引、数据汇交、元数据管理等。服务管理包括服务设计与部署、服务监控和服务安全等。工作流管理包括数据汇交流程、服务申请流程及流程监控等功能。运维管理主要负责系统的配置、监控和安全,包括权限管理、系统监控、单点登录等系统基础功能。

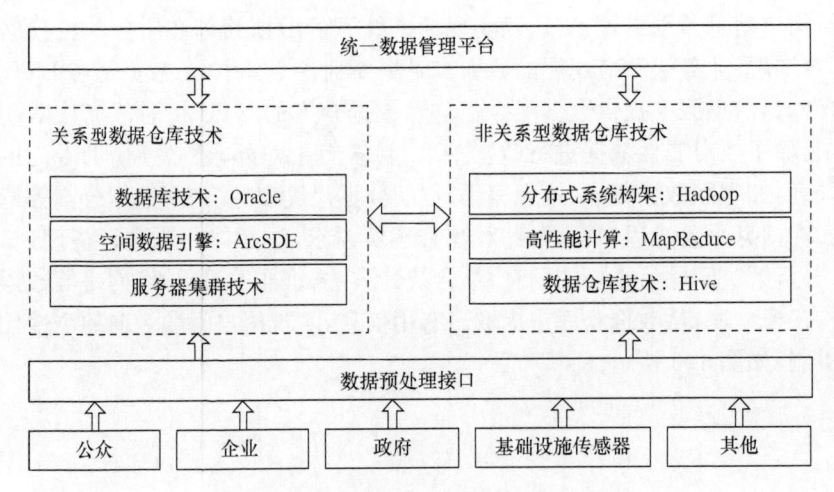

图 4.4 大数据统一管理平台构架

4.3.1 数据管理

公共信息平台需要管理来自不同业务层面的数据,种类繁多、数量庞大,难以通过单一数据库进行管理,需要构建一个能够灵活扩展、便于管理的半集中半分布式数据管理系统。数据库系统由多台服务器组成,通过网络互相连接,共同组成一个完整的、全局的大型数据中心,通过主中心对分中心各动作执行统一协调和配置,不仅能够使得数据库系统便于扩展,还能通过负载均衡[7]等手段提高数据访问性能,如图 4.5 所示。

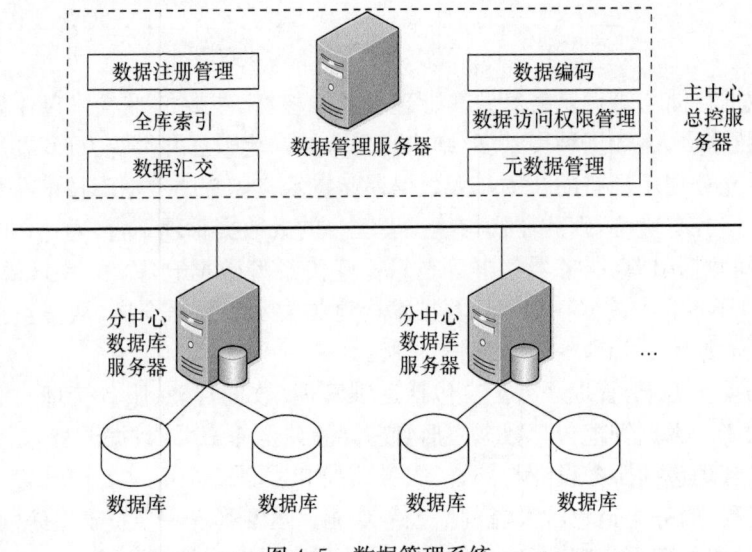

图 4.5 数据管理系统

为满足数据管理需求,需要构建数据注册管理、数据编码、全库索引、数据汇交、元数据管理等功能。

1. 数据注册管理

在分布式数据仓库中,数据被分散存储在不同的数据库实例中,要对数据进行统一管理,就需要对每条入库的数据进行注册,记录数据的名称、数据源、使用权限、编码等元数据信息用于数据管理。

数据注册管理将数据管理分为数据仓库、数据服务器、数据库存储空间、数据表四层管理体系。数据仓库由能灵活扩展的数据服务器集群组成。数据服务器包括多个数据库存储空间。数据存储空间为数据表的存储提供物理基础。通过数据注册表记录数据表与数据仓库、数据服务器、数据库存储空间的关系,实现对数据的查找和管理。此外,还记录了每个数据的索引状态、编码状态、业务逻辑、权限控制等信息,为公共信息平台提供更强大的管理和控制功能,如图4.6所示。

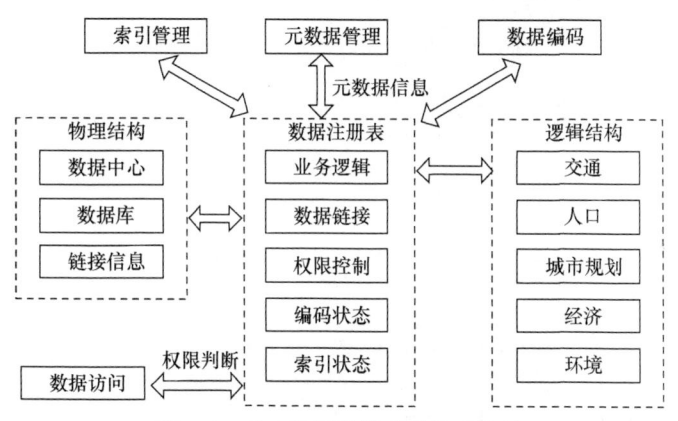

图4.6 基于数据注册表的管理结构

数据入库时需要注册,登记数据类型、数据来源、数据库连接信息等,注册后的数据能够通过管理平台统一管理,实现元数据编辑、数据查询、数据索引、编码等管理功能,并能通过灵活配置对外提供数据服务,如图4.7所示。

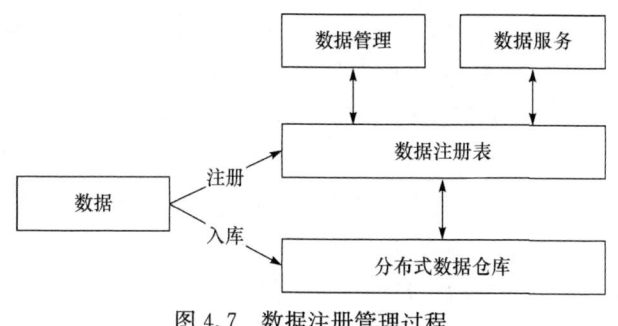

图4.7 数据注册管理过程

2. 编码管理

数据编码是数据组织和应用的基础，能够对空间数据进行编码实现快速定位、筛选和统计等功能，对非空间数据通过编码进行空间关联，实现各类业务数据的空间分析和统计功能。

编码管理分为空间编码和空间关联两部分，空间编码是对空间基础数据的空间位置、几何特征、类别、行政区划、层级等属性进行编码，编码过程需要进行数据抽取、换算和空间分析等操作，如图 4.8 所示。

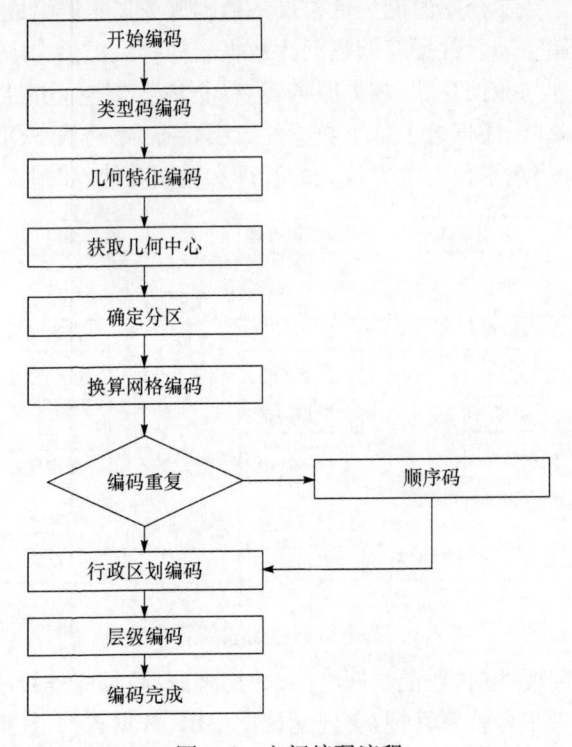

```
开始编码
   ↓
类型码编码
   ↓
几何特征编码
   ↓
获取几何中心
   ↓
确定分区
   ↓
换算网格编码
   ↓
编码重复 → 顺序码
   ↓
行政区划编码
   ↓
层级编码
   ↓
编码完成
```

图 4.8　空间编码流程

要实现业务数据空间关联，需要提供能反映其空间位置的属性，在各类业务系统中地名地址是最常用地理位置属性且数据基础较好，业务数据通过地名地址进行空间关联，进而结合空间要素编码实现空间分析和展示功能，如图 4.9 所示。

管理平台构建了统一的编码管理模块。对已经注册的数据进行编码操作，通过设置行政区编号、城市中心点、功能区划层级要素、编码要素类型等参数构建严格的编码体系，整个编码在后台自动完成，编码以属性的形式存储在每一条数据记

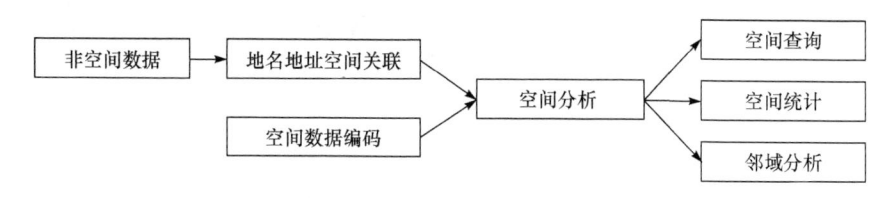

```
非空间数据 ──→ 地名地址空间关联 ──┐
                                    ├──→ 空间分析 ──┬──→ 空间查询
              空间数据编码 ─────────┘              ├──→ 空间统计
                                                   └──→ 邻域分析
```

图 4.9　业务数据空间关联过程

录中。非空间数据通过地名地址进行空间关联实现空间分析，因此地名地址的管理尤为重要。管理平台可以提供便捷的地名地址管理功能，实现地名地址的编辑、索引和查询等管理功能，并实现中英文地名地址匹配功能。

3. 全库索引

通用数据库管理工具只支持单表索引，适合简单的查询和业务分析功能。在现实需求中，需要实现跨业务、跨领域综合检索和分析功能，而数据来源于不同的数据表甚至不同的数据库，数据类型也复杂多样，包括空间数据、非空间数据和文档，因此需要对整个分布式数据仓库构建索引。

全库索引可以借助第三方检索引擎进行开发，例如 Apache 基金会提供了开源检索引擎 Lucene。构建全库索引时，需要对索引文档的结构以及更新方式进行设计，根据数据类型将索引文档分为空间数据、非空间数据和文档。索引文档结构划分为类型、标识符、索引域、内容域和位置域。标识符用于对索引文档进行唯一标识以便进行索引维护，索引域作为索引和查询的依据，内容域用于查询后返回的结果，位置域用于存放数据相关联的空间信息，如图 4.10 所示。

空间数据与非空间数据索引的构建和更新方式类似，首先通过访问数据库抽取属性值构建索引域，然后获取位置信息和属性信息一起构成内容域，对于非空间数据需要通过编码相关功能获取位置信息。文档索引首先需要构建一张文档目录表，目录表有文档路径、关联的空间位置、摘要等信息，构建索引时首先查目录引表，对文档内容构建索引域，文档的内容域包括文档路径和位置信息，项目文件夹内容包括项目文件路径和位置信息，如图 4.11 所示。

4. 数据汇交

为实现数据实时更新，提供连续的数据服务需要一套完整的数据汇交中间件，ETL 汇交接口实现了公共平台与业务系统之间的互联互通和平台数据更新，确保数据的完整性和实时性，数据汇交接口的设计需要结合数据的多源异构特征，满足各类业务系统数据对接需求。

ETL 数据集成需要考虑数据库的安全性，通过系统权限判定抽取转化装载的

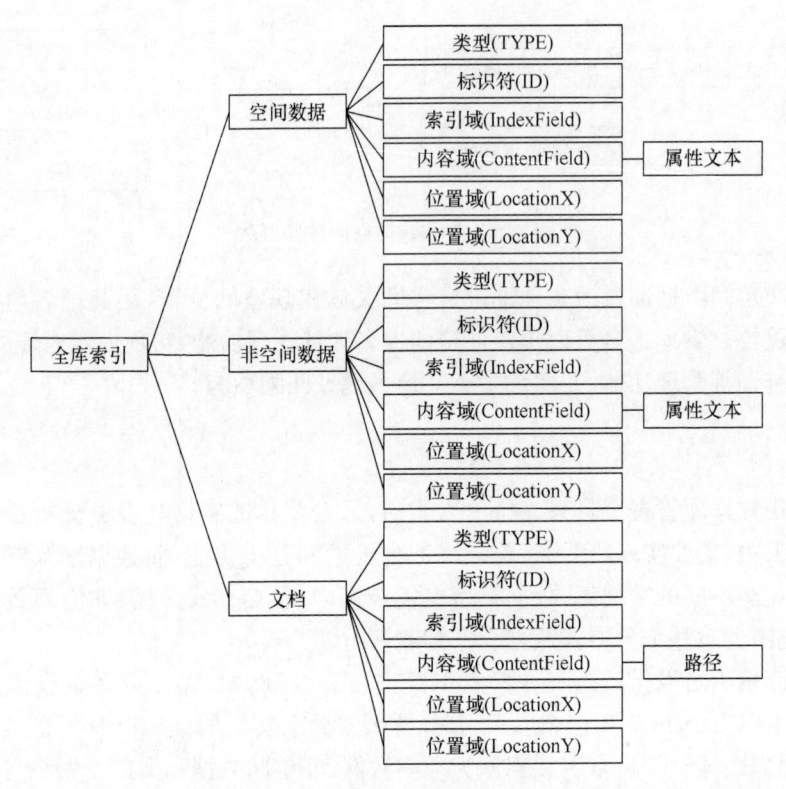

图 4.10　索引文档结构

可行性。同时,需要考虑 ETL 工作任务的重复性,建立合理的任务管理机制。因此,采用工作流程对 ETL 任务进行管理,将空间数据融合到数据抽取、转换和装载中。空间信息公共平台 ETL 数据集成汇交设计流程具体如图 4.12 所示。

(1) 数据抽取

空间信息公共平台 ETL 数据抽取需要解决如下问题。

① 数据的逻辑性问题。专业业务系统的数据关联一般已有约束保证,代码表和参照表等数据也比较准确,而综合平台的需求不同,需根据综合平台需求采取清洗策略,保证数据仓库各事实表和维表之间的关联完整有效。

② 数据安全性。由于公共空间信息平台涉及的部门和数据库比较多,合理定义抽取转化装载任务的用户权限是首要问题。

③ 数据的时间差异性问题。在抽取旧有数据时,要将不同时期的数据定义统一,较早的数据不够完整或不符合新系统的数据规范,一般可以根据规则,在存入中转区的过程中予以更新或补充。

④ 数据的平台多样性问题。在传统抽取时,大部分数据都可采用表复制方式直接导入数据中转区集中,再做处理。由于空间信息公共平台一方面涉及传统关

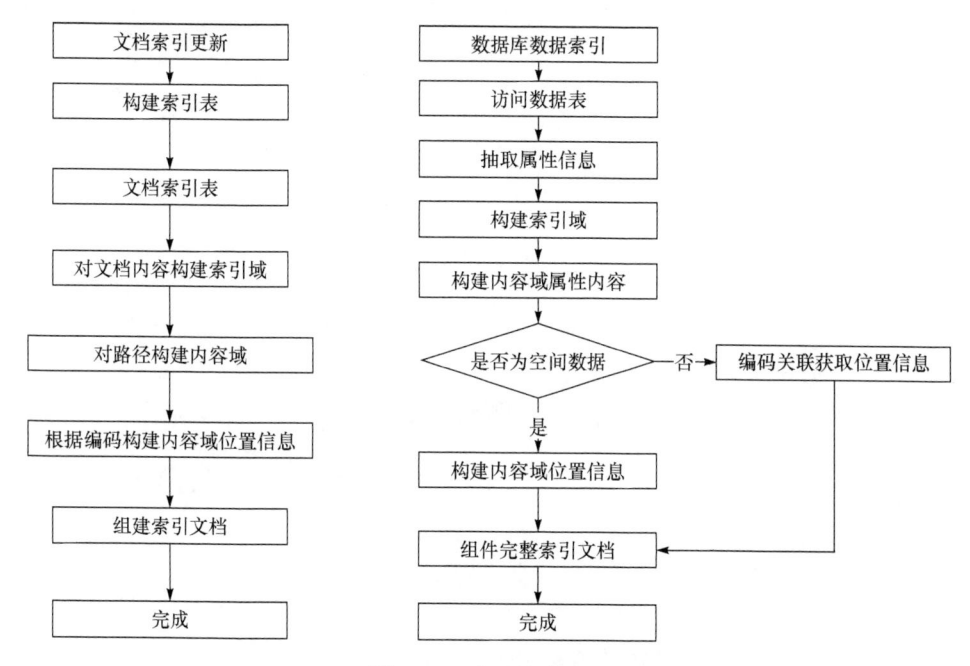

```
文档索引更新          数据库数据索引
    ↓                    ↓
 构建索引表            访问数据表
    ↓                    ↓
 文档索引表           抽取属性信息
    ↓                    ↓
对文档内容构建索引域    构建索引域
    ↓                    ↓
对路径构建内容域     构建内容域属性内容
    ↓                    ↓
根据编码构建内容位置信息  是否为空间数据 ──否──→ 编码关联获取位置信息
    ↓                    ↓是
  组建索引文档       构建内容域位置信息
    ↓                    ↓
    完成             组件完整索引文档
                         ↓
                        完成
```

图 4.11 索引构建流程

系数据库,另一方面涉及叠加在关系数据库上的空间数据中间件 SDE,在设计时需要针对不同的数据设计不同流程。

数据抽取是从数据源中抽取数据的过程。在实际应用中,从数据库中抽取数据一般有以下几种方式。

① 全量抽取类似于数据迁移或数据复制,将数据源中的表或视图的数据原封不动的从数据库中抽取出来,并转换成自己的 ETL 工具可以识别的格式。由于原始数据源经常不固定等,我们将与原始库连接的信息作为一个运行参数,动态获取原始数据库的信息和表名,将数据原封不动地从原始库中抽取出来。

② 增量抽取只抽取自上次抽取以来数据库中要抽取的表中新增或修改的数据。在 ETL 的使用过程中,增量抽取较全量抽取应用更为广泛。如何捕获变化的数据是增量抽取的关键。对捕获方法一般有两点要求:准确性,能够将业务系统中的变化数据按一定的频率准确地捕获到;性能,不能对业务系统造成太大的压力,影响现有业务。目前增量数据抽取中常用的捕获变化数据的方法有触发器、时间戳、全表对比、日志对比。

在智慧城市空间信息公共平台中,由于某些数据表的数据量更新很频繁且数据量很大,所以我们采用时间戳的方式,只抽取时间戳标记以后的部分数据,这样就大大提高系统的运行效率,而且数据抽取采用轮询机制,即根据设定时间定时查询原始数据库,防止数据更新过于频繁,导致数据不能及时更新等情况。

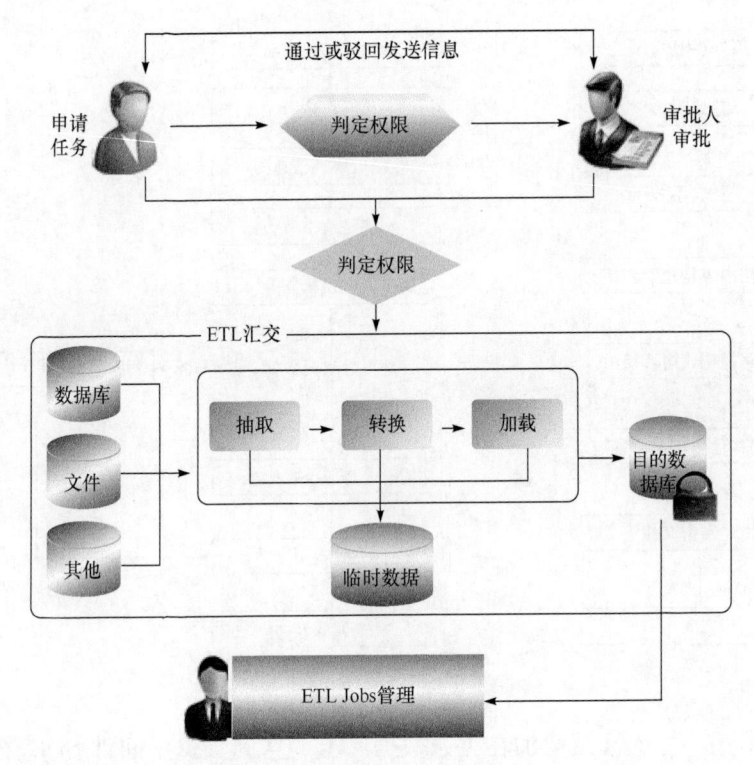

图 4.12 空间 ETL 技术流程图

(2) 数据转换

按照数据仓库中数据存储结构进行合理的转换,转换步骤一般还要包含数据清洗的过程。数据清洗主要是针对源数据库中出现二义性、重复、不完整、违反业务或逻辑规则等问题的数据进行统一处理,一般包括 NULL 值处理、日期格式转换、数据类型转换等。在清洗之前需要进行数据质量分析找出存在问题的数据,否则数据清洗将无从谈起。数据装载是通过装载工具或自行编写的 SQL 程序将抽取、转换后的结果数据加载到目标数据库中。

(3) 数据装载

数据仓库中的每个数据模型都需使用时间类维度,在加载其他维度和事实之前,需要先将时间维度生成。ETL 数据装载设计由独立工作任务完成,主要突出针对空间数据时间维度的自动装载和生成。时空数据在空间数据的基础上增加时间要素构成的三维(无高度)或四维数据库,一方面,时间维度增加了数据复杂度和数据量;另一方面,相比传统的空间数据,时空数据可以提供更多元的数据挖掘方式,实现研究对象的动态监测和分析。

时空数据根据应用场景的不同分为基础时空数据和对象时空数据。

基础空间数据更新周期长,包括点、线、面、拓扑关系等复杂的空间数据模型,主要作用是作为时空分析的基础底层,这类数据适合采用时间版本的方式进行管理。

在对象时空数据中,针对目标空间中对象的时空状态进行管理,如人、车、建筑的实时状态信息采集,这类数据更新周期短,适合采用自动生成维的方式进行管理。自动生成维一般来说就是日期、年度月份、年度等时间类维度(年度月份、年度都是日期维的一个层次,但某些事实表中没有日期信息,只有月份信息,所以需要额外建立此二维度)。任务调度策略包括如下方面。

① 工作任务 Job 驱动,只有满足另外一个 Job 成功后,自己才运行。
② 文件驱动,当下传的文件到达,并经过检验准确后 Job 才运行。
③ 时间驱动,当到达某个时点时,Job 便开始运行。
④ 事件驱动,如人工参与导致 Job 执行。
⑤ 通知设计,重要信息(成功/失败)的通知,写入专门日志中。

时空数据管理模型的概念架构如图 4.13 所示。

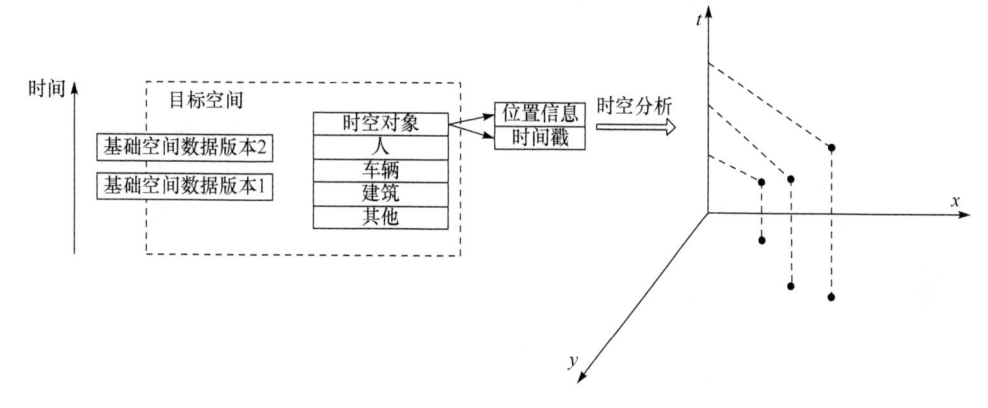

图 4.13 时空数据管理模型

以下为数据 ETL 汇交的功能界面。通过管理平台配置数据汇交任务,并将汇交任务交由任务管理器进行管理,实现后台定时执行,管理平台对数据汇交任务进行跟踪和监控,如图 4.14 所示。

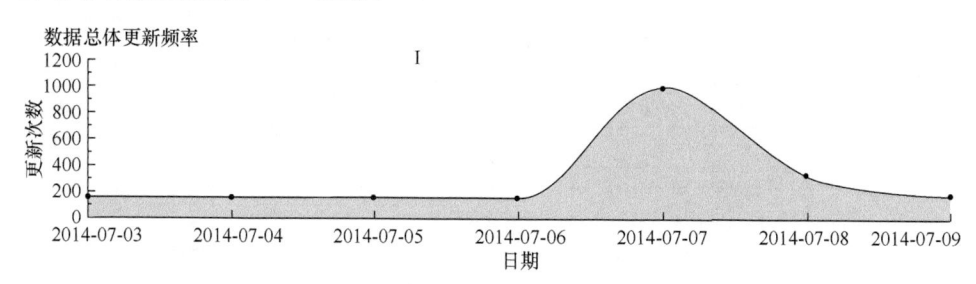

图 4.14 数据更新频率统计图

5. 元数据管理

元数据贯穿于数据仓库系统的设计、开发、使用和维护等各个环节，元数据对于整个数据仓库系统的作用主要表现在加强系统集成管理、提高系统可配置性、保证数据质量、易于理解数据仓库中的数据[8]等方面。

空间信息公共平台包括数据和服务两大部分，因此元数据也包括系统元数据、数据元数据和服务元数据三种类型。系统元数据主要用于实现系统各组件之间的集成，提高系统的可配置性。数据元数据分为空间数据元数据和非空间数据元数据，提供了数据的类型、来源、权限、属性字段、用途、使用参数、时间、质量等信息。服务元数据用于向第三方提供服务时需要的说明信息。数据元数据信息的产生和更新贯穿于整个数据管理过程，包括数据抽取、数据转换、清理、载入、更新等过程，每个数据实体对应一个元数据表，用于记录数据管理的各个环节产生的相关信息。元数据管理包括基础信息、参照系统、数据志、数据发行等信息的编辑和管理功能，并提供基于元数据的数据查询和管理功能。

4.3.2 服务管理

为满足各类用户的多样性需求，需要构建一个灵活的服务生产和管理系统，能够方便地设计、部署和管理各类信息服务，包括基础数据服务、业务统计与分析服务、空间分析服务等（图4.15）。信息服务主要基于面向服务的体系结构（service-oriented architecture，SOA）设计理念进行构建，空间信息服务主要采用 GIS

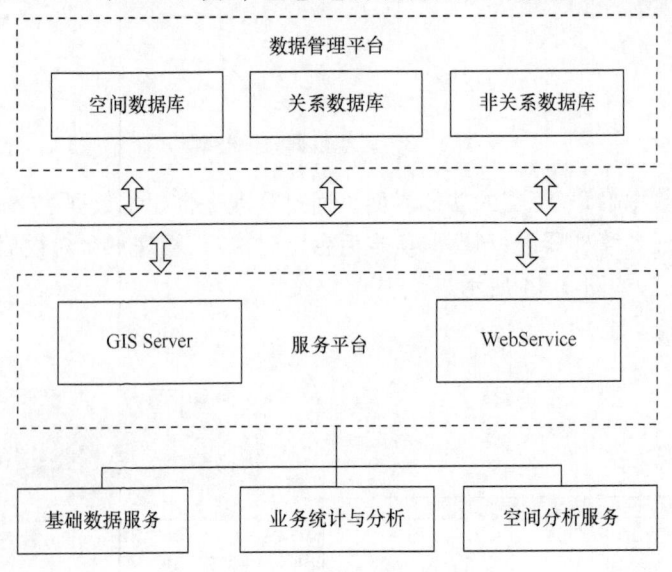

图 4.15 公共平台服务体系

Server的方式实现,其他信息服务主要采用 WebServices 的方式实现,形成空间信息一体化的信息服务体系,具体的服务管理功能包括服务的设计、生产、部署、监控、权限控制和服务安全等方面。

1. 设计与部署

服务直接面向应用需求,而针对不同人群不同时期的应用需求实时变化,服务平台的建设是个长期持续的过程,因此需要构建能适应需求快速变化的服务设计与部署框架。

根据目前的平台技术框架,服务大致分为空间信息服务和非空间信息服务两类。空间信息服务又包括空间分析和空间数据服务,基于 GIS Server 进行构建,非空间信息服务包括数据服务和数据分析服务,数据服务主要通过设计数据模型,应用 ETL 等技术构建数据仓库,向外直接输送高质量的信息。数据分析服务主要根据业务需求构建统计、机器学习、神经网络等分析模型,并进行软件实现,向外提供数据分析服务,一般非空间信息服务主要基于 WebServices 框架进行构建,如 Apache CXF、Axis2、XFire 等,非空间信息服务和空间信息服务共同构建了综合信息服务平台,如图 4.16 所示。

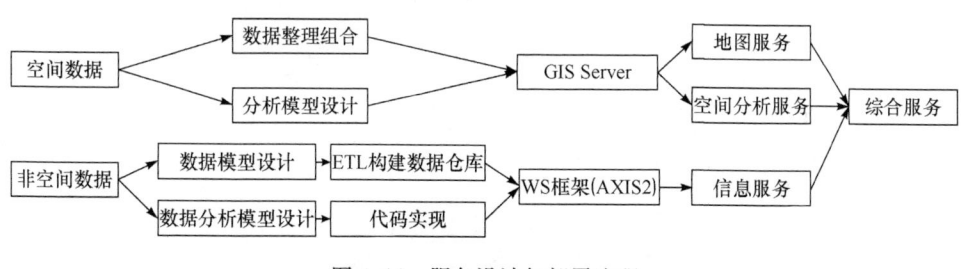

图 4.16 服务设计与部署流程

2. 服务监控

为了能够长期提供稳定、高质量的服务,服务监控在整个系统建设中起到了至关重要的作用,它能够记录服务使用情况,根据服务历史记录进行服务问题排查和服务策略优化。

服务监控功能包括服务状态监控和使用日志记录,服务状态包括单条服务的状态和服务器的状态,如图 4.17 所示。在服务使用过程中需要跟踪记录服务程序对资源的占用情况,根据历史记录调整服务优化策略,提高服务质量,在服务管理过程中还能对单条服务的状态进行控制,例如能开启或停止某项服务,以应对灵活的服务策略。除了对服务本身和服务器的监控,还需要对用户服务使用情况进行记录,通过历史记录不仅能够监督用户行为,核查用户服务权限是否正常,还能够挖掘出用户兴趣点,根据用户需求适度调整服务策略。为更好的建设服务平台,还针对不同阶段进行统计分析,给出相应的服务使用报告,如月报、季报或年报等。

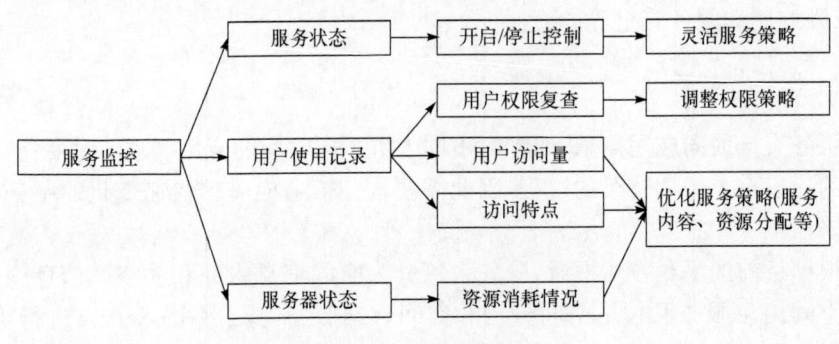

图 4.17　服务监控功能

图 4.18 为服务监控的功能界面。服务管理员能够对服务运行状态、使用记录进行查询和统计,查看服务使用情况,根据服务使用情况进行问题分析和服务策略优化,例如根据监测显示,服务访问量超过了服务器承载力,则需要考虑追加服务器资源。

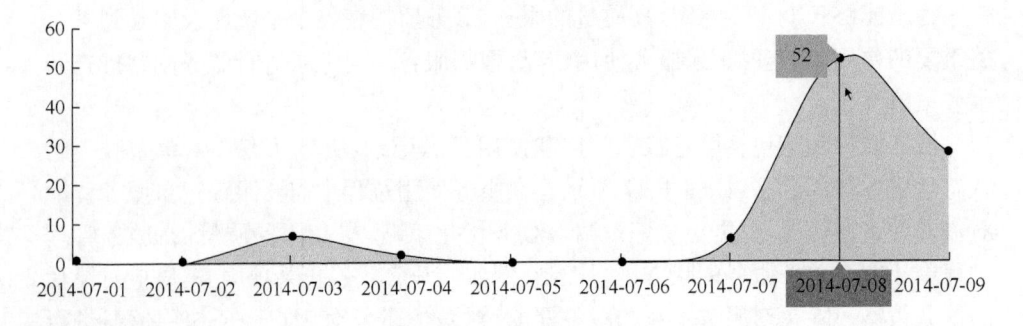

图 4.18　服务使用统计

3. 服务安全

灵活开放标准的使用使得 Web 服务成为一种优秀的机制,可以通过 Web 服务将功能向客户端公开,以及承载前端 Web 服务可以访问的中间层业务逻辑。由于标准的局限性,以及需要支持各种客户端类型,使 Web 服务面临着安全方面的挑战,需要构建一套完整的服务安全管理体系,实现服务安全使用,避免数据泄密等问题。

服务安全主要包括服务权限管理和服务加密两部分,信息服务涵盖多个部门,因此将服务划分为公共和私有两类,对私有服务进行权限划分,合理布置服务覆盖范围,防止信息泄露,产生不必要的信息安全隐患。划分权限后,服务的使用需要经过审批流程,通过目标服务涉及的部门审批意见。

在服务权限管理实现的过程中,服务请求中的用户和密码等信息需要进行加密。加密分为对称加密和非对称加密两种,网络服务加密一般采用非对称加密方式。非对称加密算法需要公开密钥(public key)和私有密钥(private key)。公开密钥与私有密钥是一对,如果用公开密钥对数据进行加密,只有用对应的私有密钥才能解密;如果用私有密钥对数据进行加密,只有用对应的公开密钥才能解密。通过加密协议,客户端通过公钥将服务请求加密后传递给服务端,服务端通过私钥解密,然后将服务信息通过公钥加密后传递给客户端,客户端通过自己的私钥进行解密,整个过程完成了服务的加密过程,常用的服务加密框架有 Axis2 Rampart (图 4.19)。

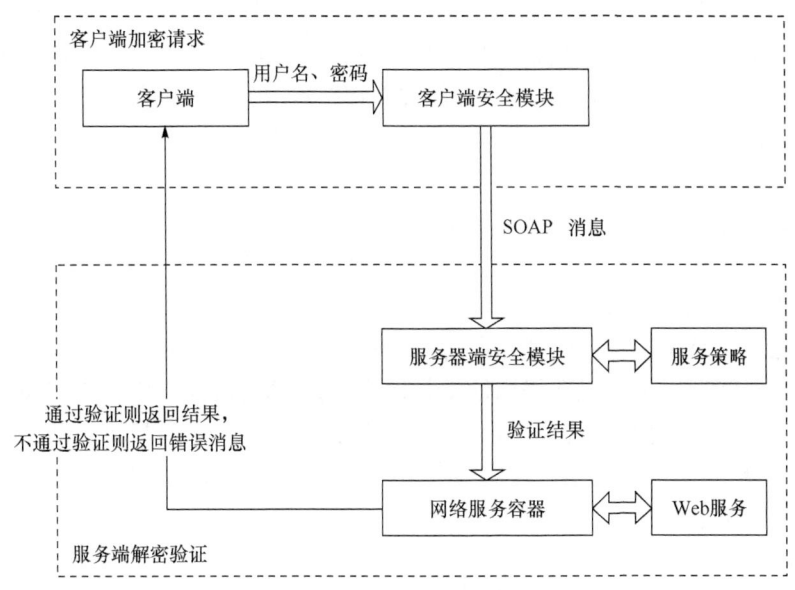

图 4.19 服务加密过程

4.3.3 工作流管理

工作流就是工作流程的计算模型,即将工作流程中的工作如何前后组织在一起的逻辑和规则在计算机中以恰当的模型进行表示并对其实施计算。工作流要解决的主要问题是为实现某个业务目标,在多个参与者之间,利用计算机,按某种预定规则自动传递。空间信息公共平台需要管理不同业务部门,通过工作流实现多部门参与下的数据汇交、服务发布和申请等业务,构建标准化、可控制和可追溯的业务管理系统。

1. 工作流管理标准

业务流程建模与标注(business process model and notation,BPMN)规范首先由标准组织 BPMI 发布,BPMN 1.0 规范发布于 2004 年 5 月,之后 BPMI 并入 OMG 组织,OMG 于 2011 年推出 BPMN2.0 标准。BPMN 的主要目标是提供一些被所有业务用户容易理解的符号,从创建流程轮廓的业务分析到这些流程的实现,直到最终用户的管理监控。BPMN 也支持提供一个内部的模型可以生成可执行的 BPEL4WS。因此,BPMN 在业务流程设计与流程实现之间搭建了一条标准化的桥梁。

BPMN 定义了业务流程图,同时为创建业务流程操作的图形化模型进行了裁减。业务流程的模型就是图形化对象的网图,包括活动和定义操作顺序的流控制。业务流程图由一系列的图形化元素组成。这些元素简化了模型的开发,且业务分析者看上去非常熟悉。这些元素每个都有各自的特性,且与大多数的建模器类似。例如,活动是矩形,条件是菱形。通过图形化的 BPMN 开发能够在创建业务流程模型时提供一个简单的机制,同时又能够处理来自业务流程的复杂性。

2. 数据汇交审批流程

信息共享管理平台的数据来源于各个部门,不同部门的数据规范、格式、使用要求都存在一定差别,在汇交的时候需要构建一个多部门协同参与的汇交审批流程实现数据质量、使用权限、数据标准的统一管理。

数据汇交审批流程包括数据提交、申请审核、质量审核、结果反馈等步骤。业务部门数据管理人员提供数据源信息并提交申请,数据中心管理员对申请信息进行审核,质检人员对数据进行质量审核,审核通过后建立数据更新任务实现数据实时更新,审核不通过则将任务返回给申请人,在流程进行过程中相关信息通过消息平台将任务消息发送到各参与人员。

3. 服务申请审批流程

信息共享管理平台服务对象包括公众、企业和政府,不同的用户具有不同的服务访问权限,平台通过构建服务申请审批流程实现服务权限管理,进而提高服务质量和安全性。

通过对数据的组织产生出各类信息服务,根据数据来源和服务组织方式的不同,在部门间产生不同的流转环节,服务使用者选定服务后提交使用申请,管理平台根据服务使用权限机制将审批消息推送到相关负责人进行审核,审核通过后在应用平台进行应用。

4.3.4 运维管理

运维管理实现系统基础信息的自动化管理以提高平台管理和运营效率,主要包括用户信息管理、权限管理、系统监控及日志管理、单点登录等模块。在用户管理中,通过建设系统用户数据库,管理用户、身份认证、权限等信息。权限管理将平台划分为用户、角色、权限和资源四种类型,通过管理两两之间的关系来灵活设置用户权限。系统监控及日志管理,包括对系统、业务、服务等状态的监控,以及用户对平台的使用日志记录。

1. 权限管理

权限管理,一般指根据系统设置的安全规则或者安全策略,用户可以访问且只能访问自己被授权的资源。

用户权限管理是系统基本的安全措施,将权限管理分为用户、角色、权限和资源四个层级。用户和角色用于管理和组织用户信息。平台资源划分为数据、功能和服务三类,数据资源可以根据需要进一步划分为数据表、数据列、数据行等,功能主要是对平台的业务逻辑进行划分,如用户信息的增、删、改等。服务资源一般是根据 URL 进行划分,细分后的资源根据业务逻辑进行权限构建,如普通用户、数据管理员、服务管理员等。最后根据设计好的用户、角色、权限和资源之间的逻辑管理构建完整的权限管理系统,如图 4.20 所示。

2. 系统监控

系统监控主要包括用户行为监督和系统运行状态监测。用户行为监督确保用户对平台的使用是基于既定的权限管理规范进行的,这是系统安全必要的环节。系统运行到一定阶段后,随着用户的增加会出现性能瓶颈,系统运行状态的监控和日志的记录有助于运维人员查找系统运行瓶颈,及时找到提高系统性能的方法,保障系统的正常运转。

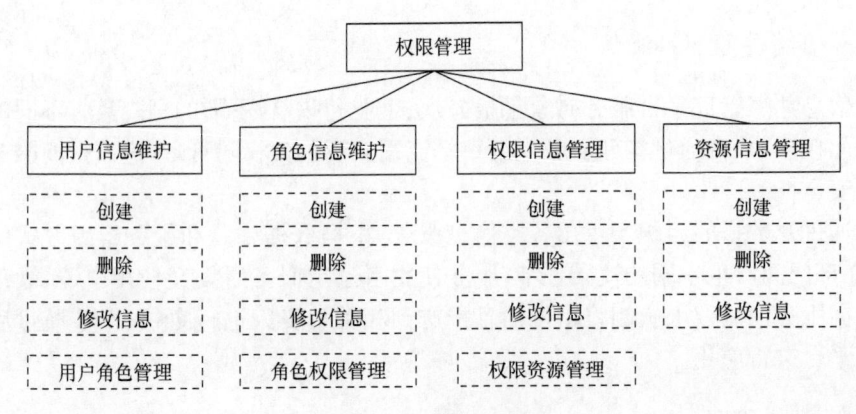

```
                            权限管理
           ┌───────────┬───────────┴───────────┬───────────┐
      用户信息维护    角色信息维护          权限信息管理    资源信息管理
        ┌─────┐       ┌─────┐              ┌─────┐        ┌─────┐
        │ 创建 │       │ 创建 │              │ 创建 │        │ 创建 │
        └─────┘       └─────┘              └─────┘        └─────┘
        ┌─────┐       ┌─────┐              ┌─────┐        ┌─────┐
        │ 删除 │       │ 删除 │              │ 删除 │        │ 删除 │
        └─────┘       └─────┘              └─────┘        └─────┘
        ┌─────┐       ┌─────┐              ┌─────┐        ┌─────┐
        │修改信息│     │修改信息│            │修改信息│      │修改信息│
        └─────┘       └─────┘              └─────┘        └─────┘
        ┌─────┐       ┌─────┐              ┌─────┐
        │用户角色管理│ │角色权限管理│        │权限资源管理│
        └─────┘       └─────┘              └─────┘
```

图 4.20　权限管理框架

信息共享管理平台提供了系统运行、用户行为、服务器状态等多个方面的系统监控功能。系统运行状态监控包括异常状态记录和运行状态统计。用户行为监控包括对用户系统使用痕迹的记录,并检测用户行为是否合法。服务器状态监控包括服务器网络连接状态监控和存储状态监控。

3. 单点登录

单点登录(single sign-on,SSO)指在分布式环境中的多个应用系统中,用户登录过其中任何一个,就能够访问其他应用系统。单点登录的核心价值就在于"一次登录,多方认证"[9]。集中认证服务(central suthentication service,CAS)模型是美国耶鲁大学开发的单点登录模型,是一个开源的软件,支持代理的功能,适合任何语言编写的客户端应用。CAS 分为服务器端和客户端。服务器端需要独立的部署,主要负责验证用户身份,用户与中心认证服务器之间的数据传输基于 http 协议。应用系统与中心验证服务器之间采用单纯的 http 协议的,敏感信息传递都是使用 SSL 加密通道技术,存储在客户端的 cookie 文件中的信息都是经过加密处理的,安全性相对较高。

信息共享管理平台建设中,CAS 客户端以过滤器方式保护 Web 应用的受保护资源,过滤从客户端过来的每一个 Web 请求。同时,CAS 客户端会分析 HTTP 请求中是否包请求 Service Ticket,如果没有,则说明该用户是没有经过认证的,于是 CAS 客户端会重定向用户请求到 CAS 服务端。用户提供了正确的 Credentials,CAS 服务端会产生一个随机的 Service Ticket,缓存该 Ticket,并且重定向用户到 CAS 客户端(附带刚才产生的 Service Ticket)。最后,CAS 客户端和 CAS 服务端之间完成了一个对用户的身份核实,用 Ticket 查到 Username,如图 4.21所示。

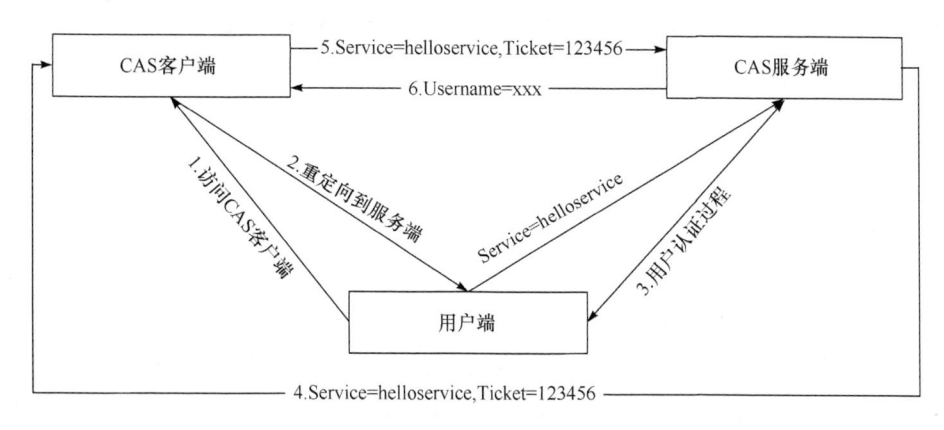

图 4.21　CAS 认证基本原理

4.4　综合信息服务平台

智慧城市综合信息服务平台是空间信息公共平台的主要组成部分,属于智慧城市应用层面的部分。通过信息共享管理平台整合的数据以可共享的信息服务方式输出,形成具有一定功能聚合特征的微应用模块,面向政府、企业和公众提供直观、实时的有效信息,将常规的二维表数据表征方式转变为以空间位置为基础,具有四维时空特征的表达形式。

综合信息服务平台在功能上包括多维数据可视化、多源数据集成分析和移动互联服务三个部分。多维数据可视化有两个含义,除了展示形式的多维性,即我们通常意义上所指的地图信息表达中的二维、2.5 维、三维,以及具有时间特性的四维可视化,还有展示介质的多维性,体现在除了桌面 PC 屏,还有 LED 大屏、移动终端,甚至后续发展的全息投影介质。多源数据集成分析是利用管理平台的服务聚合功能,将多源异构数据进行重新组织形成以地理位置为基础的各种多样化信息,集成分析必定是以应用问题为出发点的,因此在构建分析模块过程中必须充分掌握用户的需求。移动互联服务实现了信息无处不在的用户格局,终端设备的大范围普及直接推动了应用服务的提供方式,每个人都可以介入城市发展和规划的各个环节中,因此移动互联服务具有与其他终端所不同的服务特点,在后续的章节有详细的介绍。

4.4.1　多维数据可视化

城市的空间尺度特点是多维数据可视化表达围绕的最核心的思想。人们曾想象着在平面上就能流畅看到立体的地球,并能够从不同视角看到相对逼真有效的地球表面。这个需求激发着学者一直在寻找人类视觉获取信息的极限,现如今已经依靠各种数学和信息科学技术实现,从传统的二维矢量、栅格到后来的三维,甚至是室内,计算机模拟着不同空间尺度下地球表面的状态[10]。然而,以上描述的只是最传统的可视化应用场景,智慧城市空间信息公共平台每时每刻接收着从四面八方而来的各类数据,其自身运行也在产生着各种各样的数据信息和规律信息,多维数据可视化并不局限于此。

可视化理论和技术应用于 GIS 始于 20 世纪 90 年代初,对于 GIS 来说,人类更倾向于进行高层次分析,即发现数据间的联系和变化规则。因此,空间信息可视化更重要的是一种空间认知行为,为了使发现知识的过程和结果易于理解,如何将平台产生的数据信息和数据规律以可视的、更易理解的形式展示给不同的用户,并在发现知识的过程中进行人机交互,是智慧城市综合服务平台所要解决的重要问题[11]。

下面从二维平面、三维立体、时空序列、街景地图、交互动画、虚拟现实、专题图标、混合联动等方面,阐述综合信息服务平台中的多维数据可视化技术。

1. 二维平面

地理数据的二维可视化最基本的含义是地理数据的屏幕显示,即用户在选择了视觉变量(尺寸、色彩、纹理等)的基础上,进行全要素的显示、分图层的显示或分区域的显示。在地理信息系统中,二维平面地图与传统纸质地图表现形式最为接近,因此技术也最为成熟。

二维数据根据存储方式的不同分为常用的数据模型有矢量、栅格模型,以及矢量-栅格混合模型。矢量模型是 20 世纪六七十年代发展起来的面向点、线、多边形等地理特征的数据模型,构成地理景观的各种物体的二维几何坐标位置通过数据链表连接。栅格模型用二维离散的网格表示地理场景[12]。二维数据空间要素以位置和属性特征,通过地图符号的可视化形成二维数据的展示。在智慧城市建设中,城市地形图、导航地图、交通热度图通常都可用二维数据的方式进行表达,如图 4.22 所示。

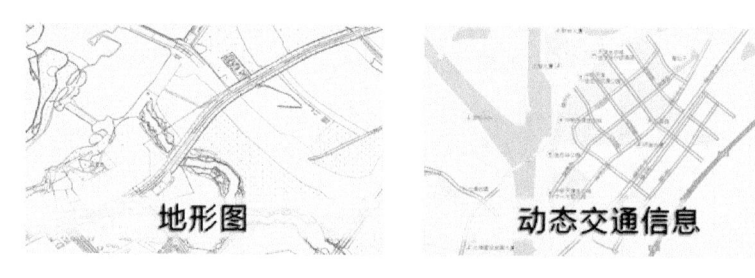

图 4.22 二维数据示意图

近年来,以都市圈为代表发展出一种以瓦片方式存储,通过将三维立体按照一定的投影规则映射到某一平面上,以展示三维立体效果的二维图形。2.5 维电子地图除了继承二维地图在数据采集与输入输出,空间数据分析与处理等方面的强大功能外,其自然、真实、丰富的空间实体表现能力,弥补了二维 GIS 图形表现的局限性,三维地图 GIS 图形表现的局限性,避免了三维 GIS 系统技术难度大成本高的问题,如图 4.23 所示。

图 4.23 2.5 维展示示意图

此外,在空间表现上,除了室外的二维及 2.5 维地图,为了满足智慧城市的精细化表达需求,在矢量地图的基础上,产生出一种更加实用的室内二维地图表达方式,主要应用于大型室内建筑的内部地图。当用户进入大规模室内空间,由于室外地图服务无法获取室内空间布局，人们极易陷入位置焦虑，而建筑楼内部提供的导航图或导购图存在不可移动性和不易发现等缺陷，室内地图的电子化势在必行。移动终端和大屏展示中的室内地图表达如图 4.24 和图 4.25 所示。

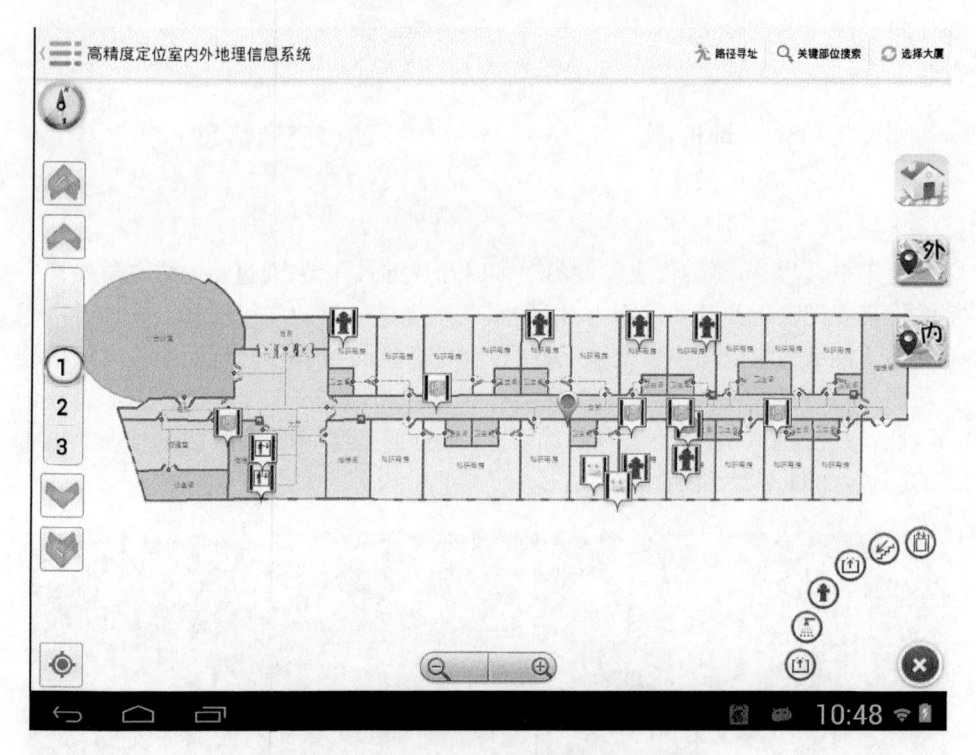

图 4.24　二维室内地图移动终端可视化

图 4.25　二维室内地图的大屏可视化表达

在综合信息服务平台中，二维数据主要包括城市内的一系列自然与人工要素集，如城市的边界、城市水体、城市道路、城市管线、城市建筑物分布、城市功能区划、城市兴趣点、城市管理部件、城市遥感影像等。最直观的可视化即直接将这些信息多级渲染后进行多尺度表达。除了直接渲染，利用综合地理实体自然属性与管理属性的空间不规则嵌套关系,将地理区域划分为不同级别的功能层级尺度,设计出适应于特定单元层级的一系列功能的操作,是一种更高层次的二维多尺度表达。例如,在查询时,只对选中范围所属尺度内的经济、环境、建设、管理等信息进行分析,且支持一张图上同级尺度间的指标对比分析,可以有效地支持领导决策。

在多尺度功能设计的基础上,尊重不同介质的展示优势,也是二维平面可视化当前关注的重要问题。例如,桌面端主要通过鼠标交互,移动终端上主要通过手指触摸进行,因此移动终端上的地图引擎在二维地图浏览方式上,应该提供地图的单点移动、多点旋转、多点缩放等特殊交互模式。

2. 三维立体

三维立体可视化技术是目前计算机图形学领域的热点之一,其出发点是运用三维立体透视技术和计算机仿真技术,通过将真实世界的三维坐标变换成为计算机坐标,经过电子学处理,模仿真实的世界并显示在屏幕上[12],具有可视化程度高、表现灵活多样、动态感和真实感强等优点。三维立体可视化技术具有两大类关键技术,即数据分析处理和三维可视化方法。数据是可视化的基础,其中又以三维体数据为主,涉及数据的各种格式转换和处理技术,是实现优秀的三维重建效果的重要保障。三维可视化方法提供了一定的数据结构和计算规则,对体数据构建数学模型,然后通过三维引擎函数库,在计算机屏幕上显示出具有真实效果的三维实体对象图形图像,并提供不同级别的交互式操作[13]。

在综合信息服务平台中,基于城市应用,三维立体可视化主要侧重于大比例、小范围内的城市精细化模型的可视化表达,如城市建筑实体等,与二维平面形成相辅相成的应用格局。在技术上,采用服务式二维、三维结合 GIS 的服务式构建[16],由 GIS 服务器提供传统的 2D GIS 服务,客户端提供用户界面及二维、三维数据融合渲染等功能,从而实现二维和三维数据"我中有你,你中有我"的无缝衔接,如图 4.26 和图 4.27 所示。

图 4.26 二维中嵌入三维场景

图 4.27　三维中嵌入二维信息查询功能

3. 时空序列

时空数据组织是有效管理时态地学数据、空间、专题、时间语义完整的地学数据方法,不仅强调地学对象的空间和专题特征,而且强调这些特征随时间的变化,即时态特征。通过对时空数据的组织,形成数据的空间动态展示,从多角度展现数据的空间及时间变化特征。

综合信息平台可通过提供不同时间状态的窗口联动对比辅助进行区域的时间序列分析,这也是时序可视化的最常用表达方式。如图 4.28 所示,基于不同时期的遥感影像横向联动对比,可以让用户直观了解城市变迁的关键节点。

图 4.28　窗口联动对比

此外,时空序列可视化更多体现在城市不同尺度下对应指标信息的实时表达上,让用户能够及时了解城市的变化状态。如图 4.29 和图 4.30 展示的城市大范围尺度下空气环境指数的实时变化情况,以及在园区小范围尺度下的企业纳税年度变化情况。

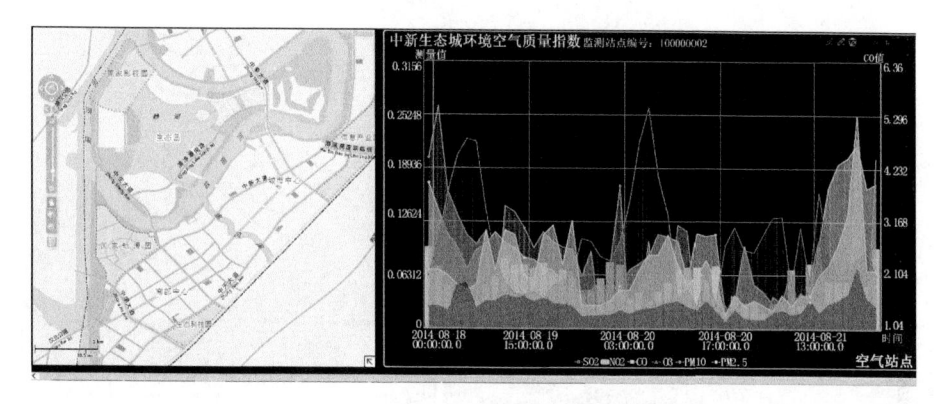

图 4.29　城市空气指标时序变化

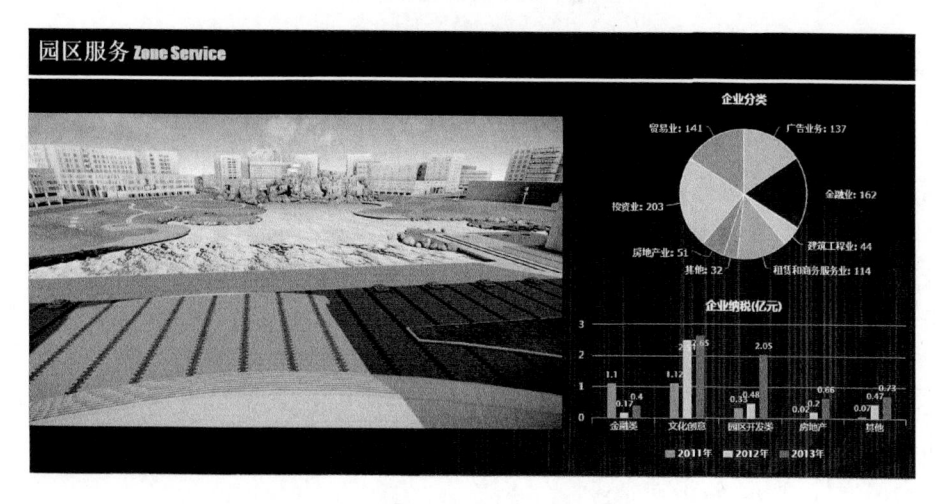

图 4.30　园区企业纳税年度时序变化

4. 街景地图

街景地图是一种实景地图服务。为用户提供城市、街道或其他环境的 360 度全景图像,用户可以通过该服务获得身临其境的地图浏览体验。通过街景,只要坐在电脑前就可以真实的看到街道上的高清景象。获取街景数据,可以通过街景车拍摄获取街道两旁 360 度的照片,然后将这些照片经过处理上传至网站,供访问者浏览。街景地图以人的视角,提供了一种新的地图浏览体验,能够为用户提供更加真实准确、更富画面细节的地图服务,如图 4.31 所示。通过街景功能,用户能够便捷地查看来自大街小巷的实景图片,还可以随意360度旋转、放大缩小,遇到十字路口它还会显示街道方向与名称。

图 4.31 街景地图展示

5. 交互动画

交互动画是指在动画作品播放时支持事件响应和交互功能的一种动画。利用动画播放者的某种操作或者动画制作时预先准备的操作,观众可以主动参与和控制动画播放的内容,从而体现出人与动画之间的交互动作。在通常情况下,观众可以通过鼠标、键盘、体感、声控等方式,实现对动画的交互控制。在城市应用中,交互动画正成为一种新的数据可视化模式。例如,在智慧城市空间信息公共平台中,通过用户的操作,城市可以显示出春夏秋冬四季和白天夜晚的不同景观,城市艺术建筑也可以通过动画的方式展示出建筑师当初设计时的神奇构思,城市的旅游景点也可以以问答互动的方式展示其悠久历史和美丽传说,如图4.32所示。

6. 虚拟现实

虚拟现实是指利用计算机和一系列传感辅助设施来实现的使人有置身于现实世界中的感觉的环境,是一个看似真实的模拟环境。通过传感设备,用户根据自身的感觉,使用人的自然技能考察和操作虚拟世界中的物体,获得相应看似真实的体验[17]。虚拟现实技术主要有沉浸感(immersion)、交互性(interaction)、真实感(imagination)。具体包括如下含义。

① 虚拟现实是一种基于计算机图形学的多视点、实时动态的三维环境,这个环境可以是现实世界的真实再现,也可以是超越现实的虚构世界。

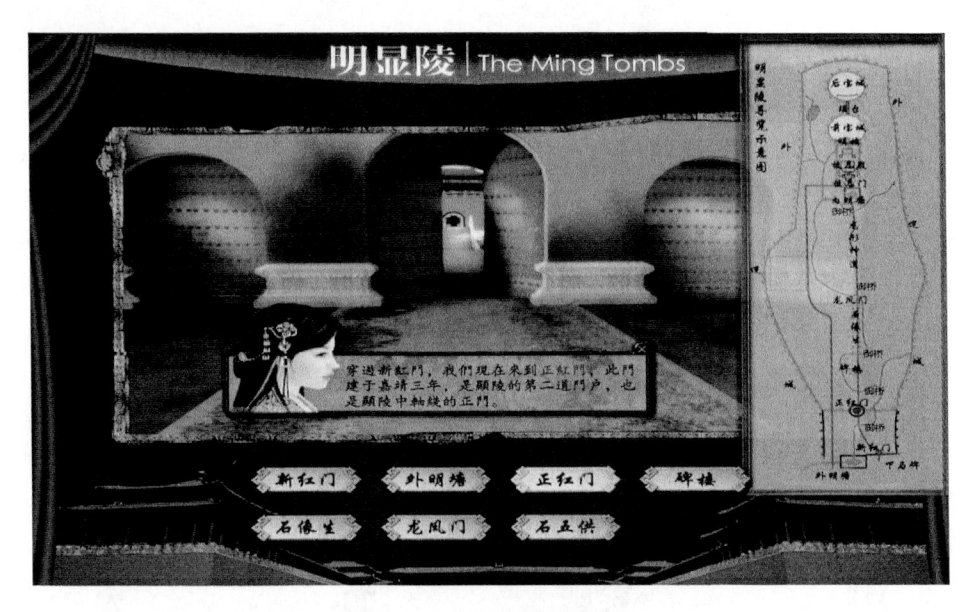

图 4.32 交互动画展示

② 操作者可以通过人的视、听、触等多种感官,直接以人的自然技能和思维方式与所投入的环境交互。

③ 在操作过程中,人是以一种实时数据源的形式沉浸在虚拟环境中的行为主体,而不仅仅是窗口外部的观察者。模拟人进入虚拟空间如图 4.33 所示。

图 4.33 模拟人进入虚拟空间

7. 专题图表

专题图表可视化包括以地图为基础的空间专题图和以城市指标为基础的仪表盘两个方面。前者根据不同业务应用的需求，直接基于数据属性值，以空间功能区划为依据进行单元渲染，表达的最终形态仍为地图，该过程的一个重要环节是实现属性数据和空间数据的关联。后者则直接以城市多尺度多层级指标为基础，提供反映城市运行状态、表现丰富的仪表盘专题图，表达的最终形态为图或表，如图 4.34 和图 4.35 所示。

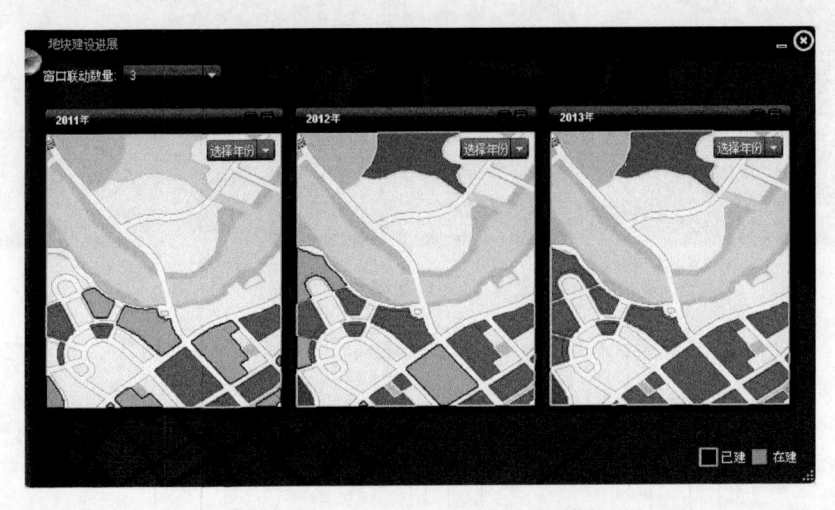

图 4.34 以地图为基础的空间专题图

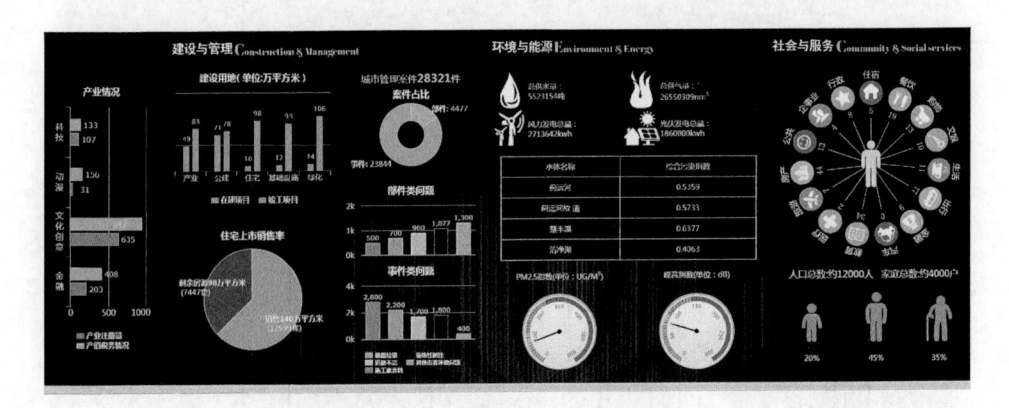

图 4.35 以城市指标为基础的仪表盘

为了使信息传递更直观，表现力更强，综合信息服务平台的专题图表通常根据应用功能的不同，综合上述两者优势，形成一种集空间专题图和仪表盘为一体的混合表达模式。如图 4.36 所示,即以空间单元为依据先进行基础渲染,更详细的信息则以图表的形式给出,涉及用户操作和信息表达的习惯,是综合信息服务平台面向应用需求的关键问题。

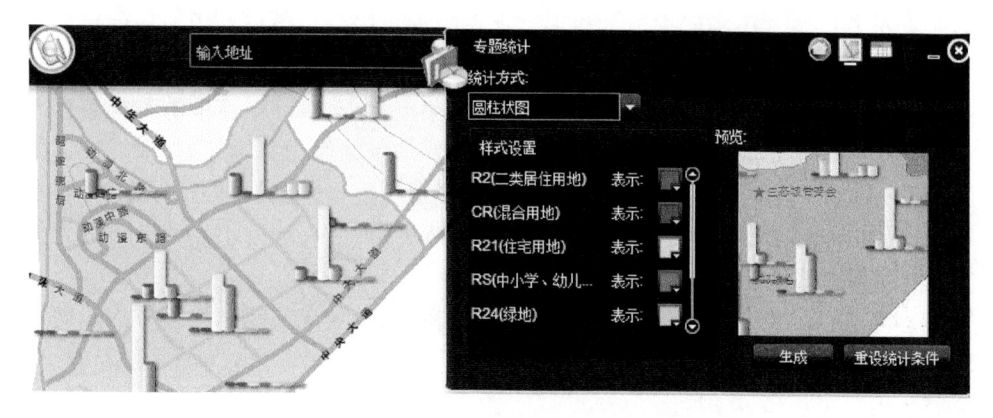

图 4.36 混合专题图

8. 混合联动

混合联动是二维、三维、时空序列、街景地图、交互动画、虚拟现实和专题图标的动态联动,形成"牵一发而动全局"的综合表现效果。在综合信息服务平台中,根据应用功能侧重和需求的不同,将这几类可视化方案扬长避短地最大限度利用起来,形成丰富的表现状态,才能为用户带来最优的操作体验。混合联动不仅能实现一个屏幕上的联动,甚至能够跨屏幕、跨终端实现信息联动。这是综合信息服务平台设计的最终用户模式,如图 4.37 所示。

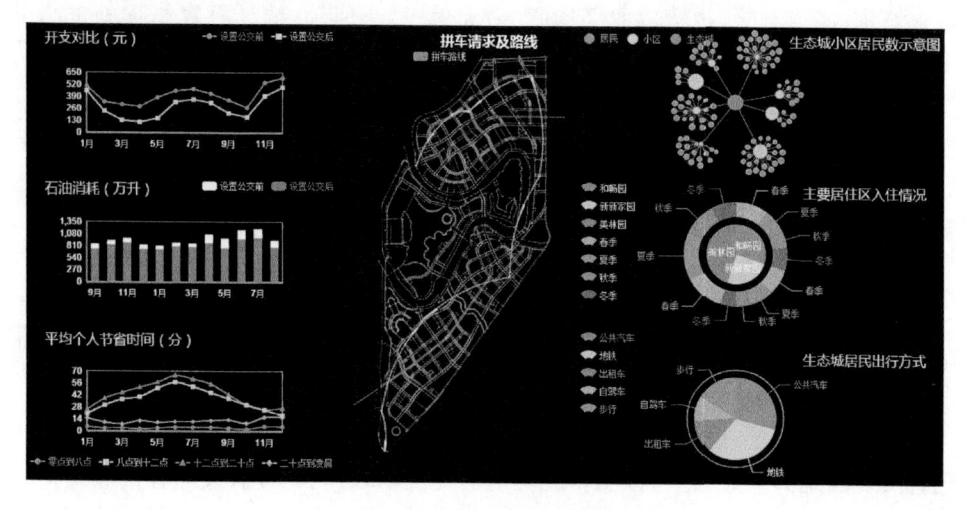

图 4.37 混合联动示意图

4.4.2 多源数据集成分析

地理信息技术的快速发展、城市大数据的采集、分析和决策应用为城市规划、管理和公众服务提供前所未有的机遇。多源数据集成分析是指利用地理信息和数理分析技术,以问题为驱动,满足智慧城市的各项应用需求,围绕城市运行的两个特征(融合、动态)进行模型构建。融合体现了集成化理念,即城市中的各类数据需要进行综合分析,体现城市间各要素互相促进或抑制的作用。例如,如果能快速找到某个建筑的所有相关信息,包括建设层面、经济层面、环境层面等,以及随时间变化情况,建筑各类属性的变化状态,那么就能从中得到一些正向或反向的相关关系,这的确是非常令人振奋的场景。

多源数据集成分析包括空间分析、数理分析,以及集成空间和数理方法的动态时空综合分析。

1. 空间分析

多源数据空间分析方法在综合信息服务平台中占据基础地位,包括空间图层叠置分析、网络分析和缓冲区分析等。

(1) 叠置分析

叠置分析是将同一地区的两组或两组以上的要素进行叠置,产生新的特征的分析方法[12],包括矢量数据和栅格数据叠置。

矢量数据叠置又细分为点与多边形、线与多边形和多边形与多边形的叠置。在叠置过程中可能产生新的数据或新的分析,如合成叠置,通过叠置形成新的多边形,使新多边形具有多重属性,即需进行不同多边形的属性合并,属性合并的方法可以是加、减、乘、除,也可以取平均值、最大值、最小值等;统计叠置是指确定一个多边形中含有其他多边形的属性类型的面积等,即把其他图上的多边形的属性信息提取到本多边形中来。

栅格数据叠置包含单层栅格叠置和多层栅格数据叠置分析。单层栅格叠置运算方法包括布尔逻辑运算、重分类、滤波运算、特征参数计算等。多层栅格数据叠置分析实现不同图幅或不同数据层的栅格数据叠置产生相应位置上的新属性。

(2) 网络分析

网络分析是依据网络拓扑关系(线性实体之间、线性实体与结点之间、结点与结点之间的连接、连通关系),并通过考察网络元素的空间和属性数据对网络的性能特征进行多方面的分析计算[12]。

网络分析中最基本、最关键的问题是最优路径问题。最优路径不仅指一般地理意义上的距离最短,还可以引申到其他的度量,如时间、费用、线路容量等。相应地,最优路径问题就成为最快路径问题、最低费用问题等。无论是距离最短、时间最快还是费用最低,它们的核心算法都是最优路径算法。最优路径分析在道路、管线、运河、交通线等城市规划方面非常有用。

(3) 缓冲区分析

缓冲区分析是根据点、线、面的实体,自动建立其周围一定宽度范围内的缓冲区多边形实体,从而实现空间数据在其邻域得以扩展的信息分析方法[12]。缓冲区分析基本思想是给定一个空间物体,确定其某邻域,邻域的大小由邻域半径 R 决定。建立点的缓冲区时,只需要给定半径绘圆即可。建立线的缓冲区就是生成缓冲区多边形,只需在线的两边按一定的距离(缓冲距)绘平行线,并在线的端点处绘半圆,就可连成缓冲区多边形。

图 4.38~图 4.40 是上述分析在综合信息服务平台中的应用场景。

图 4.38 空间叠置分析——所选区域既包含经济项目信息,又包含环境项目信息

图 4.39 最短路径分析

图 4.40　基于选中环境项目区域的缓冲区分析

2. 属性分析

除了上述耳熟能详的地理信息空间分析方法以外,针对属性数据的数理集成分析主要包括统计分析、相关性分析、回归分析、聚类分析、趋势面分析等。

(1) 统计分析

统计分析是指针对属性数据的数据特征分析,包括频数、频率、期望值、中数、众数等,以及统计数据的分类分级特征。统计数据分类分级的方法有多种,经常用到的有系统聚类法、最优分割分级法等[12]。

系统聚类法的基本思想首先是 N 个样本各自成一类,然后规定类与类之间的距离,选择距离最小的两类合并成一个新类。计算新类与其他类的距离,再将距离最小的两类进行合并。这样每次减少一类,直到达到所需的分类数或所有的样本都归为一类为止。

最优分割分组法是在有序样本不被破坏的前提下,使其分割的级内离差平方和为最小,而级间离差平方和为极大的一种分级方法,可以用来对有序样本或可变有序的样本进行分级。对于不同的分类方法,用户可以根据自己的需求而定。

(2) 相关分析

相关性分析是揭示不同要素之间相互关系的密切程度,不同要素之间相互关系密切程度的测定主要是通过相关系数来确定[19]。

(3) 回归分析

回归分析是从一组地理要素(现象)的数据出发,确定这些要素数据之间的定量表述形式,即建立回归模型。通过回归模型,根据一个或几个地理要素数据来预测另一个要素的值。

(4) 聚类分析

聚类分析,亦称为群分析或点群分析,它是研究多要素事物分类问题的数量方法。其基本原理是,根据样本的自身属性,用数学方法按照某种相似性或差异性指标,定量地确定样本之间的亲疏关系,并按这种亲疏关系程度对样本进行聚类。聚类分析的方法,是定量地研究地理事物分类问题和地理分区问题的重要方法。常见的聚类分析方法有系统聚类法、动态聚类法和模糊聚类法等[19]。

图 4.41 和图 4.42 是统计分析和相关分析在综合信息服务平台中的应用场景。

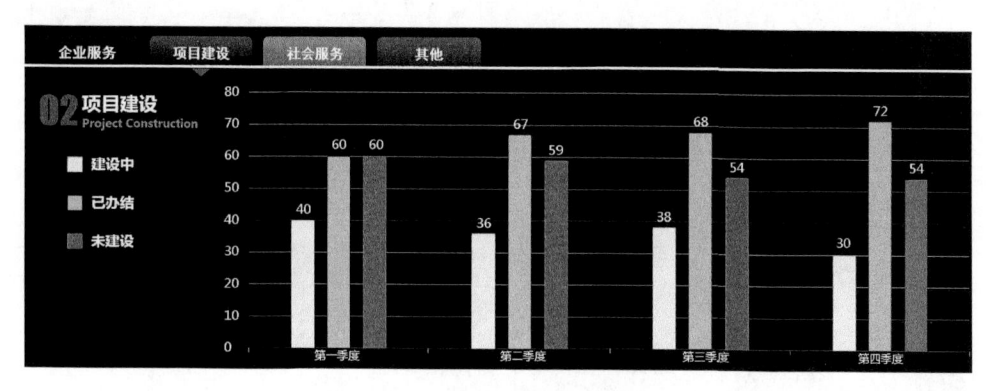

图 4.41 建设项目统计分析

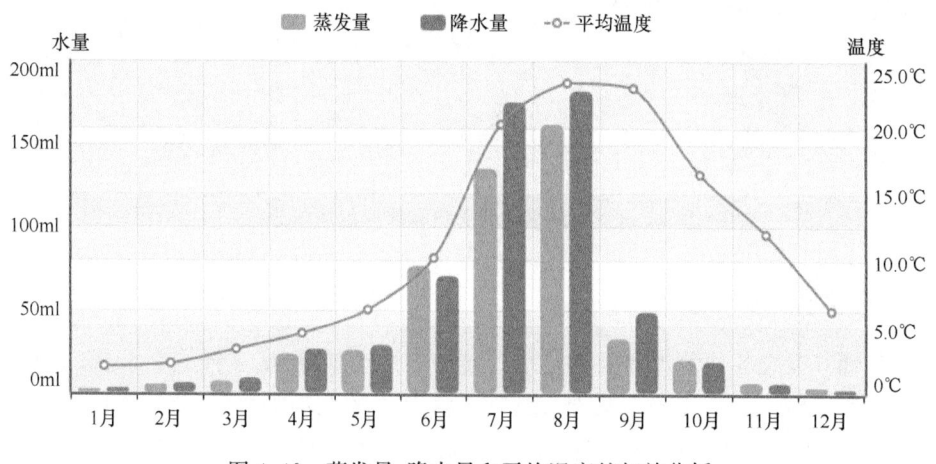

图 4.42 蒸发量、降水量和平均温度的相关分析

3. 时空动态综合分析

动态性是城市的重要特点,体现在城市里各种数据的实时采集,包括能源供给和消耗、企业经济、城市管理、环境指标、居民出行、车辆交通等。在智慧城市建设中,有效的分析和展示城市脉动,理解描述并引导城市动态、发现和表达不同时空粒度下的规律,从微观到宏观认知和把握纷繁多变的城市动态性,为城市决策和规划提供理论及技术支持。图 4.43 展示的城市事件的时空和多变量规律分析,通过联动不同时间的城市事件发生情况,进行多变量聚类,形成相应的城市大事件时空趋势图。

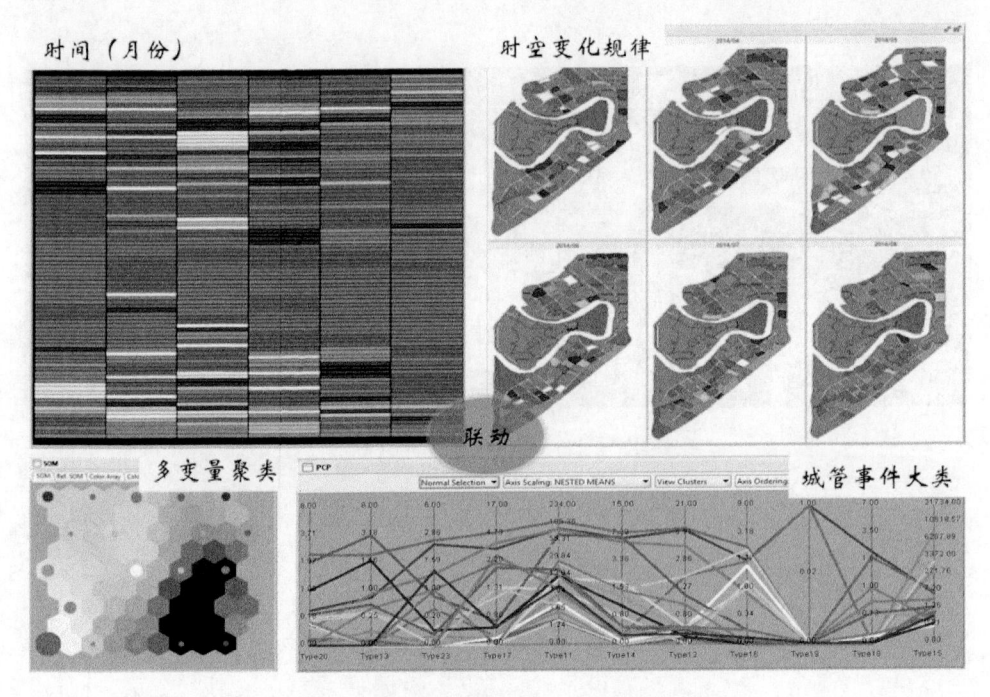

图 4.43 城市事件的时空和多变量规律分析

4.4.3 移动互联服务

移动互联服务的主要背景仍然是以地理信息为基础,从某种意义上说,其对地理位置的依赖前所未有,随着宽带无线接入技术和移动终端技术的飞速发展,人们迫切希望能够随时随地乃至在移动过程中都能方便地从互联网获取信息和服务,因此移动互联服务除了具有位置依赖的特点以外,在数据采集和信息表达上还具有自身的优势,体现出实时性、主动性的特点。接下来,将从实时数据采集和实时信息推送两个方面,阐述移动互联服务如何在智慧城市应用中发挥重要积极的作用。

1. 实时数据采集服务

在智慧城市建设过程中,城市运营过程中的多方位数据汇交到公共信息平台当中,包含政府历史职能数据、能源实时监控数据、车辆实时跟踪数据等,其中涉及人类属性的数据较少,对于城市中关键点人类行为缺乏必要的数据基础,而微观个体行为时空数据是城市活动——移动系统分析与研究的核心。在公众 GIS 平台的搭建过程中,为了充分发挥城市运营中的多方位数据的活力,利用移动终端的便利与普及性,设计了一整套移动终端数据实时性采集机制。以位置为核心,将用户行为数据汇入公众信息平台当中,连通城市部件中的人与物,一方面通过实时采集城市居民行为数据感知城市居民生活行为,为政府运营决策提供数据基础,同时通过数据推送连通城市各部件与城市居民之间的联系,真正让数据"活"起来。数据采集方式包括基于北斗卫星的移动数据采集、基于 LBS 的手机移动数据采集和新型移动数据采集三个方面。

(1) 基于北斗卫星的移动数据采集

北斗定位系统是新一代以卫星为基础的电子导航系统,以全天候、实时、高精度和自动测量的特点融入了经济建设和社会发展的各个领域,同时由于政府部门某些核心数据使用 GPS 定位存在一定的安全风险,北斗定位系统将在政府职能运营中扮演越来越重要的作用。在公众信息平台中,将北斗定位植入城管车辆、城市公交系统、能源监控点等城市职能中,通过移动基站不断向公众信息平台数据中心输送以位置为核心的多方位数据,通过北斗芯片提供的定位接口获取定位结果后,通过蜂窝网络回传定位信息至数据中心,同时利用北斗芯片授时功能纠正因网络传输产生的定位延迟。

(2) 基于 LBS 的手机移动数据采集

用户在移动终端上产生了大量基于位置的行为数据,由于总体数据量庞大、网络连接代价高昂,应充分利用数据本地化与网络状态智能化判断进行传输,将用户基于位置的行为数据以长字符串的形式存储在本地。当网络状态处于 wifi 等较为廉价的网络环境下,回传数据到信息平台中,后台将数据定期清洗,使用 ETL 等方式对数据进行再造、分析与展示。例如,用户在移动终端中输入公交查询的起始点和终点,可以采取将用户搜索请求本地化,待用户搜索到达一定数据量且位于良好情况时回传公众信息平台,平台根据回传数据对所有用户所有搜索结果进行分析,智能化重塑公交线路。

(3) 新型移动数据采集

近些年随着移动终端技术的迅猛发展,催生了多种新型移动数据采集方法,包括典型的基于蓝牙、wifi 定位技术,以及射频识别技术实现的移动数据获取。特别是，目前随着穿戴设备的高速发展，移动终端的范畴不断延伸，使得蓝牙通信技术在短距离终端数据同步上走向前台。又如，射频识别技术大量用于公交到站移动数据的获取，NFC 技术大量用于移动支付场景，这些技术都是通过重定义通信协议在硬件芯片上定义信息编码与解码规则，通过不同信道传输信息。随着移动终端计算能力的不断提升，与个体有关的各类数据将会通过移动终端进行采集，最终由移动终端汇总到信息中心。

实时数据采集的终端应用 APP 场景如图 4.44 所示。系统关注用户定位信息、用户邻居关系记录、水电煤气查询频次、环境指标查询频次、生态城旅游用户关注点等，移动数据内容本地化后，当数据量到达一定阈值，同时用户的网络状态处于 wifi 中，就将用户数据上传到公众信息平台。出于用户数据隐私考虑，不上传与系统功能无关的用户数据，同时对所有用户数据的存储、传输等进行加密，保证用户数据安全性。

图 4.44　移动数据采集

2. 实时信息推送服务

随着移动应用的不断发展与完善，推送服务已经成为不可或缺的功能。数据推送指的是根据用户个性化需求的不同，将有效的信息发送给目标用户。从本质上讲,推送服务属于一种信息服务,而推送技术的不断发展,推送数据的数据量、数据格式、数据形式都有了很大的变化,为数据推送服务的发展提供了更多可能。

在推送技术通信协议中,国外已经逐渐形成一系列标准规范,如可扩展通信和表示协议(extensible messaging and presence protocol,XMP),前身为 Jabber,是基于 XML 数据模型的开源网络即时通信协议,该协议成熟,现已由 IETF 国际标准化组织完成了标准化工作,目前主要用于聊天系统中。另一种消息队列遥测传输(message queuing telemetry transport,MQTT)是由 IBM 开发的通信协议,采用发布/订阅的消息模式。该协议简洁、小巧、可扩展性强、省流量。

移动终端实时信息推送的应用场景如图 4.45 所示。圈出的位置为自来水异常信息,对处于该居住区的居民用户推送相关的报警信息,用户能够即时了解异常信息,以便进行预案处理。

图 4.45 推送实时报警信息

在移动路径分析中,根据用户当前位置和状态推送下一步行走路线信息如图 4.46 所示。

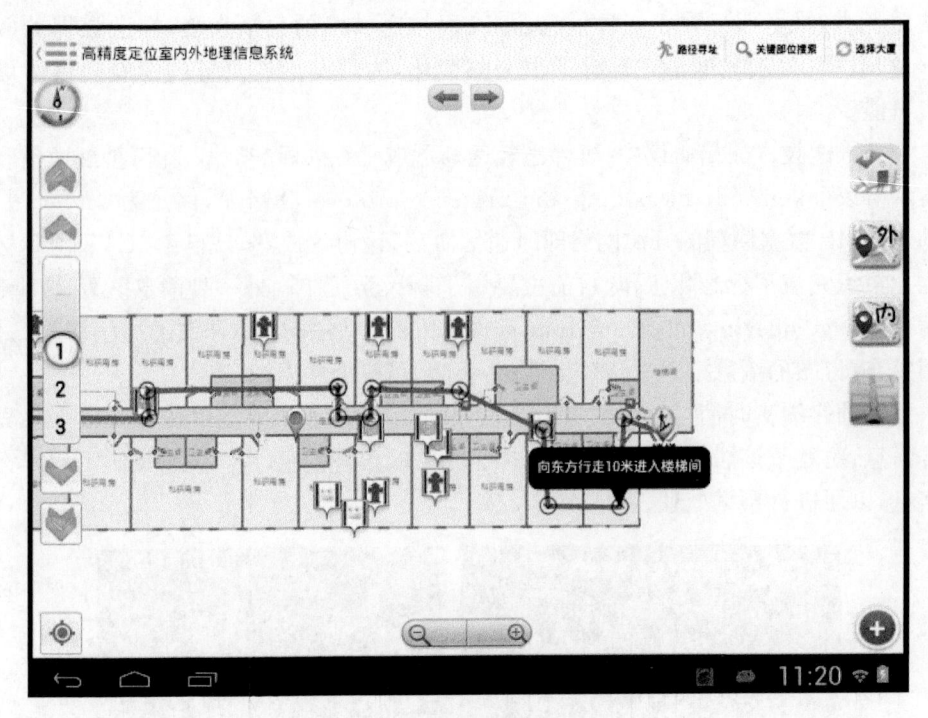

图 4.46　实时推送路径信息

4.5　信息服务开放接口

4.5.1　服务接口技术框架

1. 地理信息服务

地理信息服务最早由 Gunther 和 Muller 提出,为了吸引更多潜在的用户,提高地理信息系统的利用率,可以建立一种面向服务的商业模式。用户可以通过互联网按需获得和使用地理信息服务,如地图服务、空间数据格式转换、空间分析等。

空间信息公共平台地理信息服务包括要素服务、地理数据服务、影像服务、地图服务、缓存服务等,需要采用 GIS 服务器进行构建,GIS Server 能够将地图、空间数据和工具发布为服务,为满足大规模用户访问需求,需要构建空间数据库集群和 GIS Server 集群,还可以通过构建服务缓存的方式减小 I/O 操作,减小服务器承载压力,如图 4.47 所示。

根据数据体系划分,空间数据包括综合展示数据、自然要素、人工要素和事件要素数据、综合展示的影像、地形、二维、2.5 维、三维、实景等数据。自然要素包括

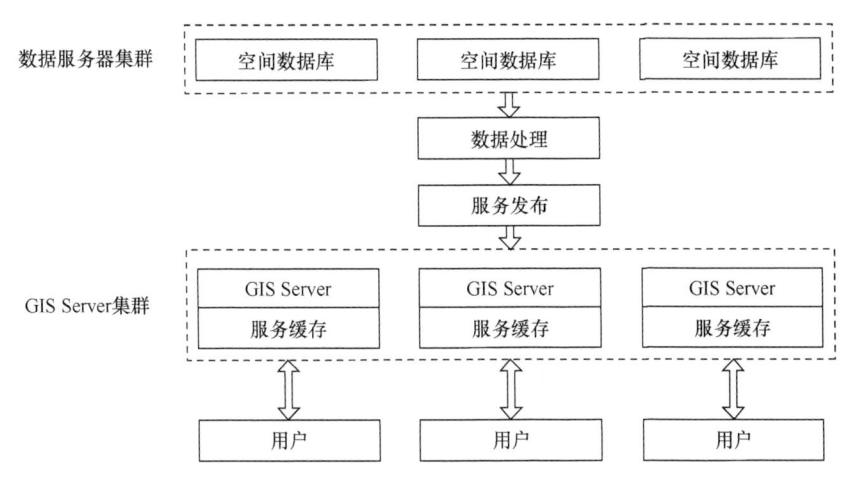

图 4.47 地理信息服务技术框架

水系、地貌、植被等数据,人工要素包括交通、管线、建筑等数据,事件要素包括经济、环境、城市建设等专题数据。

2. 通用信息服务

对于弱 GIS 服务,并不需要基于 GIS Server 进行构架,采用通用的服务框架和标准进行建设适用性更强,并且能够灵活扩展。

空间信息公共平台通过对来源于各委办局的业务数据进行转换、清洗、入库,形成具有良好体系结构的专题数据,根据各类用户的业务需求,对专题数据进行整合处理形成面向各领域问题的信息服务。通用信息服务的发布和管理平台可以采用通用 WebServices 框架进行构建,如 Axis2、Xfire 等(图 4.48)。

空间信息公共平台采用 Axis2 进行服务构建,Axis2 支持服务的热部署,保障平台为用户提供无间断服务,基于 WS 标准的服务适合任何支持 SOAP 协议的接口,如网页、JavaScript、Java、C♯、Flex 等。

4.5.2 服务接口基础功能

1. 数据汇交与分发

数据汇交接口是实现多源异构数据从各部门汇聚到空间信息公共平台的关键途径,也是保障公共信息平台数据实时性和动态性的重要工具。数据分发接口是以空间信息公共平台为数据源对外提供各类数据的接口,结合数据汇交接口为空间信息公共平台数据循环提供了动力。

数据汇交和分发接口包括文件和数据库两种类型。文件既包括文档、图片等非空间数据文件,包括 ShapeFile、File Geodatabase、XML 等空间数据文件,文件

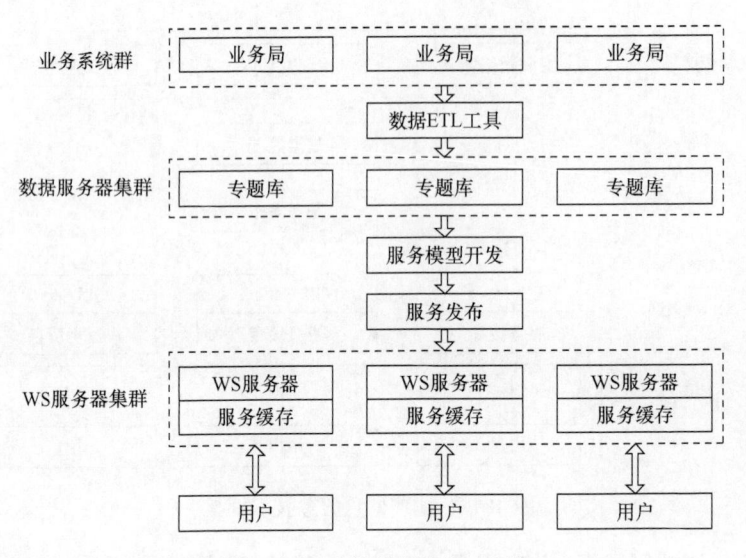

图 4.48 通用信息服务技术框架

采用上传/下载的方式实现,具体可以采用 HTTP 和 FTP 文件传输技术。数据库会更加复杂,因为可能涉及不同数据库和不同数据标准之间的转换。常用的关系数据库包括 Oracle、MySQL、SQL Server、PostgreSQL 等,常用的空间数据库包括 ArcSDE、PostGIS、Oracle Spatial 等,常用的非关系数据库技术包括 Hadoop、MongoDB 等,因此在设计数据库接口时既需要考虑数据标准,又需要考虑数据库技术。用户通过数据汇交接口将数据汇聚到空间信息公共平台,通过数据 ETL 工具将信息整理集成基于专题划分的数据仓库,通过对各专题信息进行组合形成针对某一应用领域的数据集通过数据分发接口推送给需要数据的用户实现整个数据循环的过程,如图 4.49 所示。

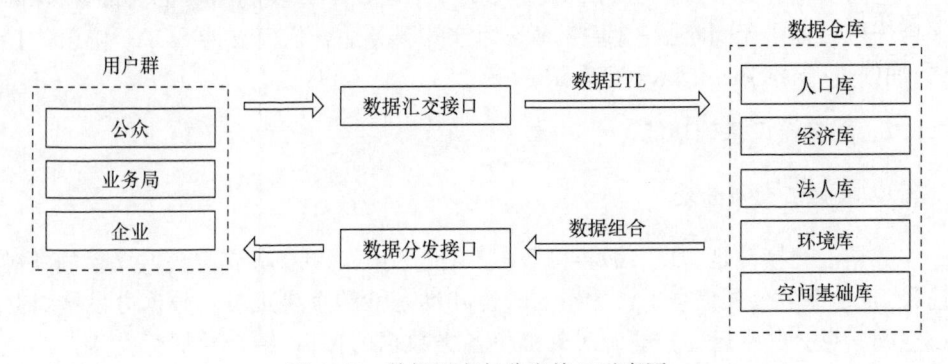

图 4.49 数据汇交与分发接口示意图

2. 数据查询与可视化

数据查询与可视化是空间信息公共平台的基础服务，用户可以根据自身的需要进行数据查询，并将查询到的数据结合空间信息进行展示。

空间信息公共平台提供了以空间信息为基础的信息查询与可视化方法。空间信息的查询与可视化主要是基于空间数据服务引擎 ArcGIS Server 进行构建，ArcGIS 提供了对应了 JavaScript、Flex、IOS、Android 等平台的可视化控件，可以根据自身需求进行灵活调用。空间信息公共平台通过全库索引、空间编码、空间关联等技术实现了海量非空间业务数据的快速查询和可视化功能，如图 4.50 所示。

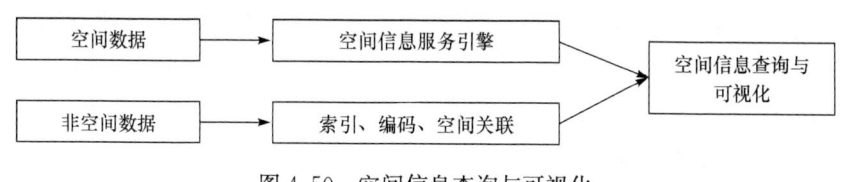

图 4.50　空间信息查询与可视化

3. 时空数据挖掘模型

数据挖掘又称资料探勘、数据采矿，是数据库知识发现中的一个步骤。数据挖掘一般是指从大量的数据中通过算法搜索隐藏于其中信息的过程。

空间信息公共平台除了提供统计、在线分析处理、情报检索、机器学习、专家系统和模式识别等数据挖掘方法外，还融入了大量的空间分析方法。常用的空间分析包括空间信息量算、空间信息分类、缓冲区分析、叠加分析、网络分析、空间统计分析等。通过构建时空数据挖掘模型，为用户提供深度定制的信息服务，涵盖卫生、教育、环境、商业等各个领域，如图 4.51 所示。

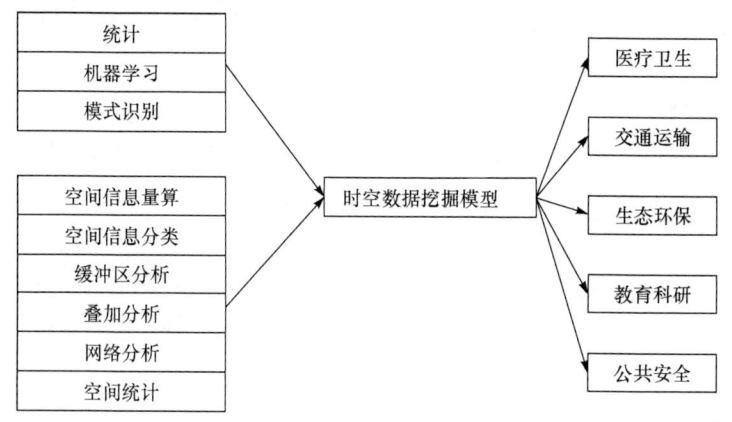

图 4.51　时空数据挖掘模型示意图

4.6 平台技术能力分析

智慧城市的核心理念之一是实现互联互通和资源共享,智慧城市空间信息公共平台的建设为达到这一目标提供有力的通道保障。智慧城市空间信息公共平台需要管理来自不同业务层面的数据,涉及种类繁多、数量庞大,难以通过单一数据库进行管理,必须构建一个能够灵活扩展、管理便捷的分布式数据管理系统。系统由多台服务器组成,通过网络互相连接,共同组成一个完整的、全局的大型数据中心。主中心对各分中心的运作执行统一协调和配置,这样不仅能够使得系统便于扩展,还能有效提高服务器的数据访问性能。基于城市数据中心,我们所研制的智慧城市空间信息公共平台在技术上具备时空数据多维可视化、时空数据仓库管理、空间信息服务、信息安全、分布空间数据 ETL 汇交、GIS 综合分析等综合管理、服务能力,不负智慧城市基础核心地位。

(1) 分布空间数据 ETL 汇交

为实现数据实时更新,提供连续的数据服务,系统建立分布空间数据 ETL 汇交中间件,空间 ETL 汇交接口实现了公共平台与业务系统之间的互联互通和平台数据更新,确保数据的完整性和实时性。采用工作流程对 ETL 任务进行管理,将空间数据自动融合到数据抽取、转换和装载流程中。通过管理平台配置数据汇交任务,并将汇交任务交由后台任务管理器自动定时执行,通过管理平台对数据汇交任务进行跟踪和监控。

(2) 安全管理功能

安全管理实现系统基础信息的自动化管理,以提高平台管理和运营效率,主要包括用户信息管理、权限管理、系统监控及日志管理、单点登录等模块。在用户管理中,通过建设系统用户数据库,实现管理用户、身份认证、权限等信息的安全管理。

(3) 时空数据仓库管理功能

城市具有强烈的时空特征,因此需要在传统空间数据库基础上增加对时空数据存储管理、时空索引、时空查询的数据管理功能。

(4) GIS 综合分析功能

GIS 综合分析是智慧城市提供智慧信息的技术基础,支持对智慧城市海量信息的空间运算、路径分析、数据融合、目标识别、优化调度等处理等功能。

(5) 时空数据多维可视化

多维数据可视化表达是体现城市空间尺度特点的核心思想。平台除了展示形式的多维性,例如二维遥感影像、二维矢量显示、2.5 维、三维实景、三维虚拟现实、室内外地图,以及具有时间特性的四维可视化,还有展示介质的多维性,体现在除了桌面 PC 屏,还有 LED 大屏、移动终端,甚至后续发展的全息投影介质。

(6) 空间信息服务能力

通过粒度划分和流程管理,实现系列微应用服务接口。微应用是基于空间信息公共平台中的微型服务应用。微应用接口是基于空间信息公共平台研发的客户化功能空间数据服务插件,即计算机软件承载在浏览器支持环境下或使用浏览器支持语言并依赖 Web 浏览器来渲染的应用程序,通过微应用接口的配置,可以帮助企事业单位和公众快速灵活定制专业应用程序。

参 考 文 献

[1] 刘春月. 淮安公用物流信息平台需求分析与平台功能设计[D]. 成都:西南交通大学博士学位论文,2009.

[2] 陈楠. 多源空间数据集成的技术难点分析和解决策略[J]. 计算机应用研究,2005,(10):206-208.

[3] 王野,汪艳霞,沈怡然. 数字城市地理空间数据共享和交换标准体系构建的探讨[J]. 测绘与空间地理信息,2013,(12):112-115,118.

[4] 罗卫. 电子政务环境下政府信息资源共享交换的实现机制研究[J]. 图书情报工作网刊,2010,(09):6-9.

[5] ISO 19119:2005. Geographic information-Services[S]. http://www.iso.org/iso/[2014-10-3].

[6] 田扬戈,边馥苓. 空间数据仓库的 ETL 研究[J]. 武汉大学学报(信息科学版),2007,(04):362-365.

[7] 孟令奎,张文. 分布式空间数据库的动态负载平衡算法[J]. 计算机工程,2008,(11):96-98,110.

[8] 王强,刘东波,王建新. 数据仓库元数据标准研究[J]. 计算机工程,2002,(12):123-125.

[9] De Clercq J. Single Sign-on Architectures[M]. Infrastructure Security, 2002:40-58.

[10] 胡圣武,李鲲鹏. 三维 GIS 关键技术的研究[J]. 地理空间信息,2008,(03):9-12.

[11] 李红旮,崔伟宏. 地理信息系统中时空多维数据可视化技术研究[J]. 遥感学报,1999,(02):74-80,84.

[12] 胡鹏,黄杏元,华一新. 地理信息系统教程[M]. 武汉:武汉大学出版社,2007.

[13] 黄易. 三维数据场可视化关键技术研究[D]. 哈尔滨:哈尔滨工程大学博士学位论文,2006.

[14] 郭达志,杜培军,盛业华. 数字地球与三维地理信息系统研究[J]. 测绘学报,2000,(03):250-256.

[15] Chao F,Chongjun Y,Zhuo C,et al. Parallel algorithm for viewshed analysis on a modern GPU[J]. International Journal of Digital Earth,2011,4(6):471-486.

[16] 宇林军,潘影.服务式 2D、3D 结合 GIS 的核心问题及其解决方案[J].地球信息科学学报,2011,(01):58-64.
[17] 汪成为.灵境(虚拟现实)技术的理论实现及应用[M].北京:清华大学出版社,1996.
[18] 周红军,王选科.虚拟现实系统概述[J].航空计算技术,2005,(01):114-116.
[19] 徐建华.现代地理学中的数学方法[M].北京:高等教育出版社,2002.

第5章 基于平台的主要智慧应用

5.1 概　　述

智慧应用是直接面向政府、企业和公众的应用服务体系,依托个人电脑、手机、平板电脑、大屏幕系统等信息显示终端,为用户提供全方位、主动式的定制应用服务。

从服务对象的角度进行划分,智慧应用通常包括智慧政务、智慧产业、智慧民生三大类。智慧政务主要围绕政府的职能工作,实现对城市各类设施的实时全面管理,对城市突发事件的快速应急指挥,对城市发展规划制定前瞻性决策方案,对城市居民的个性化需求提供主动服务。智慧产业侧重于城市产业经济发展,是指运用知识、信息、创新、高科技、专利等智慧行为进行生产创造,形成有形或无形智慧产品,并具有较高的自然、社会、经济、技术和环境等五律协同度的产业[1]。智慧民生是紧密围绕社会公众在衣食住行各个方面的个性化需求,提供便捷、文明、安全和健康的服务,其最终目标是实现居民生活幸福安康。例如,在便民方面,智慧民生致力于在社区层面提供智慧家居、物业管理等智慧服务;政府公共服务层面提供城市管理、交通、环保、公用事业缴费等方面的便民信息服务;电子商务层面则通过网络购物、送货上门等方式方便市民购物消费。在城市文明方面,智慧民生致力于实现文化、教育、休闲娱乐等领域的创新发展,使市民生活更加丰富多彩。在安全与健康方面,智慧民生致力于创新食品药品安全追溯管理手段,同时通过深化健康档案、电子病历应用,提升医疗卫生信息化服务能力。在智慧应用的具体建设实践中,我们发现智慧应用往往是政府、企业、公众三方相互影响、促进,很难单纯地划归于智慧政务、智慧产业或者智慧民生的任何一个领域。例如,在政府层面上,智慧环境需要打造一套完整的城市环境监测软硬件平台进行环境指数的监测、分析、评价与应急;在企业层面上,需要引入控制或降低污染排放的设备进行环境保护与自我监督;在公众层面上,需要引入全民参与的机制,进行环境污染的投诉监督。

智慧城市的智慧应用与智慧城市空间信息服务平台建设具有密不可分的关系。目前诸多智慧应用,在建设框架上与智慧城市空间信息服务平台的架构非常相似,其实质上是将二者混为一体进行建设。只有将智慧城市空间信息公共服务平台这一共性的核心平台抽离为一个独立的、可扩展的个体,针对其共性技术进行攻关,对公共开放数据进行统一管理,才能有效地降低智慧城市建设成本,才能规避在传统城市信息化建设过程中频繁出现的信息孤岛、资源浪费、数据冲突等问题,才是智慧城市建设的唯一捷径。智慧城市空间信息公共平台完成了智慧应用对城市各类数据资源的交换、整合、共享和发布的任务建设,能够为城市政府、公众、企业提供便捷的信息服务。

① 智慧城市空间信息公共平台的建设,需要运用新一代信息技术,如物联网、云计算、移动通信技术等,搭建全面互联、透彻感知的基础资源[2]。因此,建设公共平台所搭建的各种基础设施,为智慧应用建设打好坚实基础。

② 智慧城市空间信息公共平台的建设,通过数据采集和汇交体系,全面整合了包括但不限于政务相关的数据资源,如人口数据库、法人数据库、地理空间数据库、经济数据库、建筑数据库等公共基础数据库资源,此外还包括政务信息、公共服务等业务资源。公共平台为智慧应用的创新服务提供了数据支撑,进而支持建设城市大数据中心,使政府具有更强的决策力、洞察力和流程优化能力。

③ 智慧城市空间信息公共平台的建设,采用数据仓库、数据挖掘、知识库系统等技术手段,实现对公共信息和数据资源的多维分析。通过深入的知识挖掘,开发和整合相关应用系统的公共数据,可以洞察用户信息需求特征和行为特征,为用户提供个性化、针对性服务。此外,还可根据需求针对城市公共数据自动生成统计报表,从宏观和微观方面客观反映当前经济运行态势和社会管理情况,掌握经济社会发展的变化趋势,协助领导分析决策。

④ 智慧城市空间信息公共平台的建设,需要建设一套完整的运营和维护保障体系。该体系也能为智慧应用提供高效的维护管理和运行服务,保障智慧政务建设的安全、高效、可管、可控、可维护。

基于智慧城市空间信息公共平台所提供的数据服务接口、功能服务接口,智慧应用的建设可根据实际业务需求,建设支持网站、智能手机、城市显示屏等不同终端系统的智慧应用专题系统,以更加流畅的沟通渠道,更加丰富的互动方式,为公众提供便捷优质的政府业务服务,为企业创造良好的发展环境,使公众企业办事更加便利。同时,通过智慧应用系统的建设,为智慧城市空间信息公共平台收集到更多的公众公开数据,从而进一步为全局性的城市综合决策提供数据支撑。

5.2 智慧应用系统

目前,智慧城市的应用服务领域涉及城市管理和生产生活的各个方面,如智慧政务、智慧养老、智慧环境、智慧旅游、智慧医疗、智慧安监、智慧交通、智慧房产、智慧教育、智能家居等。本章节将首先对智慧政务和智慧社区这两个综合性的智慧应用进行介绍,然后再针对养老、环境、旅游、医疗、安监、交通、房产等专题应用进行说明。

5.2.1 智慧政务

在数字城市的建设进程中,电子政务被定义为"依赖于互联网或信息技术,使政府更加透明,促进公民参与,实现更为高效和优质的公共服务"[3-5]。然而,在电子政务的概念理解与实践中,更多是以政府组织为中心,将公民视为顾客,强调服务的供给,缺乏以公民为中心的主动的信息服务和网络互动。

在智慧城市建设阶段,由于信息社会愈发凸显多元化、复杂化的特点,智慧政务的建设需要政府去主动感知,聚合各种信息,更加积极地收集来自公民的需求信息,真正走进公民的日常生活世界,不断地自我更新与调适,实现可持续治理与公共服务。如今,快速发展的科学技术,为以公民为中心的智慧政务建设提供了重要技术支撑。依靠智慧感知、信息挖掘、云计算、虚拟现实,以及物联网等技术,可有效实现信息的实时更新、整合,以及服务内容、服务方式的动态调适。高速的网络传输、Web 3.0的语义网结构,以及个性化的信息终端设备,改变了公民和政府间沟通的方法,也实现了以公民或服务对象为中心的无处不在的信息跟踪服务。在泛在技术(ubiquitous technology)发展的基础上,通过多元的信息接收设备,将政府服务嵌入到公民的日常生活之中。通过基于身份信息的基础型数据库与基于生活动态信息的个人化数据库,以智能匹配技术进行服务需求信息的动态传播、采集和总体分析,通过得知公民或服务对象的即时需求,以个性化推介技术为其提供预见性的服务[6]。

因此,智慧政务是科技发展的必然产物,也是政府从被动服务型走向主动服务型的必然产物。与传统电子政务相比,智慧政务具有透彻感知、快速反应、主动服务、科学决策、以人为本等特征[7]。智慧政务是一个完整综合的建设体系,以服务公众为核心,以公众需求为导向,以数据资源整合、共享为基础,充分利用大数据、云计算、物联网、3G、无线网等各种新技术,不断创新政务服务模式,实现主动、高效、个性化的公共服务。

智慧政务的建设,通常需要从以下几个方面入手。首先,运用物联网、云计算、移动通信技术等新技术,搭建全面互联、透彻感知的基础设施,为智慧政务打好坚实基础。其次,全面整合政务信息和数据资源,如人口数据库、法人数据库、地理空间数据库、经济数据库、建筑数据库等公共基础数据库资源,以及政务信息、公共服务等业务资源,为建设政务的创新应用和创新服务提供数据支撑。再次,建设智慧城市公共平台,提高政务资源的共享复用率,提升各类业务的综合整合能力,实现智慧政务基础设施资源共享、统一调度。此外,还需采用数据仓库、数据挖掘、知识库系统等技术手段,建立决策分析系统,对信息和数据资源进行多维分析,开发和整合相关应用系统,依托于网页、智能手机、城市显示屏等设备。一方面为用户提供个性化、针对性服务;另一方面,辅助领导全面把握城市脉搏并分析决策。最后,贯穿智慧政务建设始终的，就是建设一套完善的运营和维护保障体系，保障智慧政务建设的安全、高效、可管、可控、可维护。

从智慧政务的应用功能而言，智慧政务可归总为智能办公、智能监管、智能服务和智能决策四大主体功能。智慧政务的建设内容如图 5.1 所示。

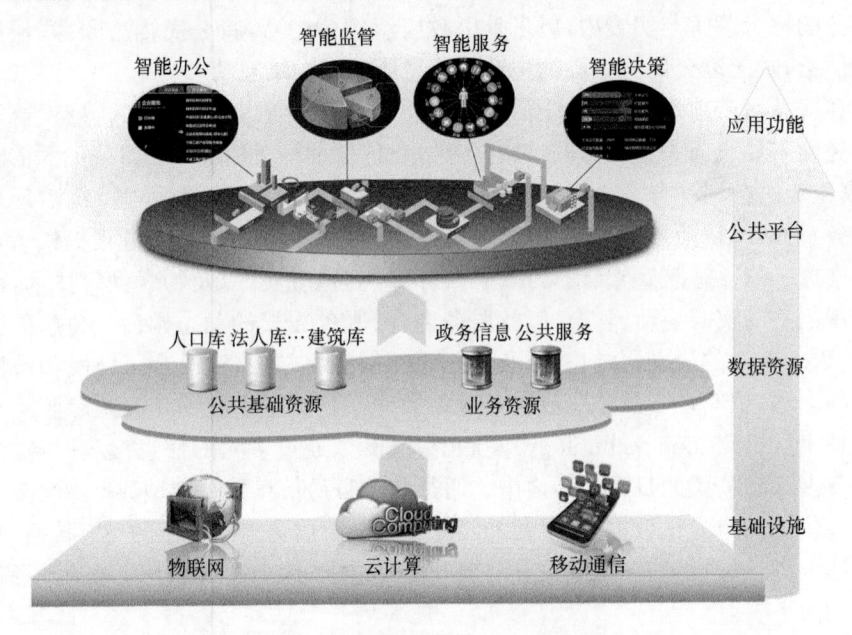

图 5.1　智慧政务建设内容示意图

（1）智能办公

在智能办公方面，采用人工智能、知识管理、移动互联网等手段，将传统办公自动化系统进行改造，使得系统能够将代办事项根据重要程度、紧急程度等进行排序，通过邮件、短信等方式自动提醒工作人员对相关工作进行处理。此外，智能办公系统还可以根据政府部门工作人员的职责、偏好、使用频率等用户行为，对用户界面、系统功能等进行自动优化。随着移动互联应用的兴起，智能办公还具有移动办公功能，工作人员随时随地可以进行协同办公。

（2）智能监管

在智能监管方面，智慧政务可以实现如下功能。

① 对监管对象的自动感知、自动识别、自动跟踪。例如，在主要路口安装具有人脸识别功能的监视器，就能够自动识别逃犯等；在服刑人员、嫌疑犯等身上植入生物芯片，就可以对他们进行追踪。

② 对城市事件进行自动报警、自动处置等。例如，利用物联网技术对山体形变进行监测，可以对滑坡进行预警；当探测到火情，建筑立即自动切断电源；当发现

企业偷逃税等行为后,可以根据执法人员需求自动调取有关材料,生成罚单,方便执法人员执行公务。

(3) 智能服务

在智能服务方面,能够自动感知、预测民众所需的服务,为民众提供个性化的服务。这类智能服务的实现,需要依托一系列面向不同应用专题的智慧应用系统(智慧交通、智慧医疗、智慧旅游)等。例如,在斑马线安装传感器,当老人、残疾人或小孩过马路时,智能交通系统就能感知,适当延长红灯时间,保证他们顺利通过。又如,城市居民外出旅游时,根据游客的类型、预算、时间、喜欢等信息,为游客规划、推送最优的旅行方案,并提供便捷的酒店预订、门票购买、路径导航等服务。政府网站为民众提供场景式服务,通过政务热线可以将公众对政府各部门的服务请求进行集中统一的受理和回复,并通过语音、视频、Web、WAP、短/彩信、传真、邮件等多种途径为公众用户提供服务。

(4) 智能决策

在智能决策方面,采用数据仓库、数据挖掘、知识库系统等技术手段建立智能决策系统。该系统能够根据领导需要自动生成统计报表;开发用于辅助政府领导干部决策的"仪表盘"系统,把城市经济运行、社会事件进展、城市部件管理、生态环境变化、能源消耗情况等实时、动态、形象地呈现在政府决策者面前,便于及时把握城市脉动情况并作出正确决策。

5.2.2 智慧社区

城市是人类文明发展的产物,社区是其最基本的组成部分。社区作为城市居民生存和发展的载体,其智慧化是城市智慧水平的集中体现。智慧社区建设将智慧城市的概念引入了社区,是指充分利用物联网、云计算、移动互联网等新一代信息技术的集成应用,为社区居民提供一个安全、舒适、便利的现代化、智慧化生活环境,从而形成基于信息化、智能化社会管理与服务的一种新的管理形态的社区[8]。

智慧城市空间信息公共平台全面整合社会管理服务六大要素包括人、地、事、物、组织、情,通过系统搜集、整合、分析、汇总相关信息和诉求,实现人口信息、地名地址、事件、城市部件、组织、社情民意等社会管理要素与计算资源、存储资源、通信资源、软件资源、信息资源、知识资源的全面共享。基于智慧城市空间信息公共平台所提供的数据服务接口、功能服务接口,智慧社区的建设可根据实际业务需求,建设解决社区实际问题、提高居民生活质量的专题系统。

智慧社区的建设内容,主要包括两个方面,如图5.2所示。一是智慧城市的各类应用服务在社区内部的延伸,如以养老院和以居民小区为不同管理对象的智慧养老系统、社区智慧医疗系统等。二是针对社区自身事务的智慧管理系统建设,主要包括以下方面。

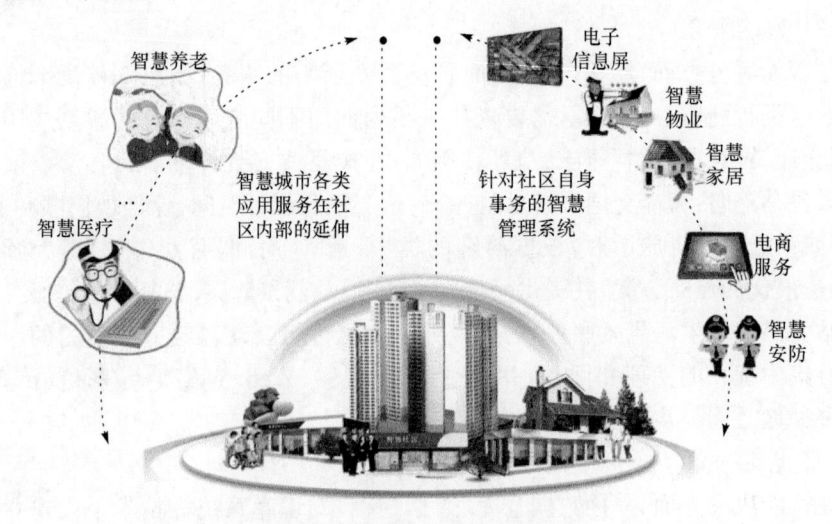

图 5.2　智慧社区架构概念图

(1) 智慧安防监控

智慧安防监控包括社区安防系统和视频监控管理两方面内容。

智慧社区安防系统是一个技术性和综合性很强的系统。社区安防系统主要包括小区周界报警系统、家庭防盗系统、电子巡更系统、楼宇对讲、可视系统和门禁系统等子系统,由社区专门管理中心统一协调管理。对社区警情实现三级"社区保安中心—街道治安办—公安局"上传,做到报警情况的恰当处理,并实现家居安全防范报警系统和周界报警系统的全方位报警处理和安全防护[10]。智能社区的安防系统通过各个子系统之间的有机结合,严密监控,确保社会、社区居民的生命和财产安全,实现社区的安全智能防范管理。

视频监控管理是对社区内的出入口、主通道、楼宇、电梯内部的过道、事态、人流等动态状况进行监视,以便对各种异常情况进行实时取证、复核,达到及时处理的目的。视频监控管理系统通过专业视频线缆进行传输,通过网络进行远程登录浏览,方便社区管理人员通过有线或无线网络对社区内情况行全面查看监管[10]。

(2) 智慧物业管理

传统的社区物业管理工作流程繁杂、多样,收缴费用繁琐,建设智慧社区数字化系统平台可以更好地实现物业信息化管理和物业的多种智能管理。运用现代控制技术、自动控制技术、通信技术等高新技术和相关设备,集成物业管理的多种系统,如停车场管理、闭路监控管理、门禁系统、智能消费、电梯管理、保安巡逻、远程抄表、自动喷淋等,实现对物业设施、物业环境、物业消防、安保等的自动控制和集中管理,全面提升社区物业管理水平[10]。

通过与空间信息公共平台的数据交换,管理社区系统的基础数据,包括小区信息、房屋信息、业主和住户信息、车库和车位信息等。

(3) 电子商务服务

社区电子商务服务指在社区内的商业贸易活动中,实现消费者的网上购物、商户之间的网上交易、在线电子支付,以及各种商务活动、交易活动、金融活动和相关的综合服务活动,社区居民无需出门即可无阻碍的完成绝大部分生活必需品的采购。

(4) 电子信息屏系统

一个社区的信息畅通与媒介传播途径的多元化是体现城市进步的一个主要象征,为了推动社区各类服务信息的发布,在智慧社区信息化服务平台建立电子信息屏系统,根据需要实时展示社会信息、发布通知。

电子信息展示屏具有播出政府公告、宣传片、报时、天气预报、公益广告等功能,还可以展示城市和社区在人文、科技、环保、建设等方面所取得的变化和发展。同时,电子信息屏可以实现单画面全屏显示、多屏同步显示和多画面分屏显示功能,为社区生活信息、政务信息,以及其他相关内容及时展示与发布提供载体,为居民生活提供信息窗口。

(5) 智能家居系统

智能家居是以住宅为平台,以建筑、网络通信、信息家电、设备自动化,集系统、结构、服务、管理为一体的家居系统[11]。通过智能家居无线物联网网关设备和传感器节点设备等建立面向家居的无线物联网,全面感知家居安全、健康、节能等信息,通过信息的聚合、融合、分析、处理和控制,支持社区为家庭提供及时、互动和高效的信息服务。常见的配置有中央控制系统、智能窗帘系统、智能照明系统、家居安全防范、家居智能网络、智能家电系统、背景音乐系统、门禁系统、远程控制系统等。

5.2.3 智慧城管

随着中国经济的不断快速发展,城镇化建设力度逐渐加大,城市现代化建设进程也不断加快,城市面貌发生了巨大变化。由于城镇化过程短,城镇人口结构复杂,城市管理长期以行政管理、粗放式管理为主,管理理念和方法长期相对滞后。进入 21 世纪以来,传统的城市管理体系越来越不适应社会形势的发展,主要表现为信息滞后、管理被动后置、缺乏有效的监督和评价机制等。从 20 世纪末中国开始建设城市管理信息化以来,解决了部分城市管理难题,但离真正实现数字化、自动化甚至智能化的城市管理还有很大距离。例如,目前城市管理的问题信息来源绝大部分还是群众电话、信访或者媒体,问题得不到及时发现和解决。因此,有必要借助于最新的物联网技术,构建新型的城市管理体系,以便可以快速自动地获取信息、处理信息,并迅速做出反应和决策,满足现代化城市管理的要求,真正构造智慧城管[12]。

智慧城管是充分利用物联网、云计算、信息融合、网络通信、数据分析与挖掘等现代信息技术手段,强化信息获取自动化、监督管理精细化、业务职能协同化、服务手段多样化、辅助决策智能化、执法手段人性化,通过信息资源整合实现城市管理要素、城市管理过程、城市管理决策等全方位的智慧化[13]。在通常情况下,可采用万米单元网格管理法和城市部件管理法相结合的方式,开发基于终端设备的城市数据采集、数据整合分析、信息响应联动等应用子系统,实时监控城市运行情况,及时发现井盖丢失、城市公共设施损坏、交通车祸、违章搭建、暴力伤人、火灾报警等突发情况,及时与警务人员、城市消防员、政府业务人员进行沟通指挥,处理各种大大小小的城市不良"风景线",保证市民正常生活和城市正常运转。

如图 5.3 所示,执法人员通过终端对突发事件进行实时上报,整合分析调度中心接收消息并处置,多个部门联动响应,实现线上线下合作。

图 5.3　智慧城管响应示意图

智慧城管系统的建设,对于城市管理部门而言有助于提升其发现问题和解决问题的能力、服务大局高效办事的能力、履行本职开拓创新的能力、应急联动的能力、打造品质城市的能力。

智慧城管是较数字城管更为高级的城市管理模式,其发育、成长和全面铺开离不开数字城管的充分发展和经验积累。因此,智慧城管的应用建设,需要对现有城市管理信息系统(如停车资源管理、城市部件管理等)进行整合、优化、扩建和升级,并增加物联感知和智能分析的要素,重点建设以下系统。

(1) 城市基础设施智能监管系统

基于智慧城管物联网平台,利用 RFID、传感器等物联网相关技术,对广告牌、地下管线、桥梁、河道、城市亮灯、环卫作业车辆、建设工地等城市管理对象进行智能化监管,增强数字城管系统软硬件运行状态的自动预警和动态感知能力。例如,通过在广告牌中放入 RFID 芯片,借助实景影像信息系统,实现广告牌等街面城市管理基础设施的全景建库和全生命周期管理;通过接入城市地下管线信息运行状态信息,对地下管线安全状况进行监管;通过在桥梁、道路上安装远传地磅、监控探头,实现对超重车辆的实时发现,为交警、路政等部门执法提供信息;通过在建设工地上安装视频监控、噪声监控等设备,实现建设工地施工情况的远程智能监管。

(2) 城市街面秩序智能管控系统

基于视频预警和智能分析技术、GIS 等技术,通过接入交警视频信息以及沿街商铺和单位信息的采集建库,借助执法终端,建立覆盖城市、区县、街区、设区等不同等级的图文互动的城市街面秩序智能管控平台,实现街面秩序混乱情况的自动监察和远程取证采样,提高城市日常街面秩序的管控能力以及重大事件处置反应能力。

(3) 城市管理全民公共服务系统

建成一批面向市民的手机等智能终端应用,以市民热线、短信服务、微信、微博、智能手机 App 应用、网站互动、城市论坛等为载体,提供集便民服务、宣传引导、预警预告、互动奖励为一体的智慧城管应用服务,提高市民在城市管理方面的参与度与互动性。特别是在原有数字城管、市场化信息采集的基础上,通过公共服务平台,调动市民群众等社会力量,实现人行道违停、井盖丢失、护栏破损等城市管理信息的社会化采集,逐步实现市民共管的城管管理新格局。

(4) 协同办公与综合指挥系统

首先,建立顺畅的城管事务网上办理渠道,实现从信息采集、立案受理、执行处置和结案归档等全程网上办理。其次,实现城市管理部门与政府其他相关职能部门业务系统信息的互联和实时交换,建立网上协同工作平台,设立信息受理终端,实现相关信息的及时移送和任务的快速派遣,确保智慧城管协调有力、运作高效。同时,围绕数据资源集中整合利用、"平战"结合、统一通信、集中指挥、信息发布等方面,实现数据集中综合展现、统一通信联动指挥、前置预案机制和流程管理、决策智能辅助指挥和综合信息发布等应用功能,满足城市管理的日常保障和战时指挥需要。

(5) 城市管理分析决策系统

基于智慧城市空间信息公共平台的城市开放数据,综合其他各类城市管理信息系统的运行数据,建立城市管理智能预警以及分析决策模型,进行数据挖掘和分析,实现对城市管理难点热点问题、城市管理指标,以及各类城市管理专题的智能分析、预警和决策。

5.2.4 智慧交通

智慧交通系统是指将电子、信息、通信、控制、车辆,以及机械等技术融合于一体应用于交通领域,并能迅速、灵活、正确地提出解决方案,以改善交通状况,使交通发挥最大效能的系统[14]。智慧交通是 2009 年由 IBM 提出的理念,在智能交通的基础上,融入了物联网、云计算、大数据、移动互联等高新 IT 技术来汇集交通信息,提供实时交通数据下的交通信息服务。智慧交通需要建立一个全方位、实时准确、高效的综合运输系统,达到保障安全、提高效率、改善环境、节约能源的目的,即在较完备的道路基础设施基础上,将先进的交通理论与各种高新技术集成运用于道路交通运输的全过程,加强人、车、路三者之间联系。通过智能化地收集、分析交通数据,及时地反馈给系统的操作者或驾驶员,系统操作员或驾驶员借助于即时处理后的交通信息,迅速做出反应,以平衡交通资源和改善交通状况[15]。智慧交通综合示意如图 5.4 所示,其主要内容包括以下几个方面。

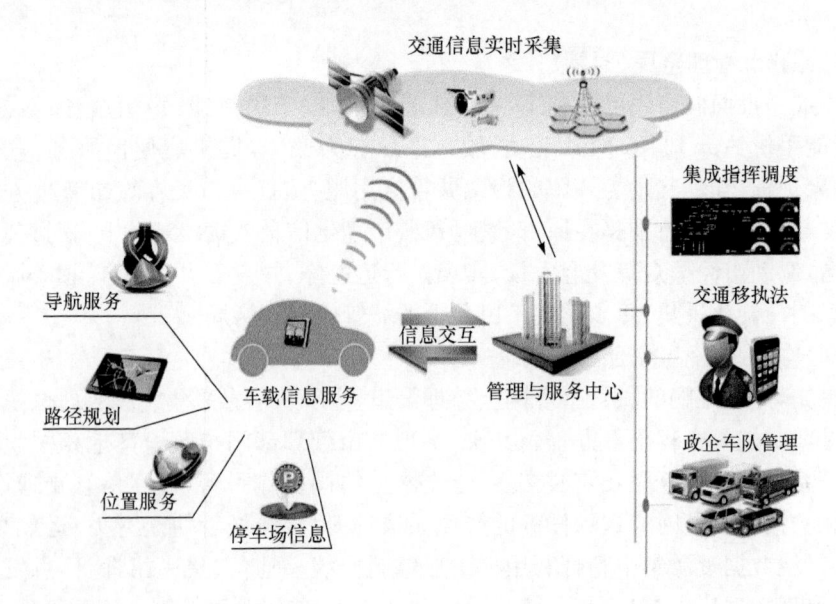

图 5.4 智慧交通概念图

（1）交通信息实时采集

早期交通信息采集一般采用环形线圈检测器、磁感应检测器等，随着技术的发展，光辐射检测器、雷达检测器、射频识别采集器等逐步进入主流领域。近年来视频检测、GPS导航定位、北斗定位逐渐成为交通信息的主要检测设备和手段之一。综合利用这些手段，对城市出入口车辆通行信息、城市内部车辆通行信息、停车位信息、车辆位置信息等进行采集，从而为智慧交通提供最基础的数据信息。

（2）交通路径动态规划

根据实时监测的交通流量信息、路况信息、道路限行信息，按照用户指定的起止点位置，利用GIS路网和动态规划、智能分析的方法，进行最优路径、最短路径的选择，从而有效地降低运输成本和时间成本，提升城市道路交通的使用率。

（3）集成指挥调度

将电视监控、交通信号控制、交通状态分析、交通流检测、交通信息诱导发布、闯红灯监测、治安卡口监测、GPS车辆定位、110/122接处警、交通紧急救援、车辆驾驶员管理、违章管理、事故管理等各应用系统中的信息进行整合，为交通、公安部门对事件的联动控制和应急处置提供支撑。

（4）交通移动执法

通过虚拟专线接入等技术，为交通运政执法部门提供可以实时快速查询车辆驾驶员等重要信息的数据服务，整合公务通、执法通和视监通多个功能应用，为广大干警实现真正意义上的移动办公，方便干警工作，提高破案率，保障社会和谐，并为大型勤务活动提供更加完善的安全保证。

（5）政企车队管理

结合政企行业客户车辆管理需求和智能交通发展趋势，整合无线视频监控、语言对讲、人员定位业务、呼叫中心等多项产品和服务，帮助政企客户提高运营效率，降低管理成本及安全风险，提升业务响应速度和最终用户服务感知，帮助客户建设打造现代数字企业。

（6）车载信息服务管理

面向公众车载信息服务市场提供相关服务及应用整合、汇聚、开放的平台，通过统一的平台实现产品和服务的加载、管理、鉴权、计费、结算，为各车载业务提供商（车厂/4S店）提供一站式信息服务应用；面向私家车主提供出行导航、紧急救援、远程诊断等多项车载综合信息服务。

近年来，随着经济的高速增长和汽车保有量的激增，交通拥挤和交通事故频发等造成了越来越巨大的时间浪费、财产损失和环境污染，交通问题已成为包括我国在内的世界各国政府共同面临的重要难题之一[16]。智慧交通是伴随着生产力的发展和社会转型，由生产力对交通发展的支配性而引发的交通供给与交通需求相匹配的深刻认识，从历史的交通发展与生产力之间的自相似同构性中可以看到，不同的社会形态对应不同的产业形态,不同的产业形态而导致的交通形态和交通需求也是不一样的。社会形态的不断进化,交通形态、交通需求也随之自相似的同构进化。当今的信息化社会,其知识、信息密集型的生产形态就对应着综合交通和个性化的交通需求特征[17]。在城市的可持续发展中,由于可供修建道路的土地和空间有限,仅靠新建道路的方法难以解决目前城市所面临的主要交通压力和问题。应用现代高新技术将交通需求与车辆和道路联系起来系统地解决交通问题,成为智慧交通的核心思想和发展趋势[17]。

5.2.5 智慧环境

智慧环境是以绿色环保理念为基础,依托智慧技术通过对环境信息的综合分析,把人类的生存和生活环境变得更加智慧化[18]。智慧环境将传感器、智能卡、电子标签、识别码和摄像头等感知设备装备嵌入到环境资源开发、利用和保护等各个层面,采集和捕获相应的环境信息,实现对环境信息的智能化感知,并通过高速的通信网络实现环境信息实时、快速的传输,利用智慧支撑技术完成海量环境信息的分析、处理和决策,最终实现环境信息的实时监测和智能化管理[19],如图 5.5 所示。

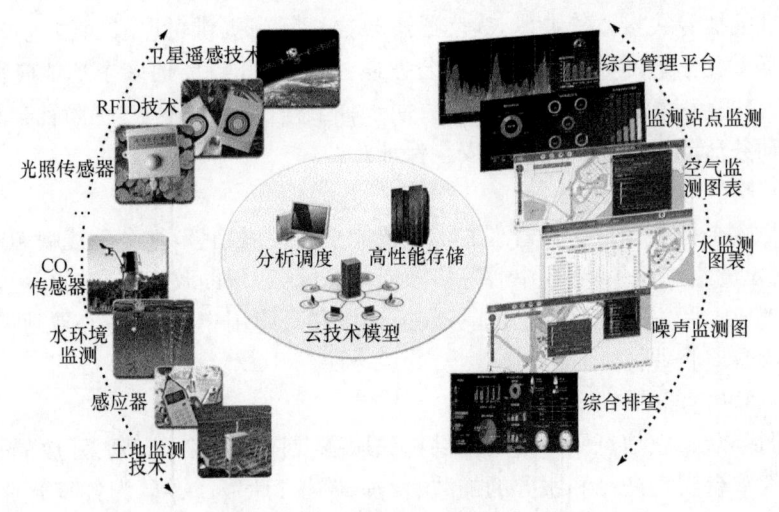

图 5.5 智慧环境示意图

智慧环境是物联网技术与环境信息化相结合的产物。智慧环境综合利用传感器实现对环境质量、污染源、生态、辐射等环境因素的感知,通过环保专网、电子政务网、运营商网络及卫星通信网络,将个人、企业、社团组织和环境监测与管理信息系统中储存的环境信息进行交互和共享,实现互联互通,并以云计算、虚拟化和高性能计算等技术手段整合和分析多维度海量的跨地域、跨行业的环境信息,实现海量数据存储、实时处理、深度挖掘和模型分析。此外,利用云服务模式,建立面向对象的业务应用系统和信息服务门户,向社会公众发布环境信息,便于公众参与污染治理与监督;为环境保护科学研究提供全面的科学数据;为节能减排、污染防治、生态保护、核与辐射管理等环保业务提供决策支持[19]。

智慧环境包括针对水体、大气、噪声、放射源和废弃物等几类典型环境保护对象,构建实时感知网络和高速信息传输通道,建设具有高性能计算能力、海量数据存储能力、适量数据挖掘能力和智能环保数据可视化能力的高性能智能信息处理平台,建设集监测中心、监控执法中心、数据交换与共享中心、应急指挥中心、电子政务管理中心和教育展示中心于一体的智慧环境管理系统[18]。下面从空气、水环境及噪声三方面介绍智慧环境应用。

(1) 空气环境监测

空气环境监测主要内容是对大气中的污染源粉尘、SO_2、NO_x、CO 等污染物进行监测,对观测站点采集的数据,通过传输网络发送到数据采集中心,并经过数据清洗、汇总、入库等处理工作,依托环境监测软件系统,将空气质量信息在监测中心以数据报表、专题统计图、专题地图等方式直观地展现给业务人员和公众用户。此外,依托智能分析功能,还可以将空气环境数据定制整理成用户感兴趣的服务进行信息推送。

(2) 水环境监测

传统的水质监测通过采集水样,然后在实验室测定。目前逐步发展的基于无线传输网络的水体物理性质和水质状况的传感器。通过在水域架设多个定点无线传感器网络节点并构建一个观测与数据采集传输系统[18],把定点测量的实时数据传输到环境业务系统,空间信息公共平台从环境业务系统汇集和整理数据,向用户提供水环境信息的应用。

(3) 环境噪声监测

环境噪声污染主要来源包括交通噪声、工业噪声、施工噪声和生活噪声。在城市环境中,噪声污染已经成为干扰人们正常生活的主要环境问题之一。建立噪声自动监测监控系统,对环境噪声排放情况实施动态监测,同时环境监控系统可以方便地连接已有的自动监测站,采集的数据可以实时传输到数据中心,对城市的噪声数据进行总体控制[22]。

5.2.6 智慧安监

智慧安监是运用物联网技术、云计算、智能视觉、信息传输技术等基础设施平台,采集与安监有关的监测设备的实时数据,整合安全生产监督管理信息资源,建立数据采集、电子政务、监测预警、应急救援等基于物联网的信息系统,实现安全生产监管业务与信息化的深度融合。

智慧城市空间信息公共平台标准化的平台体系与技术接口,可为智慧安监提供共享、感知数据、海量信息智能化处理服务。首先,智慧城市空间信息公共平台建设能够实现感知数据的集中管理和智能分析,基于城市主要基础资源数据库系统,在遵循统一标准规范的基础上,逐步完善安全监管基础数据库、应急救援专业数据库、地理信息数据库等建设,建成覆盖安全监管对象的感知网络,实现对安全监管对象动态监测。其次,智慧城市空间信息公共平台实现了多部门共享数据的融合,能够为智慧安监提供跨部门、跨区域的共享数据,能够打破阻碍安防行业发展的行政、技术、应用等壁垒,破解行业应用孤岛和行业应用碎片化现状,形成跨行业统筹建设、全社会资源共享、多行业综合应用的格局,实现海量的跨部门、跨行业异构数据的存储能力,对海量异构数据进行高效分析、计算和处理,构建基于数据分析和知识管理的智能应用能力。再次,智慧城市空间信息公共平台能够通过现成的功能接口,高效辅助实现智慧安监对安全监管部门"防、管、控"三大业务需求融于一体的应用功能,实现安委会成员单位对企业监管信息的互联共享和智能关联,构建一体化的隐患排查治理系统,全面排查治理安全生产隐患及支持现场行政执法、隐患排查、事故应急救援。图5.6显示了全面的安全生产监控网络,通过终端监测设备对安全生产现场进行全方面监控,协调公安、消防、医疗等多个部门对突发事故进行应急处理。

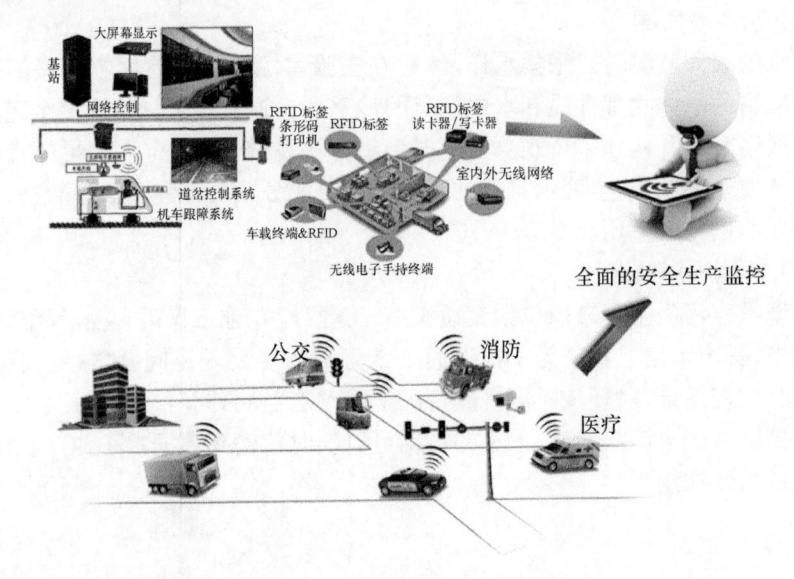

图 5.6 全面的安全生产监控

智慧安监建设的主要内容包括以下方面。

① 智慧安监物联网信息化平台建设。该平台能够将物联网集成应用在安全生产监督管理行业中,对现场传感器传回的数据、危险源或隐患的基础数据、责任

单位基础数据、安全生产数据和安全管理数据进行实时自动收集、分析、存档,根据需要生成各类报表,实现感知数据的统一集中管理、海量信息的智能化处理,提升科学决策水平和管理水平。

② 智慧安监智能分析系统。系统能够面向安全生产监督管理、控制与服务的应用模式,并围绕安全生产监督管理的数字化、网络化、智能化和可视化发展形势,提供全面感知、有效控制的高效管理和优良服务。该系统把众多传感器数据进行智能分析,当超过事物安全临界点时,现场、单位安全管理机构、远程网络终端的管理人员等都能接受到报警信息。

③ 智慧安监综合管理系统。以信息技术将安全监管部门"防、管、控"三大业务功能融于一体,实现安委会成员单位对企业监管信息的互联共享和智能关联。该管理系统具有多点预警联防,能实现生产过程智能管控、实时预警预防和安全管理快速反应,同时,强化安全生产监管责任体系、企业主体责任体系和应急救援体系,大大提高安全监管的有效性和科学性。

④ 智慧安监平台应急系统。该应急系统利用物联网技术(视频系统、音频系统、传感器系统、GIS 及 GPS 系统)和相关人员、生产等信息,配合系统提供的应急抢险救援预案和危害模拟演示,按授权范围在线发出指令,行使指挥或安全督查权力,根据实时数据便捷地调整相应预案,提高监管的时效性和针对性。

目前,全国智慧城市、智慧安防建设快速发展,但在智能化应用层面还有很多需要攻克的技术难题,各安防企业、科研院所应围绕视频图像增强、视频智能评估诊断、基于云计算的信息联动和综合研判等方面加大技术研发力度,力争尽快取得突破[12]。2011 年,国家发展和改革委员会出台了《产业结构调整指导目录(2011 年本)》,其中城市智能视觉监控、视频分析及视频辅助刑事侦查技术设备等安防技术设备位列其中。据 IMS 研究报告,2012 年中国安防智能化市场突破 20 亿元,其行业应用范围从高端市场,如军队、政府、司法、金融、交通、核电站、机场与港口等,和工业设施、教育、医疗等中端市场,已经开始渗透到居民小区、零售店铺、仓库管理、物流等民用市场。另外,智慧安防应该能提供城市公共安全服务,能有效实现住宅小区、交通设施、校园、城市工地等的安防监控[23]。

5.2.7 智慧应急

随着国际化进程的加快,大中城市的安全保障问题变得十分重要,在此背景下,强化安全监控、预警防范、突发事件的快速处置等就变得十分迫切[24]。智慧应急是以城市应急联动管理平台为基础,有效地利用现有的各种网络资源、信息资源、应用系统资源,构建城市重大灾害(难)性事件应急联动指挥系统,形成城市重大灾害(难)性事件的智慧应急[25]。智慧应急,尤其是突发事件的应急响应和处置所必需的可用应急资源通常由政府各应急部门和其他组织提供,各个部门通过信息沟通使用分散分布的各种应急资源。如果可以打破应急资源物理分布于不同部门、地区之间的"墙",通过在逻辑上对一切可用应急资源的统一管理调配来实现应急联动、协同,则应急效率和应急效果都将得到显著改善[26]。因此,智慧应急建设应该实现多个政府部门协同应对的(包括气象、环保、交通、公安、城管、卫生、质监、工商、林业、海洋渔业、水、电、气、工业生产等联动单位)综合指挥调度,建立各类重大灾害(难)性事件的监测、数据采集、预警、分析、处理、辅助决策、应急管理、信息发布等机制,实现跨部门现场协同作战。

政府应急指挥将综合应用互联网、无线集群、GIS、卫星通信、无线通信、音/视频、快速网间数据交换、决策支持等多种技术,调用组织多部门、多行业、多层次的已有系统和信息资源,实现对突发事件处置全过程的跟踪、指挥,从而保障数据采集、危机判定、决策分析、命令部属、实时沟通、联动指挥、现场支持等各项应急业务的快速响应,为政府的科学决策提供有效的信息支持。多部门联动智慧应急示意如图 5.7 所示。

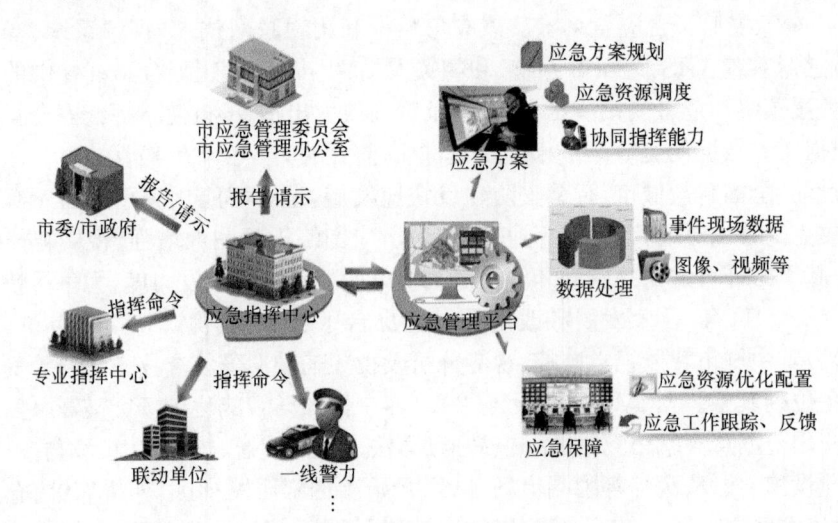

图 5.7 多部门联动的智慧应急示意图

(1) 应急数据平台

借助智慧城市基础设施、通信网络、海量数据分析计算和应急模型分析,采用现代通信技术、网络技术、信息技术、软件技术、物联网技术,建立智慧应急指挥应用平台,实现对公共安全关键的"天地人事物"信息自动化和实时化采集分析,及时把握城市安全动态。智慧城市空间信息公共平台在一定程度上完成了智慧应急对城市主要数据资源的交换、整合、共享、发布的任务建设,为城市政府、公众、企业提供及时的应急服务技术支撑。

(2) 应急管理平台

智慧应急管理平台主要包括应急指挥预案管理模块、应急指挥地理信息模块、应急指挥电话会议及监控模块、应急指挥决策支持模块、应急指挥视频监控模块、应急指挥综合通信模块等。该平台依托网格化理论提出建立城市、区(县)、基础网格管理单元的三级单位网格化应急管理模式,实现级差、行业、技术管理的多路交叉,促进应急管理由阶段性、分派式管理,向主动式、自觉化、不间断的动态性管理模式转变,提高管理效能,形成城市智慧应急指挥系统体系。

应急管理平台的主要功能可以概况如下。

① 数据处理。快速全面获取事件的相关信息,特别是事件现场周边的数据,如温度、湿度、气体浓度、降雨量、风速、风向等,以及现场动态视频或者静态图像等。结合专业模型,按照事件的不同类型和等级转化为不同的应急需求,并预测突发事件的影响范围、影响方式、持续时间和危害程度等,减少衍生次生灾害发生,为应急救援决策的制定和实施提供支撑。

② 应急方案。在实时感知动态变化的应急需求后,应急指挥人员统一规划和配置应急资源,如应急队伍、应急物资、应急装备等,协同相关应急机构、部门和地区研究提出部署和调度指挥方案,及时将突发公共事件发生发展情况和应急处置进展情况传递给有关方面,实现协同指挥、有序调度和有效监督,提高应急处置效率。

③ 应急保障。制定应急资源的优化配置方案,对过程中所需资源的状态跟踪、反馈,保证资源及时到位,满足应急救援工作的需要和灾区群众的基本生活。

5.2.8 智慧房产

智慧房产是智慧城市的重要基础和组成部分,是以数字房产管理平台为基础,以房产管理、智慧决策、民生服务为重要内容,以房产信息资源充分整合、不同部门和系统之间实现信息共享和协同为主要特征的,可视化和智能化的房产管理信息工程[27]。

智慧城市空间信息公共平台的建设,通过数据采集、交换、共享、发布,全面整合了包括地理空间数据库、建筑数据库、影像数据库及 2.5 维数据、三维数据等公共基础数据库资源,为智慧房产的建设提供了数据支撑。利用现代信息技术,通过数据挖掘、智能分析、模型研究等技术手段,实现城市房地产管理、城市房地产服务、城市房地产市场运营的多赢。另外,智慧城市空间信息公共平台建设的完整运维管理体系和安全保障体系,能为智慧房产提供高效的维护管理和运行服务,保障智慧房产建设的安全、高效、可管、可控、可维护。

基于智慧城市空间信息公共平台所提供的数据服务接口、功能服务接口,智慧房产可以根据实际业务需求,建设支持网站、智能手机、城市显示屏等不同终端系统的智慧房产专题系统。智慧房产以《物权法》为法律依据,通过 GIS、GPS、RS 等技术,对不动产权属边界及空间状态进行数字化定义,并在此基础上对房地产规划、建设、交易、登记进行全生命周期信息化管理,形成基于地、楼、房的房屋数据库及对应权属所有权登记数据库。智慧房产的建设,使房地产估值、税收征收精准化和可视化,为城市功能定位、产业布局等城市未来战略规划提供基础性数据,为政府及相关机构提供房地产市场预警预告及宏观调控科学手段,提升政府工作效率,增强服务能力。同时,通过智慧房产应用系统的建设,可以为智慧城市空间信息公共平台收集到更多的房产公开数据,进一步为全局性的城市综合决策提供数据支撑。

智慧房产的基础建设内容是基于楼盘表的城市房屋空间数据库的建设和基于产权交易登记的房地产权属管理信息库。因此,房地产信息资源采集是智慧房产建设的首要任务,综合信息服务平台及业务管理平台也是智慧房产的建设重点[28],如图 5.8 所示。

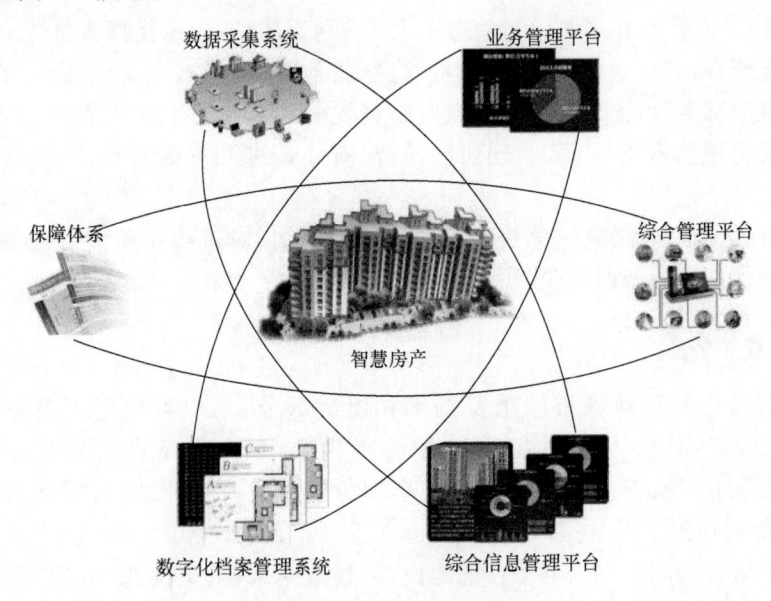

图 5.8 智慧房产建设内容

① 数据采集系统。以楼盘表为基础,对纸质房产档案进行数字化扫描、整理、权属信息录入,完善数字化档案成果,并将整理好的档案数据与由测绘公司生产的测绘成果数据进行有效关联,对房产测绘数据库、房产电子档案数据库、房产权属登记数据库进行集中的管理,真正实现"图-房-档"一体化[27]。

② 综合管理平台。该平台是一套集合了模块定义、系统定义、数据字典维护、用户管理、角色管理、权限管理、系统集成为一体的管理平台。在平台的基础上,根

据模块规则实行模块化开发,用户的业务需求灵活地定义业务系统,提供功能强大的用户权限管理模块,方便系统权限分配和安全性管理。系统的工作流支持传统的固定工作流和自由工作流两种模式,充分保障业务办公管理的灵活性,包含工作流流程定义、工作流组件定义、工作流权限定义、业务受理、待办业务、在办业务等。平台可以根据用户的业务规则灵活地定义和更新业务流转以及审批流程,实现用户单位的自动化办公。

③ 业务管理平台。包括项目管理系统、从业主体管理系统、商品房预售管理系统、商品房预售资金监管系统、物业行业管理系统、物业维修资金管理系统、房屋登记管理系统、档案管理系统、二手房交易管理系统、二手房资金托管系统、二手房租赁系统、住房保障管理系统、白蚁防治管理系统、危房鉴定管理系统、房屋拆迁管理系统、个人住房信息系统等业务子系统及政务网站和信息网站。管理功能贯穿于房产的建设、销售、拆迁、征收全过程,实现产权登记、房产交易、房产测绘、房地产市场管理、住房保障、房产档案管理、网上备案、资金监管和信息发布等全方位管理,达到社会管理、宏观调控、信息共享、公众服务等效果,有效遏制"一房多卖"等违法现象。

④ 综合信息服务平台。服务社会公众、政府管理部门和其他相关部门,提供全方位、多角度的统计分析和查询服务。例如,市民可登录综合信息服务平台查阅楼盘的户型图、价格、周边配套、当下可售房源以及楼盘的签约情况;面向公安、消防部门提供房产和周边信息,用于规划最佳路径,便于以最快速度到达出事地点;面向公安、民政部门提供房屋产权人、房屋使用人、房屋租赁人信息,为实现以房管人提供保障;与司法部门联网,为及时查封、限制、解封不动产,为相关利益人财产提供保障;面向水电气部门提供房产居住数据,避免公共资源浪费;为城管部门提供了房管信息,为处理私搭乱建和违章建筑提供了数据支持[27]。

⑤ 保障体系。保障体系包括安全保障体系、标准规范体系和管理保障体系三个方面,从技术安全,运行安全和管理安全三方面构建安全防范体系,确实保护基础平台及各个应用系统的可用性、机密性、完整性、抗抵赖性、可审计性和可控性[27]。

5.2.9 智慧养老

社区健康养老信息化是社区利用现代化信息技术,通过养老信息资源的深度开发和广泛利用,不断提高社区养老服务的规划、运行、管理的效率和水平[29]。在人口老龄化背景下,智慧养老建设从服务模式创新、核心技术攻关和平台示范应用三个层次着手,融合物联网、互联网、电话网,采用先进的移动定位等关键技术,探索基于社区的新型养老服务模式[30]。其内容主要是将社区养老的服务者、服务对象、服务设施、服务机构相关联,并将人员交互运行的过程数字化,通过各种信息系统网络加工生成新的信息资源,提供给社区养老相关各层次的人们洞悉、观察各类动态服务的一切信息,作出有利于社区养老各项要素组合优化、资源合理配置的决策,提高社区养老服务运行的质量和效率,取得更好的社会效益和经济效益。

利用物联网技术,通过智能感知、识别技术与普适计算,采用心电监测器、血压监测仪、血糖监测仪、居家监护一体机等设备检测老人身体最新状况,并实时记录结果。同时,向数据中心传送老人及其子女检查结果,自动更新老人个人健康档案,一旦检查结果出现数据异常,系统自动发出报警信息。对于非紧急情况,则由系统自动向老人或子女发出短信提醒;对于紧急情况须救助,呼叫中心立即启动紧急救助程序[29]。智能养老系统结构如图5.9所示。

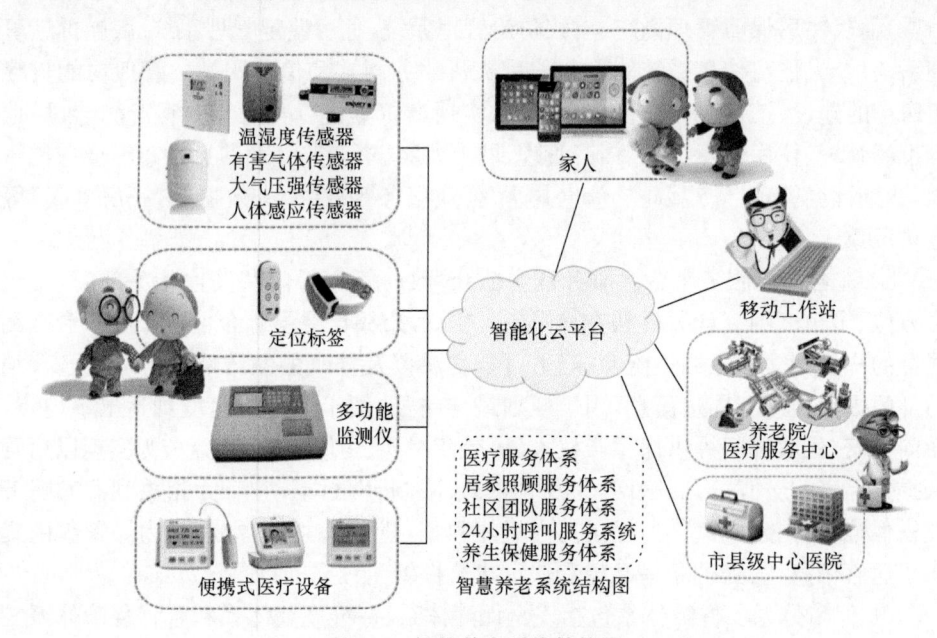

图5.9 智能养老系统结构图

基于数据网络、服务终端、数据中心等基础设施,智慧养老系统的建设包括数据服务平台建设、呼叫中心、服务终端等几个方面的内容[31]:

(1) 数据管理平台

包括养老服务的数据汇集、数据管理、运行维护等,是整个系统的核心平台。平台管理和保存的老人基本档案信息包括基本信息(身份信息、年龄、性别及婚姻状况、照片、联系方式、社会关系、赡养情况、收入情况、居住状况、生活状况、兴趣爱好等)、健康状况(慢性病史、常用药、血型、定期采集的各项生理指标如血糖、血压、血氧等)、健康档案(既往疾病史、既往输血史、既往手术史、既往外伤史,并形成与记录个人的各项体征数据的阈值,以便在健康监控时使用),以及其他相关的用户资料、系统运行维护信息。基于数据管理平台所管理的各类养老数据,可以通过分析不同老人的不同特点,个性化定制并推送包括护理、家政、定位、监控、诊疗等在内的智慧养老服务。

(2) 智慧终端服务

包括门诊平台、医生工作站、护士工作站、健康监护设备、移动终端应用等,从各个角度为老年人提供相应的服务。这些服务包括如下内容。

① 通过无线网络,医护人员利用终端设备收集并查询老人的基本信息、检查结果、病历信息、医嘱、医嘱执行时间、病情观察时间、记录结果等,并提醒老人定期服药、定期体检及中医食疗等,实现移动医护保健功能。

② 基于无线网络,老人的健康状况定期发送给子女,并推送针对老人个人状况的营养补充方案,辅助实现子女关心父母身体状况的孝举。

③ 实现家人对老人情况的实时监控,随时了解老人的当前情况,出现紧急情况可以在第一时间做出处理。

(3) 呼叫中心

集中处理在服务中出现的请求,保证及时响应老年人的各种诉求。

目前国内很多城市已经开展了一些智慧养老的实践工作,如北京"智能老年公寓信息化系统",采用平板电脑、服务器和网络设备等,实现移动生活护理和医护保健;南京市秦淮社区"居家养老慢性病远程综合管理服务平台";南京市鼓楼区"智慧养老试点",有慢性病且行动不便的老人开始使用智慧养老系统;厦门思明区"中华社区街道公共卫生服务中心",开发了慢性病远程管理系统,并搭建"健康小屋"采集数据;天津联通河北分公司整合网络、技术资源等综合优势,与有关部门合作共同为居家老人提供了定制终端、远程服务、紧急求救等一揽子信息化服务,实现了与老年人需求的有效对接。

随着智慧养老的发展,其应用方向是形成智能化、定制化、微型化的服务,进一步贴近老年人的需求,突出智能化和个性化服务;深化物联网应用,智慧养老服务与物联网技术的发展相辅相成,深化智慧养老的服务功能和服务质量;服务多样化,随着产品技术和服务内容的不断进步,智慧养老服务将提供包括医疗、饮食、居住、出行、娱乐等多层次和多形式化的现代智能居家养老服务。

5.2.10 智慧医疗

智慧医疗源于智慧地球是指运用新一代物联网、云计算等信息技术,通过感知化、物联化、智能化的方式,将与医疗卫生建设相关的物理信息社会和商业基础设施连接起来,并智能地响应医疗卫生生态圈内的需求。智慧医疗将以更透彻的感应、更全面的互联互通和更智能的洞察,实现相关事物的自我管理选择和优化,使人们获得日趋个性化的医疗卫生服务体验[32]。

智慧医疗的建设可根据实际业务需求,建设支持网站、智能手机等不同终端系统的智慧医疗专题系统。从患者的角度而言,可以通过智慧医疗的信息平台进行室内外一体的医院科室定位导航、网上预约挂号,查询自己的电子病历,实施个人健康管理,同时也可以在不同的医院之间实现无缝转诊、转检。另外,患者通过对自己病况的不断更新,对慢性病或其他病症及时采取措施,有效预防病情恶化。从医护人员的角度而言,智慧医疗有助于了解患者既往病史和诊疗记录,减轻医护人员的工作强度,提升诊疗速度和精准度。智慧医疗还为医护人员提供了大量科技信息供其分析参考,保证诊断过程有依可循,提升知识和过程处理能力,推进医疗技术和临床研究的创新。从医疗机构的角度而言,智慧医疗体系记录、整合和共享医疗信息和资源,实现医疗服务、社区卫生、医疗支付等机构之间的信息交换和共享。同时,排除了医疗服务中的重复环节,降低了医院运营成本,提高了运营效率和监管效率。从政府及相关部门角度而言,智慧医疗可以准确实时了解医疗资源的分布和使用情况,掌握地区人群健康状况,快速调集卫生资源,应对突发公共卫生事件[33,34]。通过实现互联互通和智能的医疗信息化系统,使病人、医生、研究人员、医院管理系统、药物供应商、保险公司等整个医疗体系联系在一起,解决现在城乡医疗资源不平衡、医疗体系效率较低、医疗服务质量欠佳及看病难看病贵等问题,政府也可以付出更少的成本去提高对于医疗行业的监督。智慧医疗可以让整个医疗生态圈的每一个群体受益[34]。同时,通过智慧医疗应用系统的建设,可以为智慧城市空间信息公共平台收集到更多的医疗公开数据,从而进一步为全局性的城市综合决策提供数据支撑。

智慧医疗的建设可以有效提高医疗质量,改善医护业务流程,有效阻止医疗费用的攀升,就当前的智慧医疗应用情况而言。智慧医疗的主要建设内容包括提供居民电子健康档案管理、建立智慧医院、建立区域卫生信息平台、提供家庭自助健康监护服务[35]。

(1) 健康档案

健康档案是居民健康管理(疾病防治、健康保护、健康促进等)过程的规范、科学的记录,是以居民个人健康为核心,贯穿整个生命过程,涵盖各种健康相关因素、实现多渠道信息动态收集,满足居民自我保健和健康管理、健康决策需要的信息资源[36]。健康档案包括病史记录、用药信息、就诊记录,以及健康指标等信息,记录了疾病的发生、发展、治疗的过程,通过比较一段时间来所检查的资料和数据,及时发现自身健康状况的变化、疾病发展趋向、治疗效果等情况,有利于下一步医疗保健的决策,而且为病人的早期诊断、早期治疗提供条件。健康档案的基本内容如图 5.10 所示。

(2) 智慧医院

以患者为中心,以优化流程为导向,以医疗信息为主线,以智能化和信息化技术为支撑,并逐步整合医院信息系统(hospital information system, HIS)、实验室

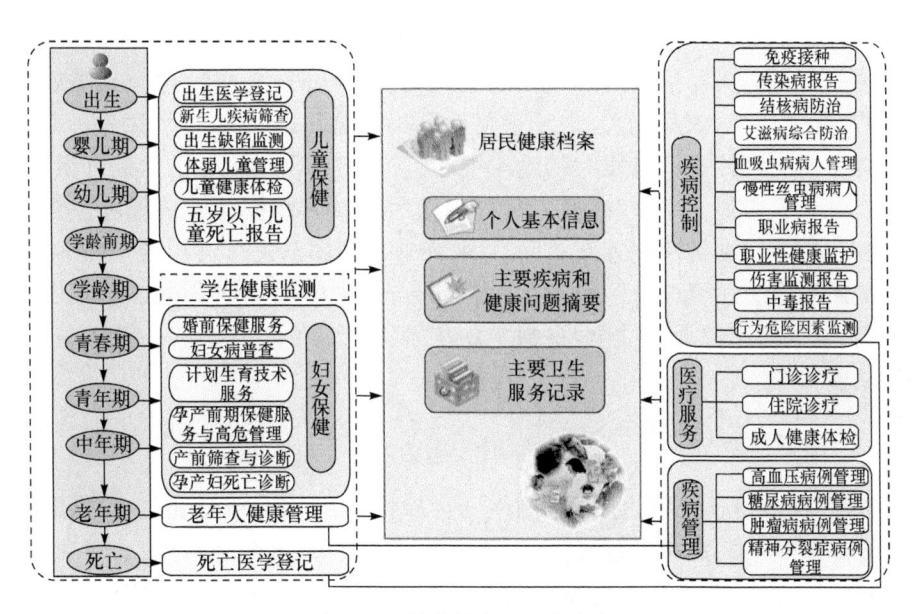

图 5.10　健康档案的基本内容

信息管理系统(laboratory information management system, LIMS)、医学影像的存储和传输系统(picture archiving and communication systems, PACS)、放射科信息管理系统(radiology information system, RIS)、临床信息系统(clinical information system, CIS),形成诊疗手段完备、管理科学、信息一体化、高效节能的智慧医院,实现就医流程最优化、医疗质量最佳化、工作效率最高化等目标[37]。智慧医院一方面提供方便患者的智能化服务,如患者无线定位、患者智能输液、智能导医等。依托条形码技术、移动计算技术和无线网络技术实现护士对病人身份和药物身份的双重条形码核对功能,在药品配发、输液耗材配发、人药匹配上均自动化实现。另一方面,提供方便医护人员的智能化服务,如婴儿防盗、视频监控、一卡通、临床对讲、无线巡更、远程示教、护理呼叫及远程会诊服务[35]。

(3) 区域卫生信息平台

区域卫生信息平台是以服务居民为中心,以健康档案信息的采集、存储为基础,整合患者医疗信息和大型医疗机构互联互通、共享资源,进行在线预约和双向诊疗[38]。区域卫生服务中心可以采集患者病史,完成病史摘要,病人、病历及时传送到医院,并可以预约挂号到医院就诊,达到患者未转、信息先行。上一级医院对诊断明确,经过治疗病情稳定转入恢复期的病人,确认适宜者,将重新让患者返回所在辖区社区医疗机构进行继续治疗和康复治疗。通过该系统可以实现以电子健康档案信息为中心的妇幼保健、疾病控制、医疗服务、社区自助健康服务等各系统信息的协同共享[35]。

（4）家庭自助健康监护

家庭自助健康监护系统是最贴近市民的健康保障，直接针对个人类或家庭类客户，通过手机、家庭网关、专用通信设备等实现方式，将用户使用各种健康监护仪器采集到的体征信息实时传输至中心监护平台，采用先进的数据分析系统，将分析结果及时通知家属和医护人员，以便家属及时掌握病人情况和医护人员及时制定有针对性的医疗方案。同时，与专业医师团队进行远程健康咨询，获取专业健康指导。还可结合区域卫生信息平台，开展全面建档及电子健康档案信息更新，与应急指挥平台结合，根据定制化手机或定位网关提供一键呼叫、预报警等功能[35]。

5.2.11 智慧旅游

智慧旅游是利用互联网、无线网络、通信网络、大数据、云计算技术，借助便携终端设备及 PC 端、车载设备，通过主动感知旅游资源、旅游经济、旅游活动、旅游者等方面的信息，实时传送、挖掘分析和发布信息，及时准确地掌握旅游资源和游客活动信息，实现旅游路线、商务会议、历史文化教育等的实时查询，实现手上、桌上、车上、路上全程服务，改变旅游行业监管被动、滞后的管理方式，提升游客在食、住、行、游、购、娱等旅游活动中的自主性和互动性，为游客带来超出预期的旅游体验和无处不在的旅游服务，如图 5.11 所示。游客通过智慧旅游体系实现自助旅游，接收智慧旅游系统发布的旅游活动、商家折扣等信息，通过移动终端和智能服务实现自助导览、路径规划、智慧购物等，并可以拨打统一服务热线咨询。

图 5.11 智慧旅游示意图

以智慧城市空间信息公共平台为基础建设的智慧旅游信息服务系统通过共享空间信息数据接口建设,可以自由灵活地接入海量数据,实现快速提升智慧旅游综合管理能力,同时可以整合城市旅游资源信息到智慧城市空间信息公共平台上,实现城市资源一次建设、共同使用的目的。首先,通过智慧城市空间信息公共平台的接口接入数据和服务,将可共享的基础地图数据(二维、2.5维、三维)、基础设施数据、环境监测数据、规划数据、能源数据、地名地址数据、交通数据、监控数据等接入到智慧旅游应用中,通过数据和服务共享,避免数据的重新采集造成资源浪费。其次,智慧旅游可以利用空间信息公共平台已建设的基础设施,如各种传感设备(射频传感器、位置传感器、能耗传感器、速度传感器、热敏传感器、湿敏传感器、气敏传感器、生物传感器等),嵌入到旅游景区的物体和各种设施中,并与互联网连接,极大地减少前期投入,降低智慧旅游建设成本。再次,通过智慧旅游应用接口的建设管理,政府将信息采集的触手轻易延伸到民生应用领域,通过收集企业、公众在智慧旅游过程中产生的各种海量数据进行数据挖掘,将形成许多意想不到的应用。例如,人口流动与经济变动的关系,车流量与空气质量的关系,人口数量与环境平衡点的关系等,既提高财政收入,也服务民生应用。

智慧旅游的建设是对区域城市硬实力和软实力的全面提升,增强了旅游企业的核心竞争力,同时为服务公众提供了便捷桥梁。就当前智慧旅游应用情况而言,智慧旅游建设的主要内容有目的地智慧营销、智慧导游、智慧导购、旅游交易结算、统一服务热线、智慧景区管理和旅游行业管理等内容[39]。

(1) 目的地智慧营销

① 多媒体景点展示系统,即采用包括三维模型、全景影像、视频、图片、动画模拟等手段全面展示景区及所在城市标志性建筑、景点的网络展示系统。

② 多媒体体验分享系统,即用户以微信、微博、博客、在线视频、在线投票、语音分享等方式发表自己的旅行体验、游览攻略、评价推荐的网络系统。

③ 智能行程规划系统,即针对目的地各类服务资源及气象状况,根据用户在旅行时间、旅游预算、兴趣爱好、出行人数、旅客类型等方面的条件,自动为用户提供旅游路线和沿途服务的应用系统。

④ 目的地资源预定系统,即通过该系统,预定景区门票、住宿酒店、接待车辆等内容,依托互联网、移动互联网等载体进行订单下达和便捷支付。

(2) 智慧导游

① 导航系统。基于北斗导航、GPS导航、基站定位、wifi定位、RFID定位、地标定位、图像识别定位等多种定位数据,依托电子地图,将位置服务加入旅游信息中,让旅游者通过智能手机、平板电脑等各种终端,掌握自己当前位置,并结合定位数据进行旅游路线规划和语音导航。基于定位信息,了解周边旅游信息,

如景点、酒店、餐馆、娱乐、车站、旅游团友等的位置信息,以及景点级别、酒店星级、价格范围、餐馆口味、人均消费水平、优惠信息等描述性内容。

② 导览系统。通过点击感兴趣的对象(景点、酒店、餐馆、娱乐、车站、活动等等),获得关于兴趣点的位置、文字、图片、视频、使用者的评价等信息,深入了解兴趣点详细情况。

③ 实时信息系统。全程实时动态信息公布系统,包括天气、人流量、车流量、实时促销信息、餐厅座位饱和度、剩余停车位数量等与旅游活动息息相关的各种实时信息。

(3) 智慧导购

① 商品推送系统,即通过分析用户行为,对用户群体进行垂直细分,将符合旅客喜好的产品,如娱乐活动、住宿餐饮、旅游商品等进行推送。

② 商品预定系统,即通过全面深入的在线了解和分析,直接在线预订不同档次和数量的客房、票务、旅游产品等旅游内容。

(4) 旅游交易结算

以网上支付、移动终端支付、卡支付等形式为旅游服务企业提供交易结算服务,包括旅游服务企业对旅客的 B2C 交易支付、企业与企业之间的 B2B 交易支付。

(5) 统一服务热线

包括业务系统、呼叫中心系统、门户网站系统等,为所有旅客及旅游服务企业提供热线服务。

(6) 智慧景区管理

主要立足经营资源、物业资源、景观资源等三大管理要素,基于景区内部管理和协调指导工作的实际需要,涵盖景区商户、商铺经营、物业管理、设施维护、环境保护、后勤保障、停车场管理等各业务环节,以强有力的流程控制与预警,全面、准确、实时的数据共享机制,为旅游景区营造一个高效运转、增创盈收、科学决策的资源经营和服务管理体系。主要包括景区售检票系统、流量监测系统、位置救援系统、信息发布系统、景区环境监测系统等内容。

(7) 旅游行业管理

利用旅游基础信息资源和平台运行过程中所产生的海量数据,面向不同的主题进行综合分析,为行业管理和质量改进提供决策依据。例如,从旅游目的地、客源地、时间、旅客类型、消费内容、支付方式等多方面进行旅游交易多维统计和报表制定;对旅游服务企业进行服务质量评价,对旅客信用进行信用评价;基于积累数据,制定旅游资源旅游价格相关动态预测模型,模拟不同类型的旅游景区在不同定价前提下的预测客流量,制定相应服务措施。

参 考 文 献

[1] 刘远彬,丁中海,孙平,等. 两型社会建设与智慧产业发展研究[J]. 生态经济,2012,(11):133-135.

[2] 吴迎笑,温熙华. 智慧政务:基于云计算建设服务型政府的新理念[J]. 信息化建设,2013,(04):31-33.

[3] Dawes S S. The evolution and continuing challenges of e-governance[J]. Public Administration Review,2008,68(s1):S86-S102.

[4] Palvia S C J,Sharma S S. E-government and e-governance:definitions/domain framework and status around the world//International Conference on E-governance,2007.

[5] Fang Z. E-government in digital era:concept, practice, and development[J]. International Journal of the Computer, the Internet and Management,2002,10(2):1-22.

[6] 徐晓林,朱国伟. 智慧政务:信息社会电子治理的生活化路径[J]. 自然辩证法通信,2012,(05):95-100,128.

[7] 陈桂龙. 智慧政务 2.0 模式[J]. 中国建设信息,2014,(05):36-39.

[8] 李宇翔,费世英,李端明. 智慧社区系统架构研究[J]. 图书情报工作网刊,2012,(12):39-44.

[9] 蔡艳. 智慧社区概念及发展[J]. 科技风,2012,(13):234.

[10] 王建凯,权瑞,吴伟明. 加快智慧社区信息化平台建设推进智慧城市的发展[J]. 办公自动化,2013,(20):8-10,48.

[11] 朱顺兵,张永刚. 智慧社区与物联网智能家居[J]. 智能建筑与城市信息,2012,(12):53-57.

[12] 张才明. 基于物联网技术的智慧城管[J]. 工程研究-跨学科视野中的工程,2012,(04):355-361.

[13] 房立洲. "云时代"智慧城管的发展维度与理想模型[J]. 上海城市管理,2012,(04):12-16.

[14] 孙怀义,王东强,刘斌. 智慧交通的体系架构与发展思考[J]. 自动化博览,2011,(S1):28-31,35.

[15] 张轮,杨文臣,张孟. 智能交通与智慧城市[J]. 科学,2014,(01):33-36.

[16] 杜宏川. 我国智能交通系统发展现状与对策分析[J]. 吉林交通科技,2009,(01):60-63.

[17] 蔡翠. 我国智慧交通发展的现状分析与建议[J]. 公路交通科技(应用技术版),2013,(06):224-227.

[18] 张标标. 智慧环境[M]. 北京:清华大学出版社,2012.

[19] 徐敏,孙海林. 从"数字环保"到"智慧环保"[J]. 环境监测管理与技术,2011,(04):5-7,26.

[20] 詹志明. 我国"智慧环保"的发展战略[J]. 环境保护与循环经济,2012,(10):4-8.

[21] 冯广明. 3S 技术在智慧环保领域中的应用[J]. 河南科技,2013,(05):170-171.

[22] 王以笑. 智能环境噪声监测终端的研究[D]. 天津:天津大学博士学位论文,2012.

[23] 李德仁,邵振峰,杨小敏. 从数字城市到智慧城市的理论与实践[J]. 地理空间信息,2011,(06):1-5,7.

[24] 李从东,谢天,刘艺. 云应急——智慧型应急管理新模式[J]. 中国应急管理,2011,(05):

27-32.

[25] 陈如明. 云计算、智慧应急联动及智慧城市务实发展策略思考[J]. 移动通信,2012,(03): 5-10.

[26] IBM. 智慧的城市应急联动解决方案［EB/OL］. http://www-31.ibm.com/solutions/cn/government/iers_overview.shtml[2012-11-10].

[27] 高尚全."数字房产"到"智慧房产"的跨越[J]. 中国建设信息,2012,(21):28,29.

[28] 李建明. 智慧房产,离我们有多远[J]. 中国建设信息,2012,(21):35-37.

[29] 张冠湘. 社区健康养老信息系统的设计与实现[D]. 大连:大连理工大学博士学位论文,2013.

[30] 张新宽. 我国城市社区居家养老服务问题研究[D]. 济南:山东财经大学博士学位论文,2012.

[31] 王欣刚. 信息化养老服务系统平台的规划与设计[D]. 南京:南京邮电大学博士学位论文,2012.

[32] 宫芳芳,孙喜琢,林君,顾晓东. 我国智慧医疗建设初探[J]. 现代医院管理,2013,(02):28-29.

[33] 胡新丽. 物联网框架下的智慧医疗体系架构模型构建——以武汉智慧医疗为例[J]. 电子政务,2013,(12):24-31.

[34] 崔泳. 践行"智慧的医疗" IBM 以技术推进卫生改革[J]. 中国信息界(e 医疗),2010,(07):52-53.

[35] 李建功,唐雄燕. 智慧医疗应用技术特点及发展趋势[J]. 中兴通信技术,2012,(02):22-26.

[36] 卫生部关于印发《健康档案基本架构与数据标准(试行)》的通知[J]. 中华人民共和国卫生部公报,2009,(08):12-13.

[37] 曹茂春,倪贵平. 绿色智慧医院解决方案综述[J]. 智能建筑与城市信息,2012,(11):110-115.

[38]《基于健康档案的区域卫生信息平台建设指南》出台[J]. 健康大视野,2009,(15):16-19.

[39] 朱珠,张欣. 浅谈智慧旅游感知体系和管理平台的构建[J]. 江苏大学学报(社会科学版),2011,(06):97-100.

第6章 智慧城市空间信息公共平台建设实践

6.1 概 述

2013年,中新天津生态城成为国家首批智慧城市试点城市之一。经过充分论证后,空间信息公共平台也成为中新天津生态城智慧城市建设的核心。该平台客观分析了生态城在中国智慧城市建设中独有的特点和优势、存在的困难和挑战,结合生态城发展现状,以城市智慧应用需求为导向,以数据高度共享、公共平台支撑为特色,以建立智慧城市典型应用为目标,经过科学规划,重点实施,提高了各委办局数据共享积极性,为智慧城市建设打下基础。

平台建设初期,生态城已初步建设门户网站、OA系统、城管系统、规划建设管理系统等,并有环境监测、工商管理系统、平安生态城、项目管理、招商引资等等待启动。但在各业务系统快速启动建设同时,信息共享系统建设速度较慢,导致随着业务子系统的不断建设,信息共享日益困难,成本投入增大。

生态城空间信息公共平台是一个基于云架构的GIS共享服务平台——以公共GIS数据中心为支撑,通过建立持续有效的数据更新机制和开发数据更新终端软件实现数据的及时更新、通过建立数据开放机制和信息共享规范、开发信息共享服务接口,保障各委办局及企业的信息资源采集和业务应用在统一模式下开展,并将各种基础数据和可交换的业务数据通过信息共享门户对外展示服务;从整体上保障共享数据时效性、准确性、完备性和安全性,形成可持续发展信息共享服务。

6.1.1 建设内容

项目建设任务包括公共空间信息库、后台管理系统、综合信息服务平台、典型应用示范以及标准规范建设,具体应用范围包括建设局、经济局、环境局、执法大队和投资公司等。

1. 公共空间信息库

建立包括基础地理信息数据和专题数据在内的公共空间信息库。基础地理信息数据涉及基础地形图、影像数据、政务电子地图、地名地址、2.5维地图、实景GIS数据、三维地表数据和综合管线数据。专题数据涉及规划数据、城市管理数据、环境数据、能源数据等。

2. 后台管理系统

建立包括数据管理、服务管理和运维管理在内的后台管理系统。

数据管理系统通过工作流技术与主分中心分布式工作模式,在数据整合标准规范的基础上,对从各部门、各领域数据源节点上汇交来的数据进行深度整理和再加工,实施数据的质量检查与精度控制,并对数据流向制定审核流程,保障数据一致性与可用性。服务管理系统将平台中的数据发布为可共享的网络服务并对外提供查询、展示和共享等功能。运维管理系统实现对机构特定资源(组织、身份、岗位、角色、服务)的统一配置和管理,包括用户管理、权限管理、目录管理、服务管理、单点登录管理等。

3. 综合信息服务平台

基于公共空间信息库对数据重新组织,将生态城的城市要素,如项目信息、楼宇信息、企业信息、环境信息、物业信息、视频监控信息等按照不同级别进行综合展示和查询。

4. 典型应用示范

基于平台提供的共享地图服务,以经济局和环境局为重点突破口,构建与业务系统相结合的定制化的 GIS 典型应用示范,突破原有二维表格死板化的业务办公模式,使得业务化的信息能够图文互查和联动。

5. 标准规范

形成包括《空间信息公共平台管理规定》、《空间信息公共平台共享数据清单》、《空间信息公共平台共享服务清单》、《空间信息公共平台数据制作标准》、《空间信息公共平台数据汇交标准》、《空间信息公共平台服务接口标准》等标准规范,指导平台建设,并根据后续工作开展及时调整和总结补充,最终形成公共平台标准体系。

6.1.2 预期成效

通过建设空间信息公共平台,整合政府内部数据,实现业务信息统一共享,建设服务于智慧城市的权威、标准、统一的公共信息平台,指导生态城信息化应用系统建设,提高政府办公效率,减少建设成本,减少分散建设带来的数据孤岛和应用隔离,建立基于公共平台的智慧城市建设新模式,为智慧城市信息化建设做出典型示范。

6.2 建设成果

6.2.1 总体设计

中新天津生态城致力于打造全新的智慧城市建设模式，使生态城在全国范围内形成智慧城市建设示范。生态城智慧城市的建设，可盘活生态城信息资源，促进城市可持续良性发展，实现环境优美、生态文明目标和城市发展的新模式。近年来，国家遥感应用工程技术研究中心智慧城市空间信息公共平台研究组针对生态城实际需求，开展了深入调研和潜心研究，在生态城智慧城市建设中发挥了重要的知识作用。

1. 生态城智慧城市建设总体框架

中新天津生态城智慧城市建设总体包含基础层、平台层和应用层，如图 6.1 所示。

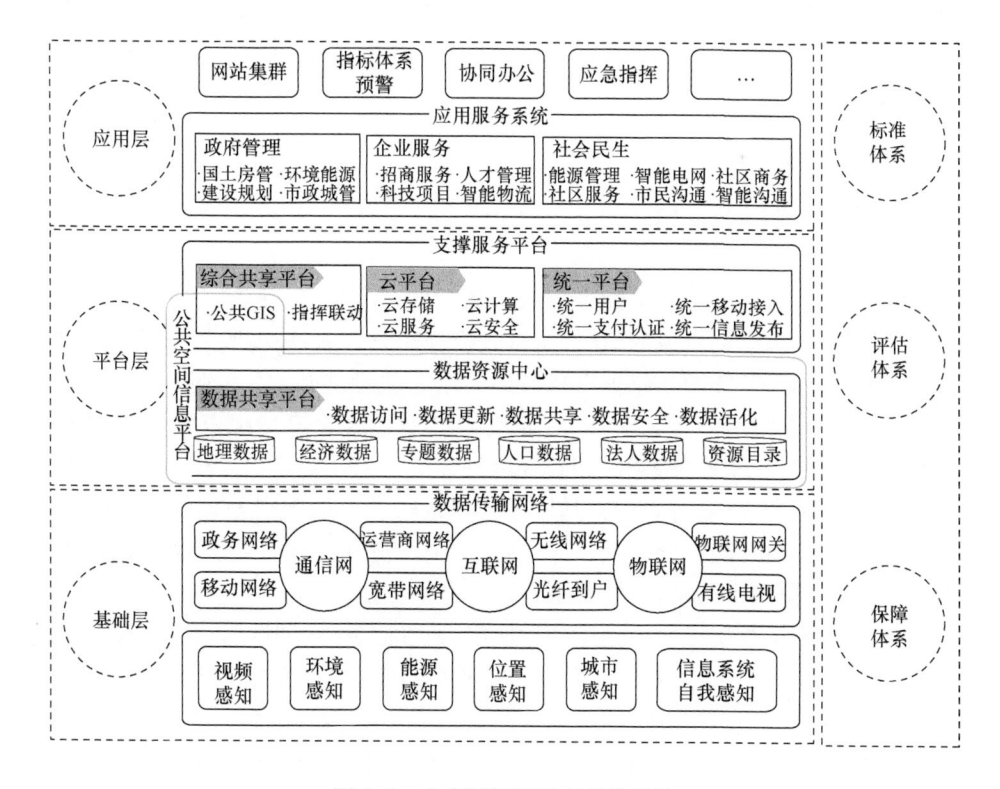

图 6.1 生态城智慧城市总体架构

基础层是天津中新生态城的信息高速公路,包括服务器、网络交换设备、网络安全设备、负载均衡器等硬件设备。采用有线和无线网络设备构建互联网络,并结合业务需要构建物联网,在此基础上建设绿色中心机房、呼叫中心和统一视频监控网络,形成覆盖全城的基础信息设施,为全面开展智能城市建设提供强有力的信息网络支撑。

平台层为平台提供数据支持,是服务共享的源头,也是整个平台的核心。紧密联系中新生态城城市定位与管理机构实际情况,结合生态城发展过程与建设进展,针对政府管理、企业服务和公众服务的需求,开展基于空间地理信息的全要素、全生命周期数据资源中心建设和相应的公共 GIS 平台、云平台和统一管理平台建设,为实现生态城管理和服务系统的信息互联互通、资源共享、业务协同安全可靠运行提供支撑和保证,逐步实现生态城人、地、物、组织的全要素和全生命周期管理。空间信息公共平台位于整体行动计划中的核心位置。

应用层是基于服务开发的应用系统,向政府、企业、公众提供基本的服务源支持。坚持"以人为本"的指导思想,建设政府管理、企业服务和社会民生应用系统,提升城市的信息化水平和人民的生活便捷性;整合城市治安、消防、救护等职能部门信息资源,深化统一视频监控网络的智能化建设和数据挖掘利用,营造良好平安城市信息化环境。

2. 空间信息公共平台总体框架

天津中新生态城空间信息公共平台包括设备支撑层、数据层、管理层、服务层、应用层,如图 6.2 所示。

设备支撑层是整个空间信息平台系统运行的基本保证,生态城目前有信息化工程 40 余项,大多已初具成效,在信息基础设施建设方面,环境监测传感器已实现空气、水质实时监测,能源传感器已普及到大型公建设施和地下管网,视频监测设备超过 100 个,无线网络覆盖全城,在管委会已经建成大容量绿色模块化数据中心,支撑公共平台和各业务系统不间断运行。

数据层为平台提供数据支持,是服务共享的源头。构建以地理信息为基础的具有时间序列的生态城综合数据仓库,通过主中心与分中心的设置,实现系统数据的管理协调、数据交换共享,对公共平台进行有效支撑。

服务层是连接数据层和应用层的过渡层,通过服务层,向政府、企业、公众提供基本服务源支持。平台提供数据服务(包括数据目录服务、公共空间数据服务和专题空间数据服务等)和功能服务(包括空间分析、地理编码、综合主体应用服务等)两种类型的服务。服务管理包括服务发布、服务注册、目录服务管理、数据服务管理与控制、功能服务管理与控制、服务审批、服务统计、服务预警等模块。

应用层是基于服务开发的应用系统,包括综合信息展示系统和应用框架。综

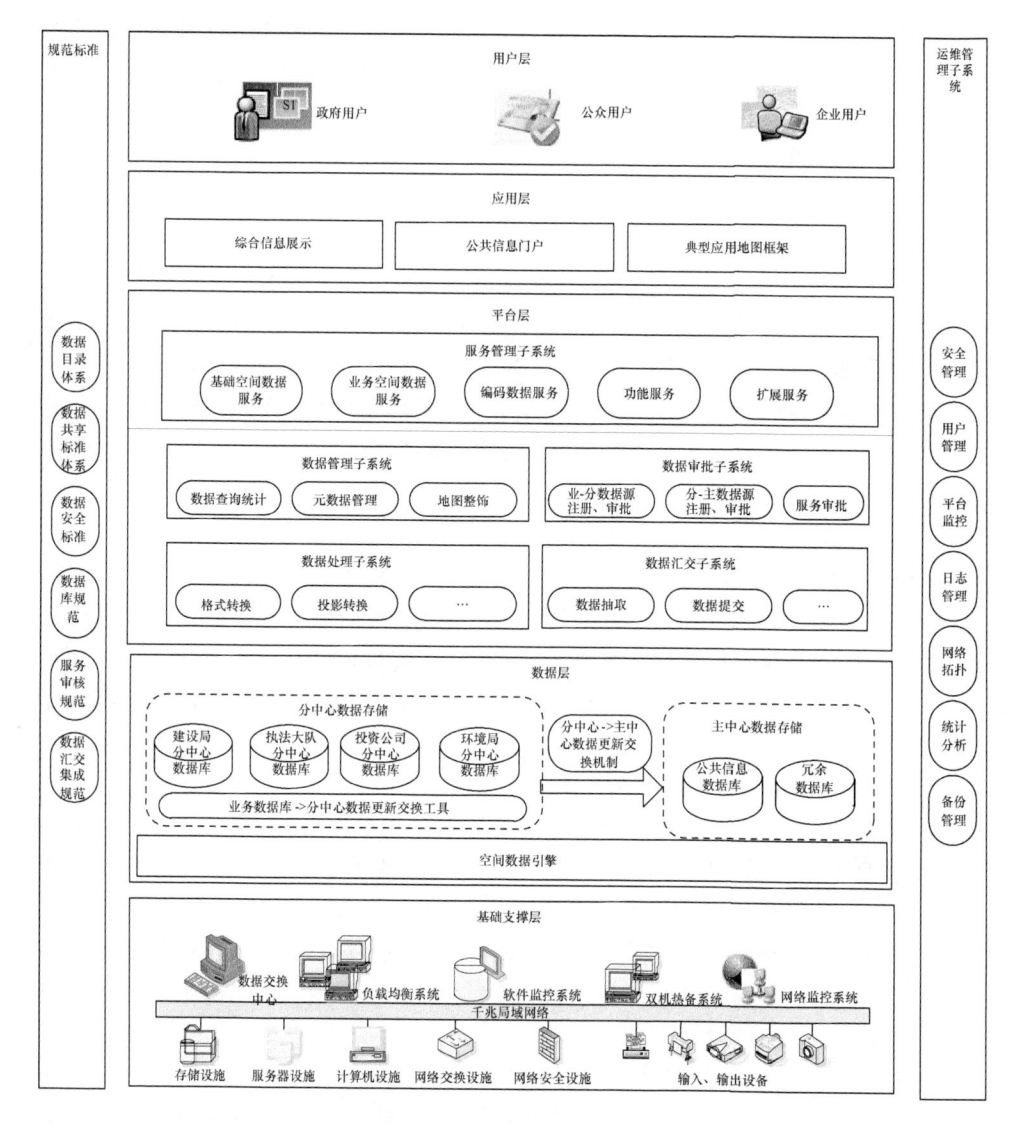

图 6.2 公共信息平台总体框架

合信息展示系统主要面向各委办局领导和工作人员,包括地图基本操作、全文搜索、专题分析、专题查询、专题统计、地图联动、在线叠加、面向主体的应用等模块。应用框架集成于各委办局已有系统中,提供基于地图的查询、统计、操作、专题展示等功能,与空间公共信息平台形成相辅相成格局。

6.2.2 建设内容

公共空间信息平台以建设空间信息基础性平台为主,解决共享关键问题,实现生态城各委办局(经济局、建设局、环境局、执法大队)与企业数据的统一汇交和管理,实现局内共享服务建设目标,构建生态城公共空间数据仓库、数据和服务安全管理系统,适用于生态城数据标准和共享机制,以及生态城公共空间信息共享服务平台,为生态城委办局、企业、公众提供空间信息决策支撑。

1. 搭建一个中心—数据整合共享中心

数据整合共享中心为平台提供数据支持,是整个平台的核心。数据以统一的格式和标准,进行有效组织、集成,形成一个数据共享中心。数据整合共享中心的建设包含数据库建设和管理系统建设。构建以地理信息为基础的具有时间序列的生态城综合数据仓库,通过主中心与分中心的设置,实现系统数据的管理协调、数据交换共享,对公共平台进行有效支撑;构建集数据管理、服务管理和运维管理为一体的管理系统,保证平台正常运转。

(1) 数据库建设

全面准确的数据是公共信息平台活力的保证。整合生态城的特点和现状,构建符合生态城需求的数据分类体系,以此作为数据管理基础;平台管理了生态城基础空间数据、可共享数据。由于数据来源不一,在进行数据综合分析和匹配时会出现不一致和矛盾现象,因此对业务数据与空间数据进行地物编码关联是数据入库预处理的重要环节。并采用一个主中心和多个分中心的分布数据模式,构建中新生态城 GIS 服务共享平台的数据中心。

① 整合生态城特点和现状的数据分类体系。根据城市规划和管理需要,重新组织构建基于生态城特征的数据目录体系,将目前收集整理的专业局和企业空间数据、非空间数据归入到统一的目录体系下,支持面向专业部门、企业和公众的信息需求。形成基于分中心的三级平台数据体系,并依其属性将数据分类体系分为自然要素类、人工要素类和事件要素类,建立半集成半分布式格局的生态城综合空间数据仓库,供部门间共享调用。

截至 2014 年初,汇集了 4 局 1 企业(规划局、经济局、环境局、执法大队、投资公司)的可共享数据资源共 20 类 1T 以上,包括自然要素数据中心(水系数据、地貌数据、植被数据)、人工要素数据中心(交通数据、城市管线数据、功能区数据、地名地址数据等)、事件要素数据中心(经济专题、环境专题、城市建设专题、城市管理专题等)。

② 业务数据与空间数据的地物编码关联。公共信息平台包括的基础地物数据来源广泛,部分数据可能没有编码,且有编码的数据在不同单位使用的编码规则不同,相互之间缺乏对应,难以实现同步更新和共享。为保障统一性、易辨识性,实现数据分层分级清晰展示,为平台内基础数据建立统一编码,将中新生态城分部门、分专题、分专业的数据无缝集成到数据库中,形成完整数据库体系。

第6章 智慧城市空间信息公共平台建设实践

生态城空间数据库基础框架划分为生态城范围、片区、街区、细胞、地块、地片。基于国家编码标准和空间嵌套关系，以生态城基本功能单元为基础，设计 6 层基础编码体系，对每个空间实体要素进行统一体系下的全编码处理，实现各种地面实体地物的空间关联。基于地理编码，建立业务数据与空间数据的关联关系，支持不同空间尺度下的业务专题信息查询统计，例如在片区范围内进行入驻企业或建设项目统计，如图 6.3 所示。

图 6.3 业务数据与空间数据的地物编码关联

③ 数据建库。采用一个主中心和多个分中心的分布数据模式，构建中新生态城空间信息公共平台的数据中心。数据库建设包含主中心数据库和分中心数据库两大部分，其逻辑结构设计如图 6.4 所示。

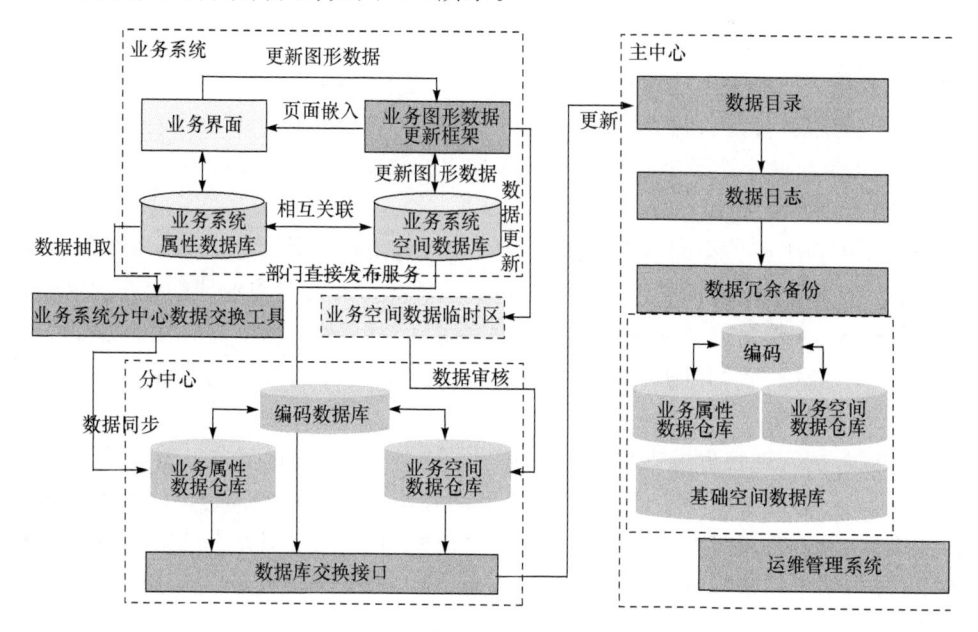

图 6.4 数据库概念模型设计

主中心用于管理分布系统中用户、数据、设备和服务相关信息，集成不同来源、不同形式的空间数据和非空间数据,形成统一的管理方式和界面。分中心数据库只存储汇交临时文件以及中间处理结果。中新生态城空间信息公共平台涉及的数据主要包括以下内容。

① 运维管理数据。定义分中心和主中心的用户及权限、数据交互、运行监控、日志管理等相关数据内容,如权限定义数据表、用户定义数据表、部门定义数据表、角色定义数据表、访问日志记录表、主分中心配置数据表、平台监控信息表等。

② 数据源目录与元数据。目录与元数据库是关于数据库描述信息的数据库,主要目的是将整个框架系统的各个空间数据库信息纳入系统的统一管理之下,并维持整个系统数据的完整性,在此基础上实现数据库集成。涉及分中心和主中心内上述数据库的存放方式和编目信息、描述数据内容、限制条件、范围信息、空间参考系信息等,以规范数据传输和共享,主要包括主中心共享数据目录表、地图目录、资料目录,以及有关空间数据的元数据信息等数据表。

③ 基础空间数据。遥感影像地图、电子政务地图、基础地形图、行政界限图、行政功能区图等。

④ 编码数据库。地理编码在城市地理空间框架建设中是最基础性的工作之一。编码数据库包括宗地编码、地名地址数据、企业法人码、细胞功能区编码等。

⑤ 专业业务数据。涉及经济局、投资公司、环境局、建设局、执法大队等部门专业业务非空间文件数据。

⑥ 服务管理数据。服务管理数据包括对服务发布、服务注册后的地图服务和功能服务相关信息的描述和控制,同时能够为运维管理子系统和数据审批子系统提供相关的服务接口,包括服务基本信息、服务状态、服务调用流程等数据表。

⑦ 其他数据。记录中心数据库管理系统的页面风格以及系统更新日志等。

(2) 管理系统建设

天津中新生态城空间信息公共平台管理系统由数据管理子系统、服务管理子系统、运维管理子系统构成,管理分布数据库、连接分布在各专业局的业务数据;建立数据目录、元数据表和视图;创建、管理和统计空间数据服务;管理系统资源,如用户、菜单、权限、数据维护、数据源管理、数据更新、分中心数据创建等。

① 数据管理。

多源数据管理根据城市规划和管理的需要,一方面建立面向生态城的目录分类体系,另一方面建立统一坐标系统,将目前收集整理的规划局、经济局、环境局、执法大队、投资公司等专业局和企业的空间数据、非空间数据集中到统一的目录体系下,统一的空间坐标系和统一的空间编码体系下,全面支持面向专业部门、企业和公众的信息需求。

数据管理的基本功能是对分布系统中的数据(空间数据库、专业业务数据、业务文件)进行管理和监控,保障数据完备性和一致性,为数据服务和共享提供数据支持,分为目录管理、元数据管理、文件在线管理等。

数据目录。按照一定次序对数据进行逻辑组织和编排的方式。由于数据分布在不同数据库和硬件介质上,需要采取合理方式进行组织。根据智慧城市规划管理的需要,建立面向生态城的目录分类体系,将目前收集整理的规划局、经济局、环境局、执法大队、投资公司等专业局和企业的空间数据、非空间数据整合到统一的目录体系下,支持面向专业部门、企业和公众的信息需求。图6.5是数据目录添加操作和权限设置的界面。

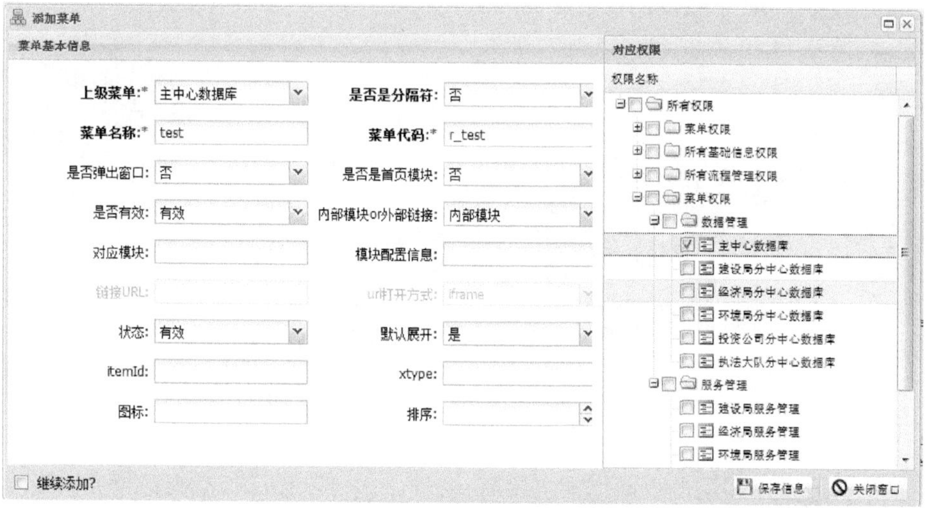

图6.5 数据目录添加操作和权限设置

元数据管理。元数据是关于数据的数据,在地理空间信息中用于描述地理数据集的内容、质量、表示方式、空间参考、管理方式,以及数据集的其他特征,是实现系统信息共享的核心标准之一。元数据内容包括基本信息、参照系统信息、空间数据类型、属性要素信息、数据质量信息、数据日志信息、数据发行信息、元数据参考信息、使用权限。元数据的管理包括元数据的浏览、创建、编辑等操作。

文件在线管理。除了空间数据,各部门还涉及大量无法或很难用数据库范式进行规范化存储的业务管理文件。系统开发以Web为基础的文件管理功能,可以使人们在任何地方对共同的文件进行阅览和修改,减少用户之间通过电子邮件传送文件而造成的版本差异和管理不便,进而保持文档版本的一致性,提高交流和工作的效率。Web文件管理只是对文件自身进行管理,其文件内容的更改要由用户将其下载到本地后,用相应的软件进行编辑,然后再上传到文件服务器来实现。文件在线管理包括文件目录的浏览、添加、编辑、删除,以及文件的上传、下载等操作。

基于工作流的数据更新是平台数据管理的另一项重要内容。

数据的实时性与动态性是系统活力的保证。传统模式的数据更新采用被动提交,即拷贝或文件式上传,实时性不够,且容易出现冗余与错误,难以与现有数据中心无缝连接。平台采用工作流与空间和业务数据更新结合的方式,设计专业业务系统数据-分中心-系统主中心的数据更新过程,建立对业务数据的抽取、数据表映射、数据项目检查、数据编码、到主中心版本的处理流程;经过管理审批,一旦流程确立,自动定期进行数据的添加、更新和复制;保障系统定期从各业务局自动获取最新的数据,保证了数据的实时性与一致性,如图6.6所示。

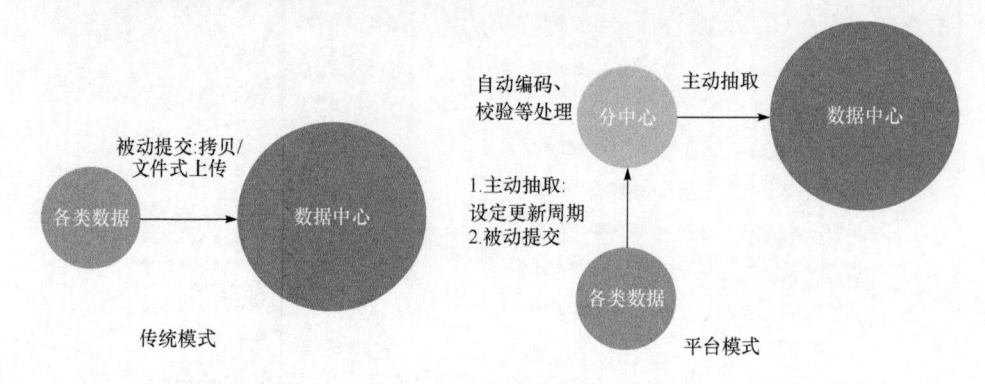

图 6.6 更新模式对比

平台数据库采用的更新方式主要有:文件方式、接口方式、空间数据库、非空间数据库等。业务系统到分中心更新数据时,可以设置数据源、选择数据表,设置业务共享字段,实现数据字段级细粒度更新;并可以设计数据更新周期,实现更新的自动化、实时化,如图6.7所示。

② 服务管理。

生态城空间信息公共平台是一个基于云架构的公共空间信息共享平台。通过建立数据开放机制和信息共享规范,开发信息共享服务接口,保障各委办局及企业的信息资源采集和业务应用在统一模式下开展。对接各类业务系统接口,将生态城信息化建设中的各种空间和非空间数据通过统一平台汇交集成、重新组织,并以多种服务形式向外分发,为各类用户提供基于地理位置的信息框架。

通过建设服务管理子系统,管理平台所有的服务信息,为综合信息展示系统和应用框架提供地图服务、功能服务等支持。服务管理子系统针对平台各子系统需要共享的服务信息,为各个服务信息制定统一标准接口和传输协议,充分分析生态城各业务应用系统的项目进程信息,获取各应用系统本地信息获取接口或定制信

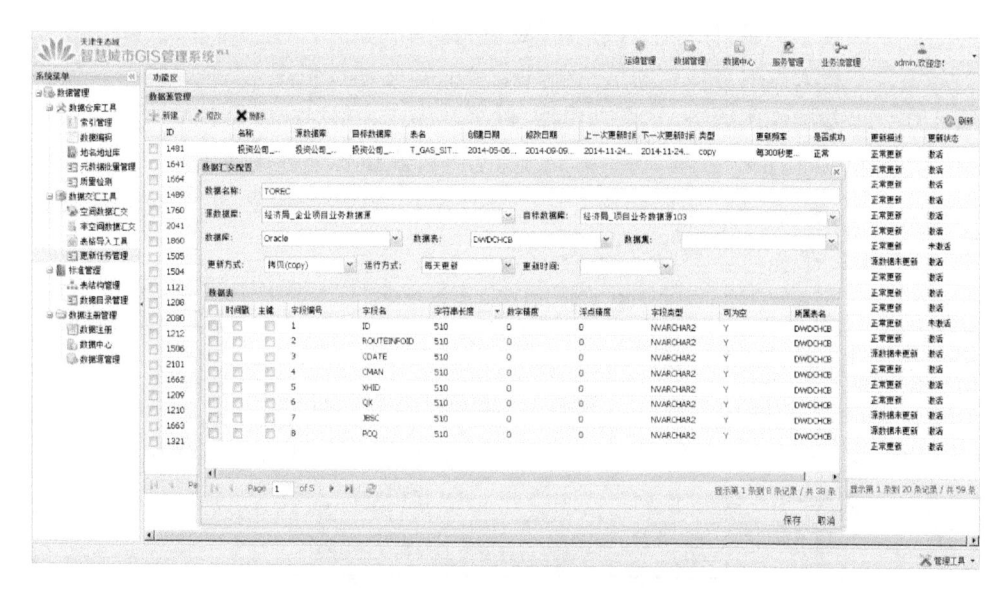

图6.7 业务数据汇交参数配置界面

息获取接口,包装为统一标准服务,在 SOA 架构下进行服务发布,平台接入数据到发布服务的过程如图 6.8 所示。

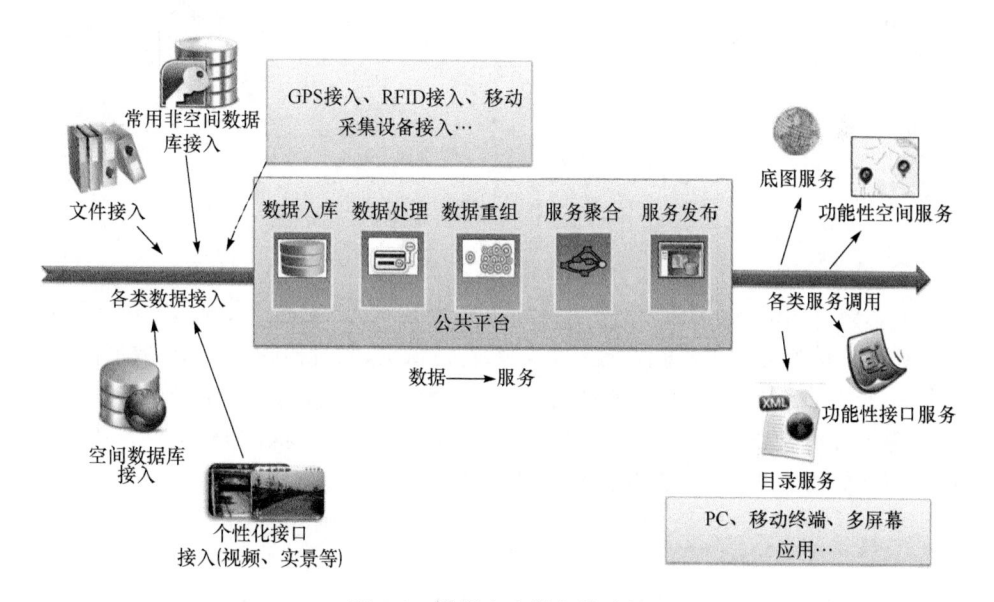

图 6.8 数据变为服务的过程

服务管理子系统由服务发布、服务注册、服务目录、服务元数据、数据服务、功能服务组成。该子系统满足典型应用部门之间的信息共享服务需求,形成部门之间的业务圈共享机制,保证平台持续稳定运行。

结合中新天津生态城空间信息公共平台的实际建设情况,按照服务的性质将服务划分为基础底图服务、地图功能服务、WebService 服务,以及其他服务类共四大类,如表 6.1 所示。截至 2013 年 10 月,对外发布供各委办局使用的对外共享数据服务共 72 个,其中基础底图服务 13 个、地图功能服务 47 个、WebService 服务 10 个,目录服务 2 个,如图 6.9 所示。

表 6.1　服务一级类目表

序号	服务类目名称	定义
1	基础底图服务	提供中新生态城基础地理信息相关的服务
2	地图功能服务	提供中新生态城信息系统前台应用功能相关的服务
3	WebService 服务	提供中新生态城信息系统前台应用系统的 WebService 服务
4	其他类	中新生态城各委办局相关的服务

| 遥感影像服务 | 基础管线服务 | 视频监控点服务 | 2.5维地图服务 |

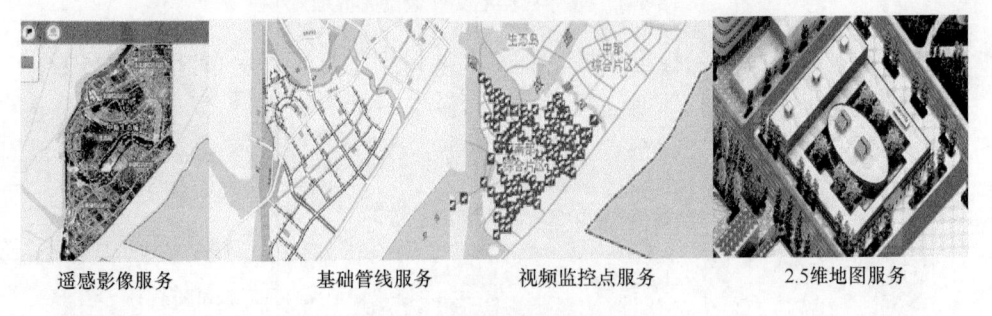

图 6.9　基础地图服务示例

③ 运维管理。

生态城空间信息公共平台采用精细化的运维体系,保证了系统的安全和高效。运维管理子系统提供了基础管理功能,如:身份认证、系统监控和安全、数据交互和安全等,还包含统一的单点登录集成、基于角色的权限管理,实时日志记录和报警机制,基于工作流的审批机制等,保证系统运行维护的安全性和稳定性。图 6.10 显示了运维管理的用户设置和权限管理等功能。

2. 建设一个系统-综合信息服务系统

综合信息服务系统是面向公众和不同政务办公人员的服务平台,实现了基于多维数据、多级周期、多层功能和多层空间尺度的实时数据动态应用展示。系统在以地理信息为基础的前提下,实现相关业务数据的对接和协同处理,提高了相关部门的办公效率。通过面向公众的信息服务,提升了生态城的影响力,为生态城经济

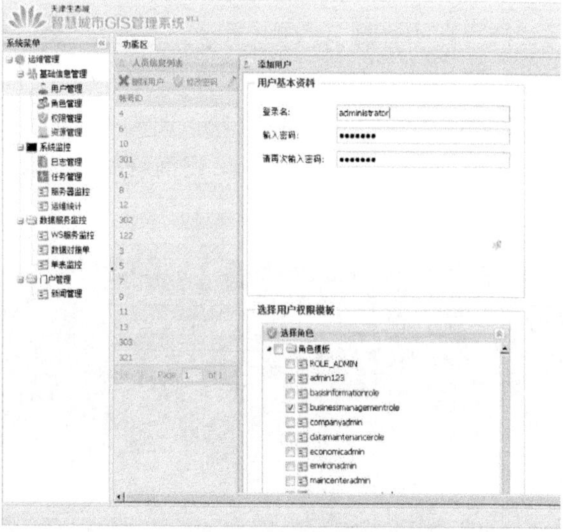

第 6 章　智慧城市空间信息公共平台建设实践

(a) 用户管理界面

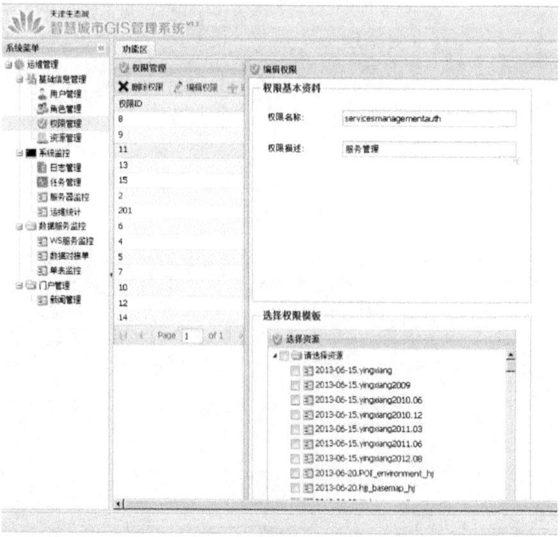

(b) 权限管理界面

图 6.10　运维管理

发展和中长期发展建设提供支持,具有重要的现实意义。系统数据展示方式灵活多样,数据关联度高,将生态城基础资源信息、环境专题信息、建设专题信息等形成整体,发挥信息的整体效应,支持大屏幕、手持终端、PC 等多种展示方式,使展示的数据更加丰富和深入。

(1) 基础数据服务

系统整体以地理信息作为基础,针对生态城环境信息、城市管理信息等,以及多种基础类型数据进行了多维数据(二维、2.5维、三维、实景、视频监控)组织和显示(图6.11),并提供多时间序列的动态变化分析,图6.12显示了城市历年建设情况的遥感影像序列。另外,系统提供数据浏览、查询、标注、打印、量算和截图等基础操作。

影像地图

2.5维地图

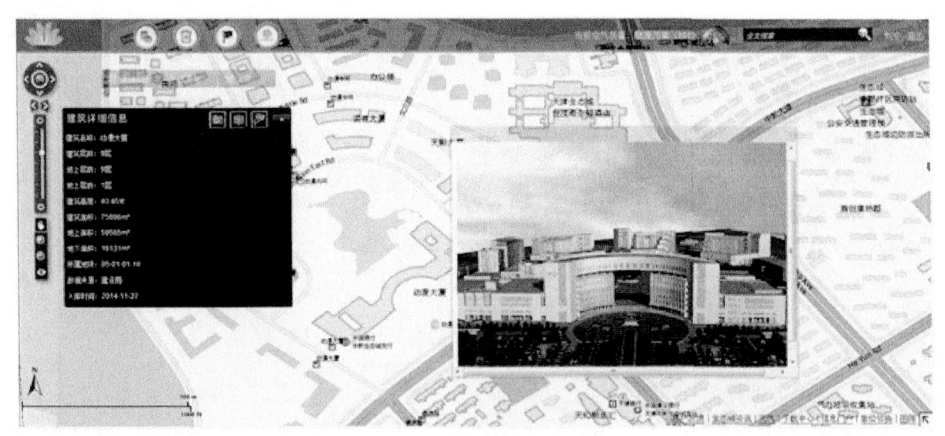

第 6 章　智慧城市空间信息公共平台建设实践　　·181·

三维地图

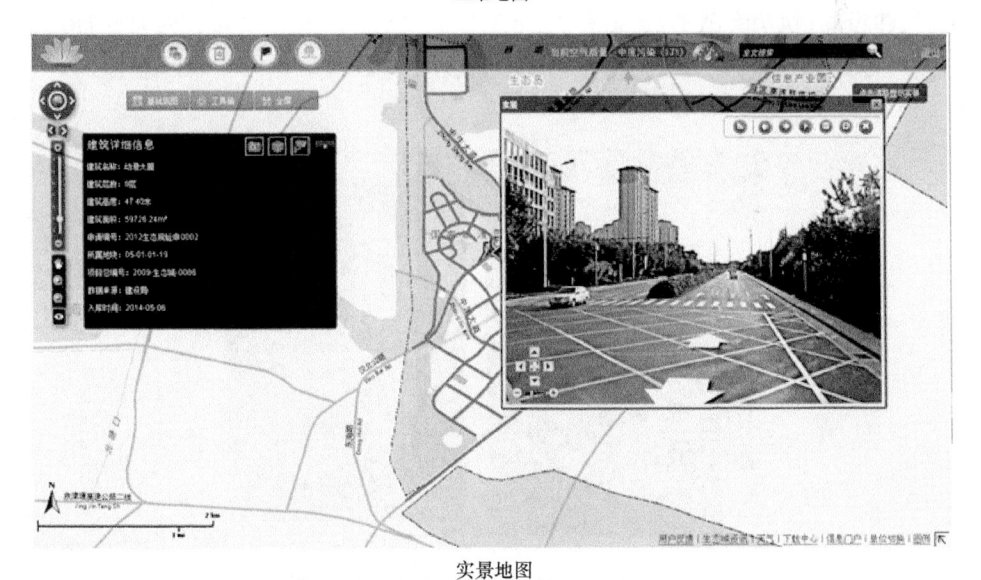

实景地图

图 6.11　多维数据展示

2009年1月　　　　　　　　2010年6月　　　　　　　　2010年12月

| 2011年3月 | 2011年6月 | 2012年8月 |

图 6.12　多级周期展示：城市历年建设变化

(2) 应用专题服务

系统通过数据整合，深入挖掘用户需求，提供了面向政府各委办局（经济局、环境局、建设局、执法大队等）的多种查询统计和主题应用，分析结果以多种统计图表形式进行输出。如图 6.13 为对经济投资额度的分区域统计分析和环境监测点信息的分类查询定位。

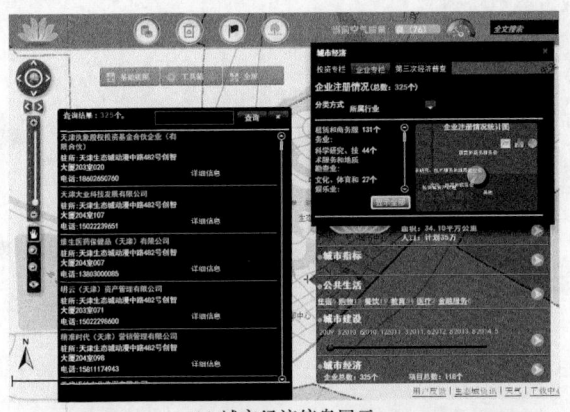

(a) 城市经济信息展示

(b) 环境监测点查询定位

图 6.13　多级功能展示

第6章 智慧城市空间信息公共平台建设实践

平台将建成的各类数据,按照生态城城市经济、城市发展和城市特色相关的专题需求,构建全区、片区、细胞等不同空间尺度序列的主题数据库,为政府和公众提供便捷的综合信息服务功能。不同层级下各专题信息统计界面如图 6.14 所示。

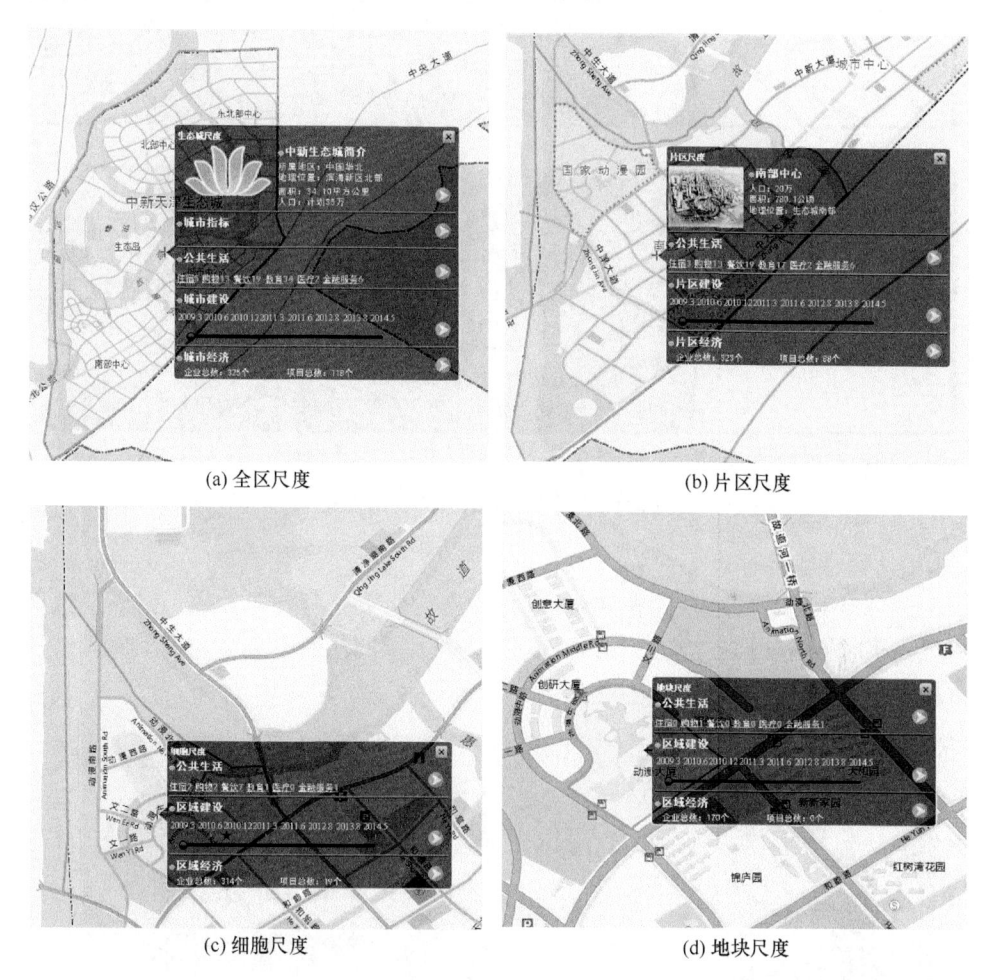

(a) 全区尺度

(b) 片区尺度

(c) 细胞尺度

(d) 地块尺度

图 6.14 多级空间尺度展示

为了全面展现城市脉动,系统还以大屏幕展示的方式展现城市信息,实现多部门多专题公共信息实时动态展示。对于城市事件专题,以地图定位、事件列表、视频监控和实景地图等多种方式集成显示,辅助管理人员实时查看城市事件的处置情况与状态;对于城市环境,以地图和图表方式展现城市各环境指标的信息,表达形式更加直观,如图 6.15 所示。

(a) 城市事件动态

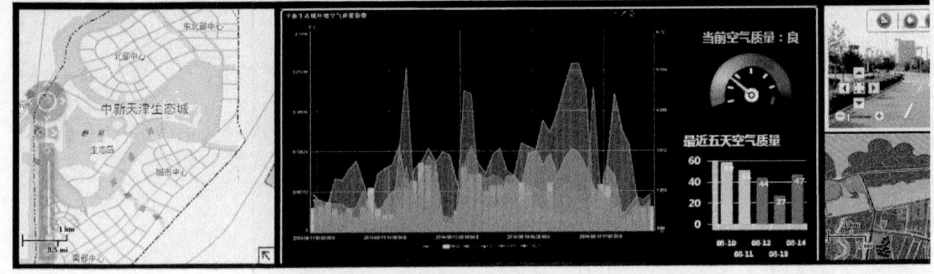

(b) 城市环境动态

图 6.15　城市脉动的大屏展示方式

(3) 公众服务

平台提供了面向公众的查询分析功能，支持全文搜索查询方式。公众通过平台可以实时查看便民巴士的运行情况，以及生态城的最新动态资讯等，如图 6.16 所示。

(a) 便民巴士线路查询

(b) 生活资讯

图 6.16　公众服务功能

此外,平台还提供基于移动终端的公众服务,研发了生态城智慧管家 APP 和微信公众号服务。生态城智慧管家提供了资讯公告、公交查询、号码通、旅游、环境指标和我的水电煤气等功能,微信公众号为公众推送通知与活动资讯,如图 6.17 所示。基于移动终端的公众服务紧贴时代潮流,方便公众生活,拉近了政府与公众的距离。

(a) 生态城智慧管家

(b) 微信公众服务

图 6.17 移动终端服务

3. 投资计划管理应用和数字环境系统应用

依托平台提供的基础地理信息数据与特定的业务数据,根据用户业务需求和关注重点,定制开发应用服务框架,以 Web 形式展示相关委办局数据的综合情况,并与业务系统进行无缝融合开发针对特定业务的功能模块,为各个委办局、企事业单位的专题应用提供共享数据和共享服务技术支持。两个应用界面如图 6.18 所示。

投资计划管理应用为经济局、建设局、投资公司多个用户单位提供投资项目管理的应用服务,如为经济局用户提供基本信息管理、投资计划制定、投资项目统计、投资规划管理、系统设置、系统管理等业务功能,并与地图应用对接,实现项目空间化展现与查询统计。具体功能设计如表 6.2 所示。

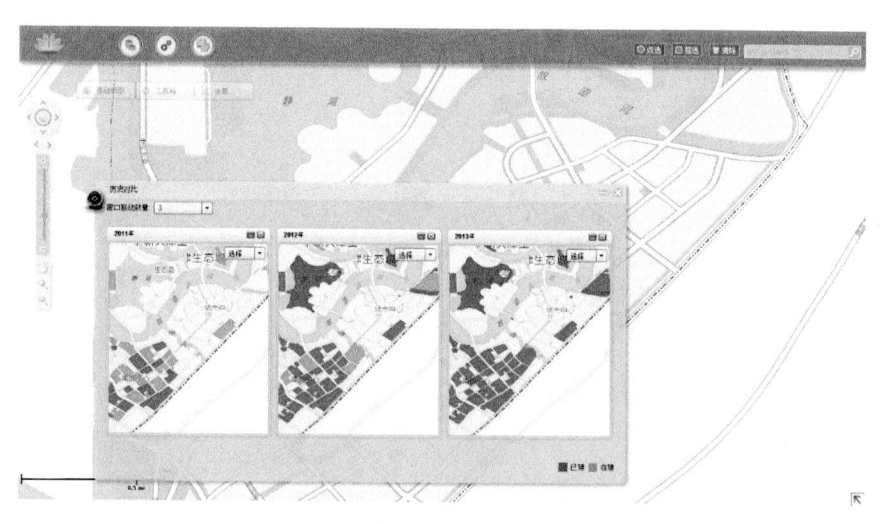

(a) 不同时期的项目进展情况对比

(b) 项目建设情况分类展示与统计

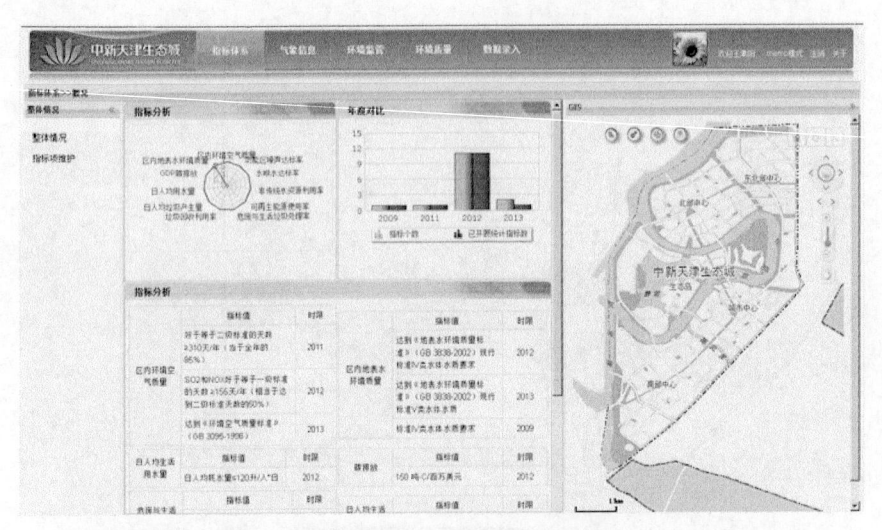

(c) 地图服务框架与环境业务系统无缝融合

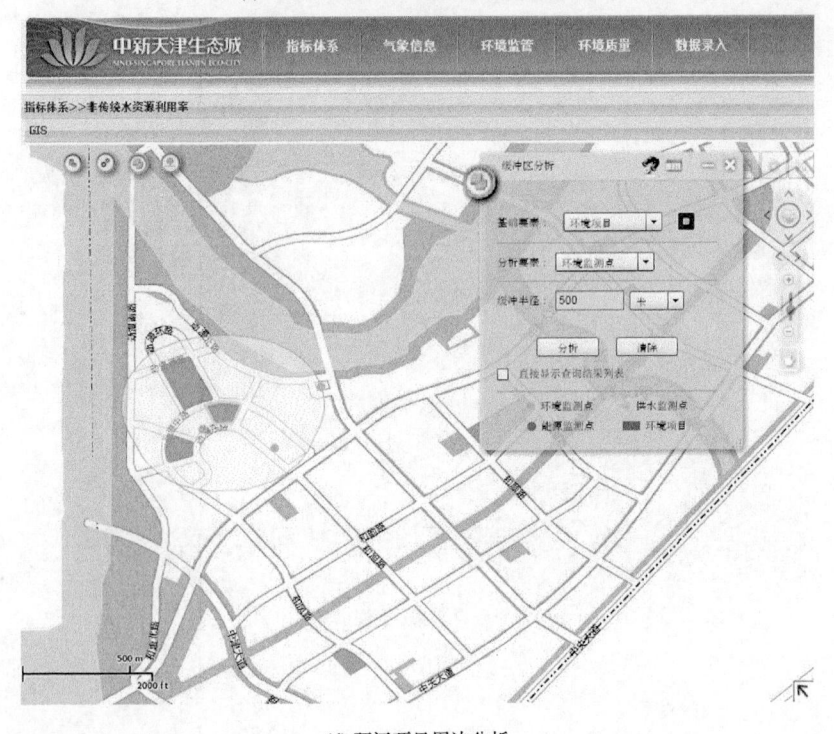

(d) 环评项目周边分析

图 6.18 投资计划管理和数字环境系统应用示意图

表 6.2 投资计划管理应用主要功能描述

分类	功能名称	功能描述
通用功能	地图控制	通过鼠标和鱼骨工具的控制,实现地图缩放、前后视图的浏览
	底图切换	通过底图切换按钮的状态变化,实现底图切换
	鹰眼	通过鹰眼工具,实现全景概览
	量测工具	提供量距、量面积的量测功能
业务功能	项目建设类型、状态分类查看渲染	按照项目建设类型、建设状态进行分类查询,并在地图上渲染,同时显示各项目的详细信息
	报表统计	对项目的经济投资按月、年统计,形成报表
	重点项目概览	对历年重点项目进行查询,并在地图上渲染,可定位和查看项目信息
	历史进展对比	提供历年项目建设状态的多窗口联动对比
	项目查询	提供属性、空间查询功能

数字环境系统应用围绕环境监测及环保建设项目等业务,采用地图服务框架嵌入原有数字环境系统的方式,实现地理信息和业务系统的有效联动。将环境监测点空间化,进行实时监测及指标分析,并为环保项目环境评价提供地图工具,为环境局用户直观全面掌握环境监测信息、综合分析评价项目情况提供支持,具体功能设计如表 6.3 所示。

表 6.3 数字环境系统应用主要功能描述

分类	功能名称	功能描述
通用功能	地图控制	通过鼠标和鱼骨工具的控制,实现地图缩放、前后视图的浏览
	底图切换	通过底图切换按钮的状态变化,实现底图切换
	鹰眼	通过鹰眼工具,实现全景概览
	量测工具	提供量距、量面积的量测功能
业务功能	环境监测点分类查询定位	通过点击树形结构的监测点图层控制工具,实现分类查询功能,显示详细查询结果,并在地图上渲染
	环境监测指标分析	通过对环境监测指标的分析,实时综合分析其环境状况
	环评项目周边分析	通过缓冲区分析工具,选择某个环评项目作为缓冲中心,通过设置距离和待分析要素,实现项目周边分析的功能
	项目综合管理	通过项目综合管理工具,实现项目环境信息、规划信息、经济信息的综合查看

4. 建立数据、服务、应用标准规范

为保证各类数据资源的共享与集成服务，结合中新天津生态城地理信息数据的特点，系统建设中拟定的数据标准主要有《中新天津生态城空间信息公共平台基础地理信息数据库标准》、《中新天津生态城空间信息公共平台基础地理信息要素分类编码规范》、《中新天津生态城空间信息公共平台政务电子地图产品制作规范》、《中新天津生态城空间信息公共平台数据库汇交标准》等。

为提高地理信息资源的共享应用程度和网络化服务水平，规范空间信息公共平台的管理和应用服务，避免重复建设，制定了《中新天津生态城空间信息公共平台管理办法》，规范了生态城空间信息公共平台的使用、管理、维护等工作。

为了实现整个生态城基础地理空间数据资源的开发和利用，打破部门之间数据孤岛现象，响应国家地理空间基础框架和信息化建设，促进地理空间信息资源在政府规划审批、企业运营服务的应用，避免地理空间信息数据及其平台的重复建设和非标准化生产，制定了《中新天津生态城空间信息公共平台数据对接协议》。

6.3 特色与创新

1. 搭建了适合生态城特点和现状的数据分类体系

平台建设了基于全要素编码、"以人为本"的数据分类体系，基于传统分类，但高于传统分类，从社会事件、经济主体、基础空间三要素角度综合建立地理空间框架，体现空间中万事万物的相互关系和时间属性，表达更加丰富、细致。

2. 实现了四维数据综合应用分析展示

平台通过对内纳集多源数据，经过平台统一无缝集成，以一张图的形式，对外实现多时间、多空间、多专题、多用户的四维数据综合展示分析。四维数据组织方式和服务形式，优于传统的单独强调地理信息或业务的系统，能够将二者很好地结合起来，即基于地理信息框架，将业务信息无缝融合到空间中，使综合服务能力更强。

3. 建立了高效、安全、精细的管理体系

通过系统、数据、机制三个层面建设，保证平台建设的高效性和活跃性；通过全要素编码体系及时间记录，实现了时空无缝挂接和数据精细化管理；利用主中心对

主分中心建立的统一数据汇交流程数据管理目录,实现数据集中有序管理;同时对核心数据进行冗余存储,保障了数据服务的安全性。

4. 提供了面向服务需求的开放接口

首先,平台可灵活接入多种服务接口,不仅支持常用文件类型、空间和非空间数据库(Oracle、SQL等)的数据接入,还可无缝接入诸多个性化视屏、实景数据。其次,通过对各种数据进行处理、重组、聚合、服务发布等操作,以及对各种通用功能进行封装,平台还可对外提供包括功能服务、地图服务等在内的多种服务接口。不仅如此,在接口的可扩展方面,平台还将接入更多的终端设备接口,如北斗、RFID等,定制丰富多样的应用服务,使平台具有更强的生命力。

第 7 章 智慧应用服务系统建设实践

7.1 智慧城市房地管理系统

7.1.1 概述

智慧城市的建设可为城市房地管理提供更加丰富和智能的可利用设施。例如，物联网及各种智能采集终端。而智慧房地管理系统的建设，又可为智慧城市建设提供丰富的共享业务数据服务，已经成为城市土地管理和房屋管理的迫切需求。首先，房管业务的办理需要智慧房管。业务量和业务种类增幅迅速，受理人员可能出现判断错误的现象，相关业务越来越复杂和灵活，人工限制核查不全面，容易出错引起纠纷。其次，房管业务的智能监管需要智慧房管。智慧房管系统通过自动设定各种房地产交易的预警指数，利用动态仪表盘、传感器、物联网进行实时智能监管。再次，房地相关业务的智能服务需要智慧房管。通过互联网实现房地业务办理的预申请、预受理；通过智能手机、ipad 等推送技术，自动为社会公众、从业主体推送办事进度；通过与互联网微博、社交网络与社会公众形成良性互动。此外，房地管理的智能决策也需要智慧房管。申请经适房、经济租赁房等的限制条件可通过对海量数据进行全面深入的分析来辅助决策。综上可知，智慧房地管理的智慧体现在基于合规的计算机辅助业务办理、基于物联网及预警规则的智能监管、基于万维网和移动互联的信息推送、基于海量数据的智能分析与决策。

智慧房地管理系统的建设，通常分为以下阶段。

① 解决现状打好基础，实现数字房管。数字房管的特点是基于业务流程管理（BPM）、地理信息系统（GIS）和业务管理信息系统（MIS）全面实现房管业务的精细化管理、跨部门的连通管理、图形化管理。MIS 负责实现业务的信息化管理，GIS 负责以图管房，BPM 负责实现跨部门的连通。通过这三个实现，为智慧房管打下基础。

② 更全面的互联互通。在数字房管阶段仅仅是实现了房管局内部的信息连通，但是在智慧房管阶段，需要与智慧政府、智慧城市全面融合，因此需要与智慧政府中的其他委办局实现业务流程意义上的互联互通。

③ 更深入的智能化。在以上两个基础之上，全面引入人工智能技术，采用传感器动态监控房地产项目的实际建设情况、物业管理等情况，采用物联网与智慧房管互联互通，采用云计算对海量数据进行深入挖掘及分析，更深入地实现智能业务办理、智能监控、智能服务及智能决策[1]。

目前,我国各省市地方政府房管信息化的发展很多都处于数字房管、乃至更早期的以图管房阶段,只有极少的正在从数字房管向智慧房管过渡。但是,随着智慧城市及智慧政府的建设,这种过渡将会变得越来越多[1]。基于 GIS 的天津滨海高新区房地管理系统旨在建立一个集智能数据收集、智能业务处理,智能监测预警和 GIS 分析与三维展示为一体的高层次智慧房管平台,使政府业务管理更加高效,决策服务更加科学,具有广泛的应用前景。

7.1.2 总体建设框架

天津滨海高新区房地管理系统(简称房地系统),构建目的是提高当地政府业务处理能力,提升政府的科学化管理水平,以及高效化服务能力,为政府做出准确决策提供有力支撑。房地管理系统总体框架如图 7.1 所示,从下到上主要包括支撑层、数据层、功能层和应用层。

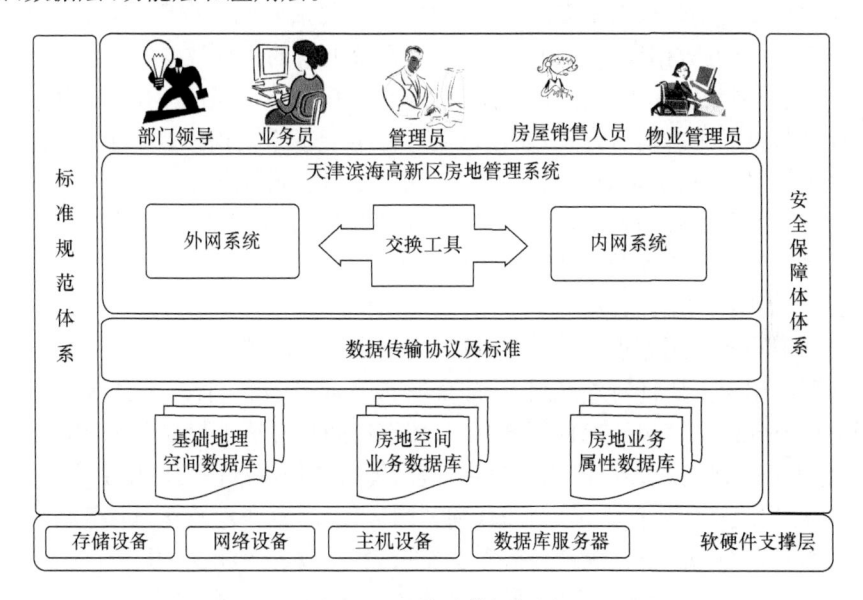

图 7.1 系统总体框架图

(1) 支撑层

支撑层为系统提供网络支撑和硬件保障,把多个系统连接成逻辑整体。系统网络层采用广域网和局域网相结合的方式,实现房地开发企业、物业管理单位报送的房地销售情况数据、房屋使用情况数据的按月报送与政府管理部门的数据管理、项目管理、管理执法、土地管理、统计分析等功能有机连接。底层网络架构为内网和外网相结合的混合结构。

(2) 数据层

数据层是系统的核心部分。从数据类型上看，数据层所管理的数据主要包括如下内容。

① 基础地理空间数据，如行政区数据、道路数据、桥梁数据、地块数据、建筑物数据，影像数据，房屋室内数据等。

② 房地业务属性数据，主要包括两部分，一是通过抽取房地业务数据库中的公共开放数据，对基础地理空间数据的属性信息进行管理，如地块名称、楼宇名称、房间名称、入驻企业、空置状态等，这部分数据可通过互联网络进行公开；二是存储在内网数据库中的业务属性数据，如宗地业务数据、项目业务数据、楼宇入住数据、房租租赁数据、房屋出售数据、物业管理等。

③ 房地业务空间数据，仅与房地业务相关的空间数据，如房屋户型图数据、楼宇管道数据等。

从数据库的物理部署上看，数据层的数据库包括外网数据库和内网数据库两大类。其中，外网数据库主要用于存储外网系统上报的各种数据，通过数据同步与备份工具，外网数据库中的内容，将定期更新到内网数据库中。内网数据库不仅包含了外网数据库中的所有内容，还包括通过内网业务系统所产生和管理的各种业务专题数据，如土地审批数据、土地执法数据、房屋权属数据等。

这些数据采用统一物理组织、集中存放、实时更新与定时更新结合的方式，通过统一的数据传输协议及标准为应用层提供数据支持。

(3) 应用层

根据不同的应用需求，应用层又可以划分为外网应用层和内网应用层

外网应用层主要针对外网用户，即房屋销售人员、物业管理人员等，所开发的数据上报与分析系统包括项目信息更新、楼宇房间当月销售数据报送、当月使用数据报送、项目管理、报表统计、用户信息管理、即时通信等。内网应用层主要针对内网用户，即房地管理业务人员、部门领导和园区领导，所开发的管理服务系统，主要包括数据监管、业务审批、统计分析和智能报表等模块。该层运用现有先进且成熟的技术，如海量数据管理技术、地理信息共享技术、网络技术、空间数据服务技术、元数据服务等相关技术与方法，使得系统实现可靠保证。

系统建立初期建立了充分的保障协调机制，协调了高新区领导层、高新区信息化办公室、房地管理部门，以及驻扎在高新区的各个物业公司、房屋销售单位等各方面的力量来实现共同目标。

在系统建设中，考虑到系统的兼容性，应用层采用 SOA 框架，支持中间件技术，从而保障了系统功能的扩展性和与已有系统的兼容性。同时，考虑到系统的应用性能，业务功能审批模块支持对业务案件的智能管理，图形管理功能模块支持图形数据的高效浏览查询、结合业务流程的图形编辑以及地名数据

的高效入库,系统管理模块可对系统功能及数据进行有效维护,保证系统的正常运行。此外,考虑到系统安全性能,提供了基于 SSL 的身份认证模式,保障系统用户的合法性。

(4) 用户层

用户层直接面对用户,提供可视化的操作界面。不同等级、不同类别,以及不同权限的各类用户通过用户层注册与登录,通过系统提供的用户身份认证与访问权限控制,实现对该用户开放的各种数据资源与共享服务功能的浏览、使用。系统管理员通过用户层进行系统的维护与管理;企业用户、物业用户通过该层完成项目基本信息完善、用户信息完善以及房屋销售情况数据、房屋使用情况数据等信息的报送;房管局管理用户通过该层完成房屋销售情况数据、房屋使用情况数据的接收,各类房屋相关指标数据的统计分析,并形成报表打印输出。用户层对于各类业务用户采用 B/S 服务模式,以实现业务操作的简便性、系统部署的灵活性和实用性;用户层对于系统管理员用户采用 C/S 模式,以保障系统功能的集中管理和系统运行的稳定。

7.1.3 建设成果

基于总体框架设计,房地系统采用 Adobe Flex 技术、Javascript 技术搭建前端展示系统,用 Oracle 和 ArcGIS SDE 综合管理空间属性数据,用 ArcGIS Server 发布地图数据,用 C# 和 .net 实现系统主要逻辑,从而完成智慧房地管理系统的统一建设。

结合数据保密的业务需要,系统在开发时采用物理隔离的方式,将面向公众和面向政府内部的内容分开到两个域上,建立了一个面向内部业务人员的内网系统和一个面向外部公众服务的外网系统。两套系统的数据交换利用所开发的自动备份工具,采用硬拷贝的方式进行。内网系统和外网系统的划分是基于不同的服务对象,但两者不是平行,而是基于数据主/次共享的关系。外网系统为内网系统提供数据更新支撑,内网系统则统一管理整个系统的数据,如图 7.2 所示。

1. 面向内部业务人员的内网系统(简称内网系统)。

内网系统系统利用 ArcGIS Server 发布的室内外地图服务作为基础入口,将房产业务信息有机整合在空间信息上,以三维地图的形式进行展示,实现了包括基础数据录入、业务数据录入、总体信息统计、总体情况分析、土地监管、超期超限短信预警等功能,包括以下模块。

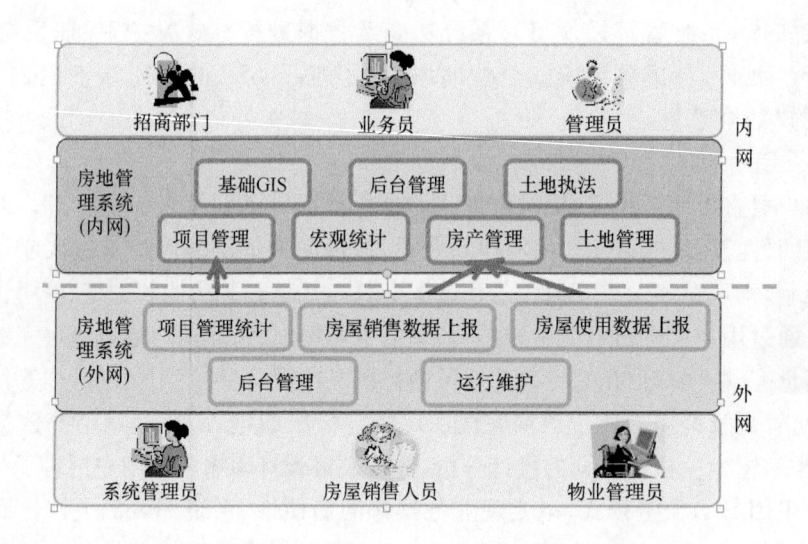

图 7.2 内外网系统功能关联图

(1) 房地信息可视化

利用 OpenGL 三维渲染和网络 GIS 技术，开发了一个基于三维 GIS 场景的房地信息可视化模块，不仅实现三维漫游、场景缩放、二三维数据展示等功能，还实现了空间数据叠加分析、属性信息动态统计等分析功能。图 7.3 为基于三维 GIS 平台的矢量数据专题制图与统计分析功能。图 7.4 为楼宇三维模型展示与空间查询分析功能。

图 7.3 基于三维平台的矢量数据专题制图与统计分析

图 7.4　楼宇三维模型展示与空间查询分析

(2) 房地项目管理

针对房地管理业务流程,基于工作流技术,实现项目建设进度监管、项目信息展示、土地审批流程监管、土地台账登记、土地移动执法、超期超限预警等功能。图 7.5 为了房产项目信息综合展示界面。图 7.6 为精细到每一个房间的楼宇内部信息管理界面。

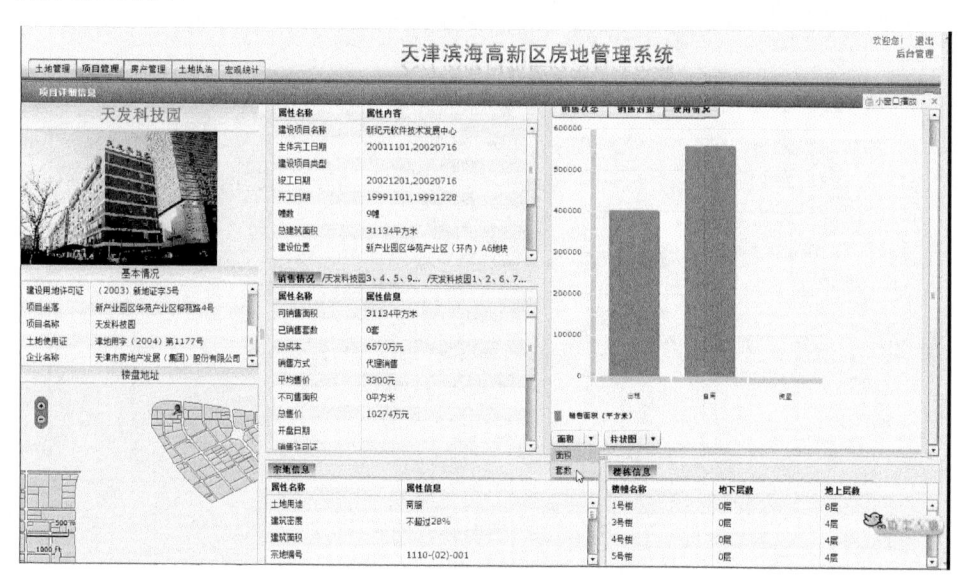

图 7.5　房产项目管理

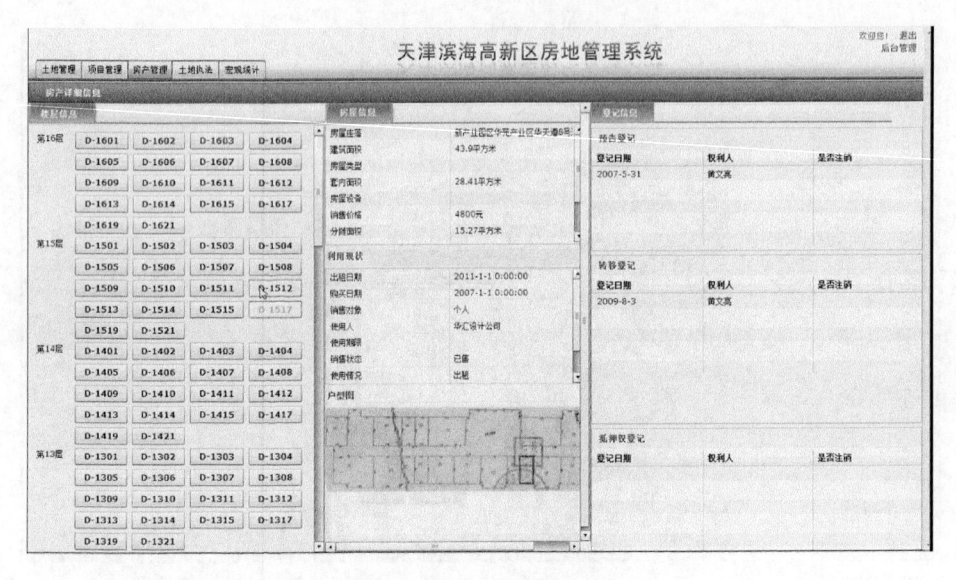

图 7.6 楼宇内部信息管理

（3）宏观统计分析

该模块利用 Web Service 技术，从后台数据库服务器上获取查询数据，并根据需求，对整个滨海高新区房地信息进行统计分析和报表输出，如图 7.7 和图 7.8 所示。

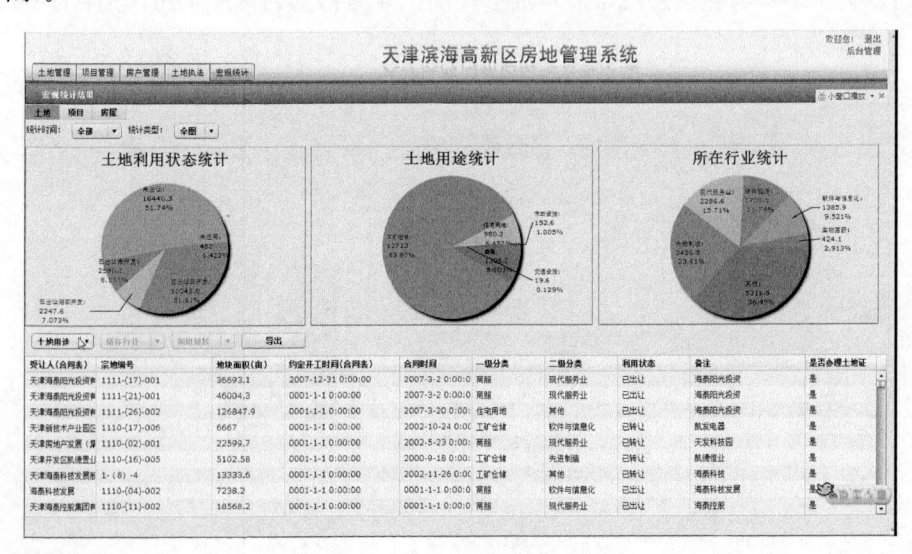

图 7.7 房地信息宏观统计

第 7 章 智慧应用服务系统建设实践

图 7.8 房地信息报表输出

2. 面向外部公众服务的外网系统（简称外网系统）

外网系统利用 JavaScript 脚本语言开发系统界面，为公众提供数据查询、数据录入、数据上报、自定义短信通知、房屋信息检索、快速业务申请等服务。同时，在保障数据安全性的前提下，为了实现内外网数据共享，外网系统还研制了一套数据同步工具。外网系统主要包括以下模块。

（1）业务统计分析模块

该模块为外部房地产从业人员提供区域中项目总体情况的统计浏览服务，可以让公众及时快速掌握所关注项目的建设进展等情况，如图 7.9 所示。

（2）房产业务上报模块

该模块为公众提供了房产业务办理在线申请、房屋用户信息完善、项目基本资料更新、楼宇房间实时状态信息填写等服务，为行业从业人员提供了当月房产租售情况报送、历史报送记录查询等功能。该模块对外部房产数据进行收集，为海量房产数据挖掘提供支撑，如图 7.10 所示。

（3）业务化运行工具模块

该模块主要实现运维管理（如安全管理、用户管理、日志管理、系统监控）、数据同步（房屋销售情况数据同步、房屋使用情况数据同步）、即时通信（手机短信）等功能，为整个系统安全运行提供保障。

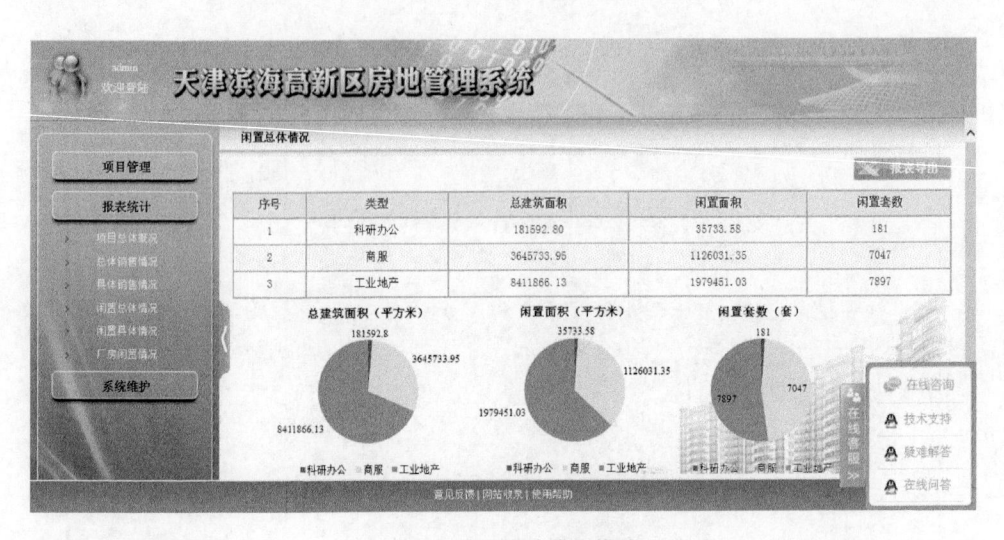

图 7.9　业务统计分析模块

图 7.10　房产业务上报模块

7.1.4　特色与创新

传统的房地产管理信息系统多以政府房地产项目业务流为主线,辅以办公自动化等功能,用户仅仅只是作为信息的接受者、信息流的末端,并未真正参加到房地产管理中来。此外,传统的房产数据缺乏与空间位置信息的关联,使得政府在做决策分析时,较易忽略空间相关因素的潜在影响,缺乏科学地理信息支撑。因此,针对此问题,天津滨海高新区房地管理系统整体上基于地理信息系统框架,有机结合了地理信息系统的空间三维展示、空间分析和统计等优势，实现房地产业务流与地理信息的整合。同时，转变公众用户角色，实现公众参与信息发布，为以后大数据支持下的政府决策奠定基础。

7.2 室内外一体化消防应急系统

7.2.1 概述

火灾是严重威胁人类生存和发展的常发性灾害之一，具有发生频率高、时空跨度大，造成的损失与危害严重等特点[2]。随着社会科技的发展，火灾报警或指挥调度的信息系统越来越多地应用到消防应急救援中，并逐步向科技消防和智能消防的目标迈进。目前，纵观国内外，基于地理信息系统、3G通信、虚拟现实、全球定位技术、视频监控等多种技术，构建了大量的消防应急指挥系统，如基于GIS的消防应急指挥系统[3]、基于3G通信技术的消防应急指挥系统[4]、基于WebGIS的消防应急指挥系统[5]、基于虚拟现实技术的消防应急指挥系统等[6]。

消防救援指挥决策必须依赖于各种定位信息，如消防员位置、消防车辆位置、消防设施及被困群众位置信息等。目前，GPS技术、北斗导航技术等室外定位技术已被应用到消防应急指挥工作中，为消防应急指挥提供了实时的消防人员及消防车辆室外定位、救援路线规划等服务。尽管室内定位信息，尤其是消防员在室内的实时位置信息，对消防救援具有极其重要的意义，但是由于缺乏有效的室内地图和室内定位技术的支持，目前消防应急救援指挥还停留在利用监控技术实现对室内信息掌控的阶段，而无法满足消防应急指挥业务的需求。

近年来，室内定位技术日趋成熟，如Tesoriero和Tebar等提出一种运用无线射频技术提高室内空间定位精度的方法，并进行了验证[7]。张涛和徐晓苏提出INS和GSM混合定位[8]。李杰提出利用两种滤波器进行数据融合的DGPS和WUB结合定位算法[9]。邹春明和耿强等将DGPS和UWB结合定位，利用Kalman滤波器对UWB非视距误差（NLOS）进行消除，采用粒子滤波器对不同传感器进行数据融合，并使用GPRS通信模块进行无线数据传输[10]。随着定位技术的发展，室内定位技术越来越能够满足各行业的应用需求，从而为消防应急救援指挥提供室内定位信息的支撑。

室内地图是限制室内定位技术在消防指挥决策中应用的一个主要障碍。与成熟的室外电子地图相比，室内地图数据缺乏统一的标准规范，使得室内电子地图的生产、更新、维护和数据共享成为难点。室内地图的研究和应用基本上还处于起步阶段。目前，室内地图服务已引起广泛关注。一些公司正在绘制购物中心、会议中心和机场等大规模建筑空间的室内地图，以填补建筑内部地理信息空白。微软、百度[11]、谷歌[11]等厂商相继发布了室内地图服务，实现了一些大城市的大型商店和机场的室内地图功能。

总之,现有消防应用平台缺少室内定位及室内地图的支持,使得火灾现场指挥员主要依靠经验和直觉来指挥部队、实施抢险救援活动,这势必导致指挥具有很大的盲目性,缺少科技依据,从而大大降低了灭火救援的成功率和效率。为了把人员伤亡和火灾损失控制在最低程度,需要消防部队具有高效的指挥系统和科学的决策系统。基于室内定位技术的消防应急指挥系统旨在建立一种集定位、指挥于一体的消防应急指挥系统,可为消防应急救援指挥提供更加详细、准确的空间位置信息,使消防应急救援决策更加高效、科学,具有良好的应用价值和广泛的应用前景。

7.2.2 总体建设框架

基于室内外定位技术的消防应急指挥平台(indoor positioning service based fire emergent command platform, IPS_FECP)构建的目的是基于室内定位技术和室内地图技术,为消防应急指挥提供建筑内部地理信息和消防终端的室内定位信息,支持消防救援指挥。如图 7.11 所示,一个完整的 IPS_FECP 系统由指挥平台服务器、服务器控制程序和客户端三部分构成,其中客户端包括普通用户手持终端、消防员手持终端、指挥中心指挥系统和移动指挥系统。

① 普通用户手持终端为受灾群众持有的装有室内定位软硬件的手持设备,除常用的 3G/4G 通信、地图浏览、室外定位跟踪与导航等功能外,还可以实现室内定位。

② 消防员手持终端是消防员持有的具有室内定功能的手持专业设备,将消防员位置信息及火场信息实时传送到服务器。

③ 指挥平台服务器接受并维护普通用户手持终端及消防员手持终端发来的信息,实现消防信息共享与同步,为消防指挥系统(指挥中心指挥系统及移动指挥系统)提供室内外位置服务及地图服务。

④ 指挥中心指挥系统主要实现消防员及被困群众的位置动态跟踪显示和室内外地图显示,为消防救援指挥提供决策支持信息。

⑤ 移动指挥系统是指挥中心指挥系统在移动设备上的实现。

IP_FECP 的核心问题是室内外定位服务及室内外地图服务,以及不同消防设备和系统间的通信。技术功能主要包括如下内容。

① 室内外地图一体化显示。通过室内外地图关联表,实现室外地图与室内地图关联。通过点击室外建筑物,进入建筑物的室内地图,并实现以建筑物为单元的建筑物室内地图组织和地图浏览。

② 室内救援路径分析。通过将同一建筑物内各楼层的室内疏散通道根据楼梯信息进行自动连接,生成楼宇的疏散网络。在此基础上,基于 GIS 路径分析算法,实现室内救援路径分析功能。

③ 室内外定位信息共享与显示。接受并解析消防员手持终端、普通用户手持终端发来的数据,并将接收到的信息实时发送到指挥中心服务器,在室内地图中动态跟踪与显示接收到的消防员手持终端信息和普通用户手持终端信息。

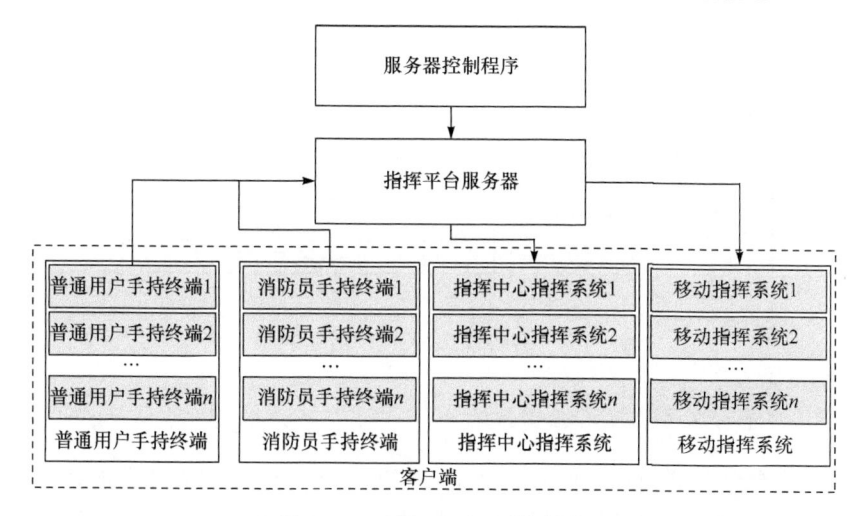

图 7.11　IPS_FECP 系统架构

由于 IPS_FECP 中各个子系统需要部署到多种类型设备(移动设备、服务器及普通 PC 等),因而对各系统间的程序可重用性,系统间的信息通信与信息共享提出了严格要求。考虑到 Flex 技术的跨平台性、跨设备性,能够实现各系统间的程序可重用性,解决不同系统平台间的信息通信与共享问题,因此系统基于 Flex 技术开发实现。

IPS_FECP 系统总体设计架构如图 7.12 所示。普通用户手持终端及消防员手持终端通过 HTTP 信道,向服务器端实时发送位置信息及火场信息。指挥平台服务器包括室内外地图服务器和消防信息共享服务器两部分。室内外地图服务器基于 ArcGIS Server 技术向指挥中心指挥系统及移动指挥系统提供室内外地图服务。消防信息服务器通过 HTTP 信道,接受普通手持终端及消防员手持终端传来的信息,Windows Communication Foundation 基于(WCF)技术实现消防信息共享,为移动指挥系统和指挥中心指挥系统提供室内外定位信息和火场信息。

7.2.3　建设成果

基于以上设计,使用 Flex 技术、WCF 技术及 ArcGIS Server 技术开发了 IPS_FECP 系统。普通群众手持终端及消防员手持终端由第三方提供。下面重点介绍指挥平台服务器及其控制系统,指挥中心指挥系统及移动指挥系统的建设成果。

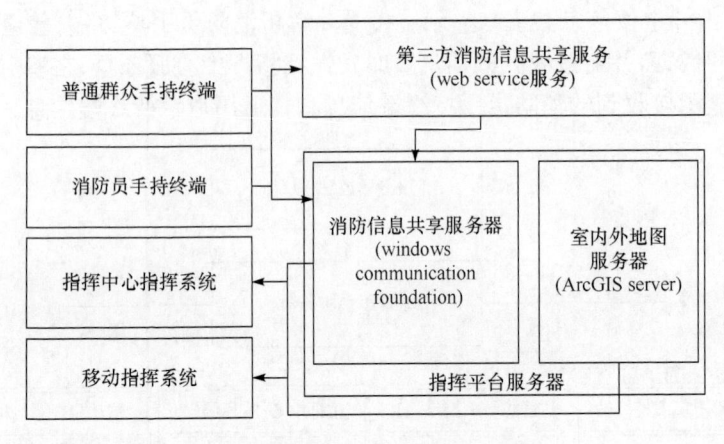

图 7.12　IPS_FECP 总体设计架构

1. 指挥平台服务器及其控制系统

指挥平台服务器由消防信息共享服务器和室内外地图服务器组成,如图 7.12 所示。其中,室内外地图服务器是基于 ArcGIS Server 技术实现的,为指挥中心指挥系统及移动指挥系统提供室内外地图服务;消防信息共享服务器提供消防指挥信息的共享及同步服务,主要包括以下模块。

① 消防信息共享服务器。基于 WCF 技术在服务器端维持终端对象列表,提供消防信息共享。

② WCF 服务控制模块。该模块主要实现 WCF 服务的控制功能,包括服务器地址、端口设置,以及服务器启动与停止。

③ ASP.Net 通信服务模块。该模块定义了一个线程,基于 HTTP 协议间隔访问第三方提供的消防信息服务(ASP.Net Web 服务),获取消防员手持终端或普通用户手持终端的状态信息。

服务器控制系统提供服务器控制功能,整体界面如图 7.13 所示。

① 监听面板提供监听接口设置,监听线程控制(开始、停止)功能。

② ASP 服务器面板提供 ASP 服务器设置与控制功能,能够添加所要监听的终端,提供服务器地址设置和监听线程控制(开始、停止)功能。

③ 服务器终端列表面板提供服务器终端实时信息显示和终端服务器端对象管理功能,包括添加、删除、更新等。

2. 指挥中心指挥系统

指挥中心指挥系统部署于消防指挥大厅的个人电脑和大屏幕上。消防指挥人员通过该系统来实时跟踪消防员位置信息,进行预案查询管理、指挥调度、灾民疏

第 7 章 智慧应用服务系统建设实践

(a)

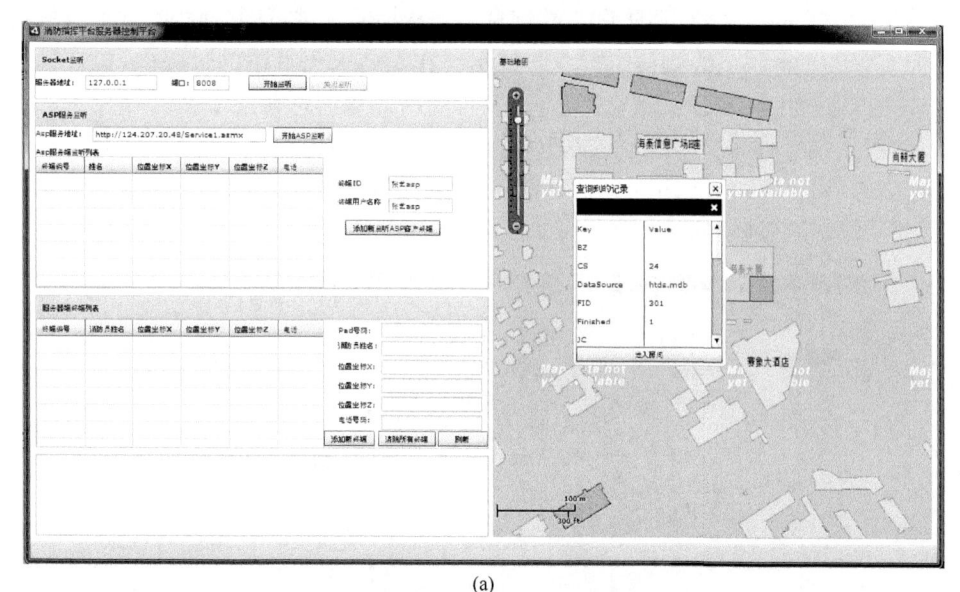

(b)

图 7.13 服务器控制系统

散控制。其核心功能包括室内外地图展示和消防员位置信息实时跟踪。

图 7.14(a)左上部分为指挥平台功能面板,左下部分为实时更新的指挥平台消防员终端信息列表,右半部分为室外地图面板。指挥平台面板主要功能包括启动位置同步、停止同步、刷新(监听对象)、添加着火点、指挥调度和灭火救援功能。

通过启动位置同步功能,消防员终端信息将与指挥系统进行同步联通,并通过刷新功能实现各个消防员终端信息的实时展示。在实施灭火救援的过程中,指挥员首先在指挥系统上设置着火点位置,通过接收受困群众通过普通手持终端发送救援请求(包括其当前定位信息),指挥中心将基于着火点位置、受困群众位置及逃生通道网络等信息利用 GIS 路径分析算法,找到最佳救援路径和逃生路径,通过通信网络将救援导航逃生信息发送给受困群众。

(a)

(b)

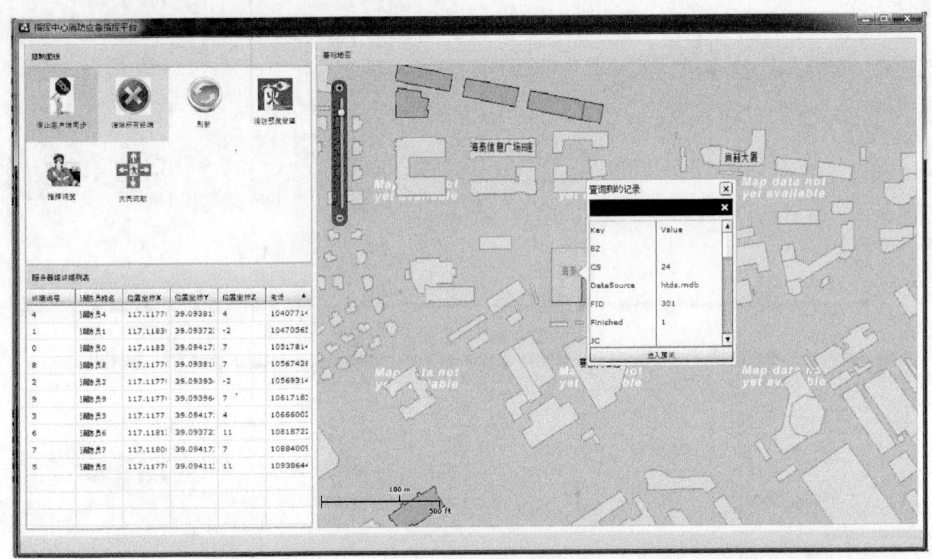

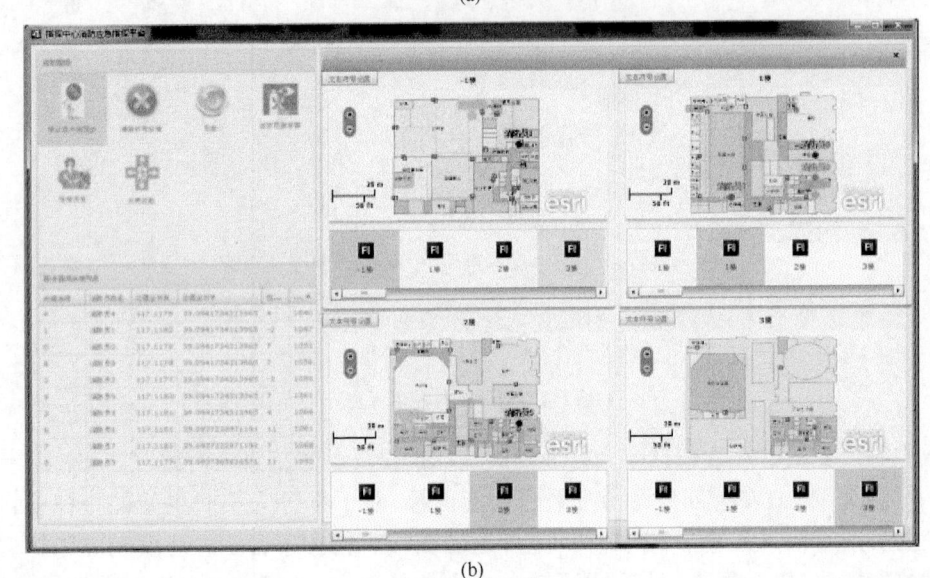

图 7.14 指挥中心指挥系统

图 7.14(b)右半部分显示了所选建筑物的室内地图。鉴于消防业务需求，在进行室内地图查看的时候，系统默认打开四个楼层的室内地图，可分别展示着火层、着火层上一层、着火层下一层及监控中心所在楼层四个与消防指挥紧密相关楼层的室内地图。每个室内地图窗口都可以独立控制其所显示的楼层和地图范围。

3. 移动指挥系统

移动指挥系统实现的功能与指挥中心指挥系统类似，不同之处是将其部署于移动端上，使得消防指挥车上的指战人员也能及时利用该平台进行指挥调度。移动指挥系统基本界面如图 7.15 所示。图 7.15(a)上半部分为消防员终端列表，下半部分为室外地图。与指挥中心指挥系统一样，用户点击室外地图建筑物，可进入该建筑物的室内地图，如图 7.15(b)所示。考虑到移动设备的屏幕限制，移动指挥系统只打开一个室内地图窗口。

7.2.4 特色与创新

重大危险源和人员密集场所的灭火救援指挥是消防救援的两大困难。由于缺少定位信息和室内地图信息，通常会导致楼内人员找不到消防通道，消防员找不到被困者，消防指挥员无法确定消防员在火场中的具体位置等问题。因此，消防应急指挥，特别是在重大危险源和人员密集场所，需要一个消防应急指挥平台为消防应急指挥提供室内定位及室内地图的支持，从而辅助消防指挥员做出实时准确的救援决策。尽管目前已经研发了各种消防应急救援指挥系统，但受限于室内定位技术及室内地图的发展，目前的消防应急救援指挥系统仍然不能为消防应急指挥提供室内定位及室内地图信息。针对此问题，我们使用室内外一体化地理信息系统技术，结合目前的室内定位技术，研制了具有通用性、实用性的消防应急指挥平台系统，为消防指挥员提供高层建筑及人员密集场所内消防设施、战斗员、被困群众的准确定位信息，同时解决了室内外地图服务、消防室内外定位信息的跟踪与显示、消防应急指挥平台各子系统间的信息通信、共享与同步等关键问题。目前该系统还处于初始阶段，未来需要紧密结合消防业务需求，加入更多的消防指挥业务功能，达到消防救援情报信息多元化、通信手段多样化、辅助决策科学化、指挥控制实时化、指挥终端智能化的目标。

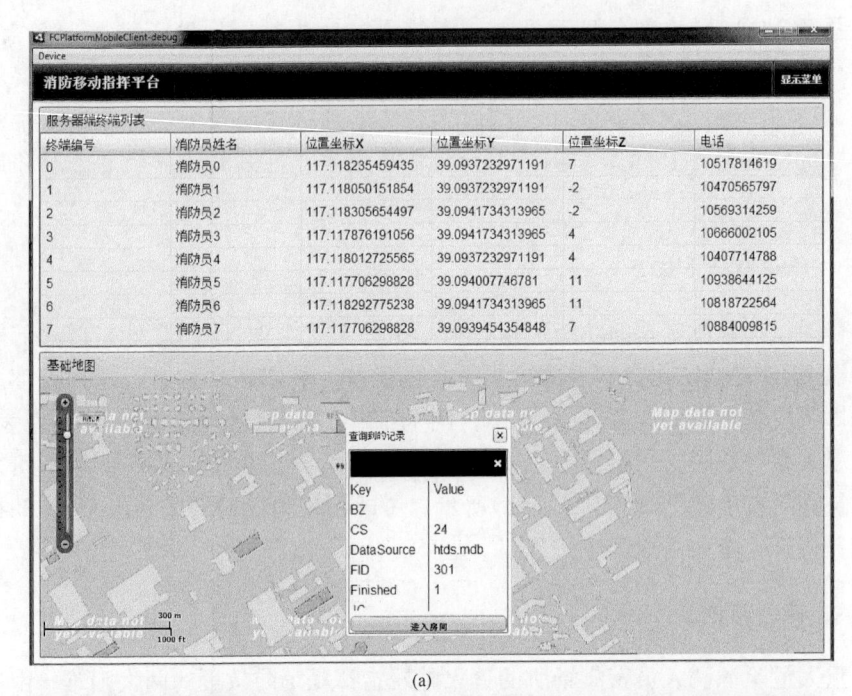

图 7.15 移动指挥系统

7.3 基于移动互联的智慧旅游 APP

7.3.1 概述

智慧旅游是以物联网、云计算、下一代通信网络、高性能信息处理、智能数据挖掘等技术为基础,使旅游物理资源和信息资源得到高度系统化整合和深度开发激活,并服务于公众、企业、政府的面向未来的全新旅游形态。智慧旅游的智慧体现在旅游服务的智慧、旅游营销的智慧和旅游管理的智慧。

传统旅游信息化已在世界发达国家经历了几十年的发展,涉及旅游目的地信息、旅游企业服务信息、旅游政府监督信息、旅游者个人信息、旅游产品信息[12]。例如,Christaller 曾在 1963 年从复杂性角度,如路径依赖、非线性关系等复杂因素分析了旅游系统的混沌模型[13]。1994 年年底,美国开始出现新式的电子机票,实行无票旅行方式[14]。

随着信息技术的不断发展,旅游信息化又开始呈现出新的亮点和趋势。旅游信息化发展借助的信息媒介已不再局限于传统的报刊、广播、旅游中介、互联网和个人电脑终端。移动互联网的高速发展将旅游信息服务的触角伸入到人们生活的每一个角落,并且追随旅游者的脚步,为他们提供随时随地的便利[15]。2005 年美国博物馆开始提供手机导游服务,只需拨打系统号码选择艺术品代码,就能听到相关解说。我国各大旅行社也相继推出了手机旅游线路预订、景点导游服务等。2011 年 7 月,国家旅游局提出我国将争取用 10 年左右时间,初步实现基于信息技术的智慧旅游,即智慧旅游区建设、智慧交通、智慧餐饮、智慧预订等,把旅游业发展成为高信息含量、知识密集的现代服务业[16]。

目前的国内智慧旅游移动互联应用,包括去哪儿网、携程网、途牛网等大型旅游信息服务商,关注点仍停留在对观光旅游资源信息服务上面,注重旅游票务、景区景点、历史遗迹等,而度假旅游所极力关注的环境资源信息服务仅仅是局限在温度、气候变化等基本天气信息层面,对于当前大家关心的空气质量等环境信息关注少之甚少,同时对于旅游过程中所需的地理位置需求挖掘不足,无法为用户提供一站式的旅游服务。

综上所述,传统旅游信息化无法为用户提供随时随地的旅游服务,而目前公众智慧旅游移动互联应用,关注点仅停留在观光旅游资源信息服务上。随着气候恶化,公众对环境健康型旅游模式的偏好无法获得很好的满足,同时缺乏对用户旅游过程的位置需求挖掘,使得目前的智慧旅游移动 APP 用户体验不佳。本产品旨在集合全面的环境评价指标,将常规天气信息、PM2.5 指数、PM10 指数、用户环境评价引入智慧旅游 APP 中,同时充分挖掘用户旅游过程中所需的地理位置,提供旅游设施点快速查询,并创新性地通过数据挖掘手法,分析出租车 GPS 数据,帮助用户在旅游过程中解决打车难等问题。

7.3.2 总体建设框架

基于移动互联的智慧旅游 APP"旅行咔"克服了目前旅游信息服务提供商服务内容的信息短板，从用户角度出发，融入更为丰富的旅游环境指标，旨在为环境敏感型游客，提供一站式智慧旅游信息服务，图 7.16 为旅游系统整体架构设计。完整的旅游系统主要由移动终端服务系统、专用业务服务器与开放数据服务器组成，并通过互联网络协议与数据库支持完成系统交互。

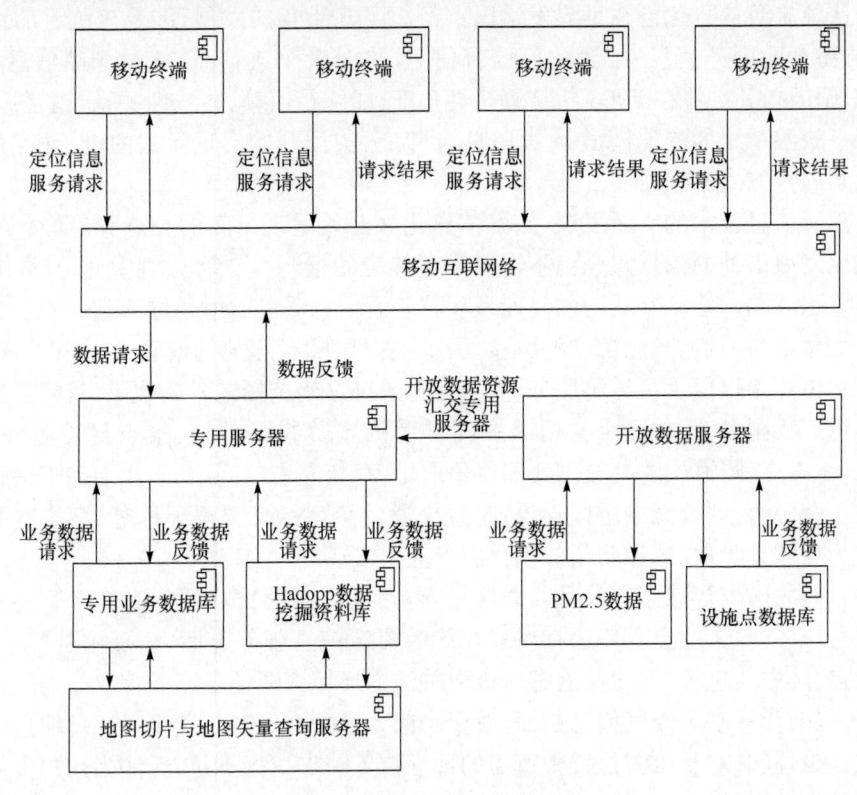

图 7.16 旅行咔系统整体架构设计

① 移动终端服务系统。公众使用的服务终端，所有用户均通过此移动终端系统访问系统服务资源。

② 专用业务服务器。数据库负责整个系统的业务逻辑数据管理与处理。终端服务系统通过从专用业务数据库中获取如用户登录、用户旅游见闻状态等信息与用户进行交互。由于终端服务系统所提供的景点拥挤度与易打车点预测信息，需要基于海量 GPS 数据进行深度挖掘，因此还需与 hadoop 数据挖掘服务器进行

交互,获取实时分析结果。此外,专用业务数据库与 hadoop 数据挖掘服务器都需要地图数据提供矢量查询支持。

③ 开放数据服务器。终端服务系统上展示的公共开放数据,如 PM2.5、天气信息、设施点数据等,均需通过开放数据服务器获取信息资源。开放数据服务器主要从互联网上第三方数据接口中获取相应的数据,汇交到专用业务服务器中,再通过移动互联网络协议向终端服务系统返回结果。

旅行终端系统基于三类开放数据接口调用方式,调用了十大开放数据。

① 通过 Http 协议的 get 与 post 方法,获取 PM2.5 城市数据、PM2.5 城市排名、厕所、充电站等便利设施点数据,以及全国地图数据等。

② 在移动终端使用 soap 协议与 Webservice 接口,调用中国天气网 API、一键分享数据接口,以及根据 IP 查询所在城市区域接口等。

③ 为了节省移动终端流量,部分接口通过离线化处理放置在本地,以调用本地数据的方式完成调用,如将易打车点数据离线化放置在 sqlite 轻量级数据库中供本地化调用。

与此同时,旅行咔的开发使用了大量的开源类库与工具。在数据底层存储上,使用开源 mysql 数据库作为关系型数据存储引擎,使用 memecached 加速常用数据访问;在数据处理上,使用了 QutantamGIS、udig,以及 weka 等 POI 点进行过滤筛选,实现坐标转换操作;在数据通信上,为了配合 http 协议,以及 soap 协议,使用 afinal 包封装 Http 的 get 及 post 方法,使用 Ksoap 封装 Soap 协议访问 Webservice 接口;在数据展示上使用了 Axure Rp 设计产品原型,并利用 slidingmenu 及 actionsherloc 等开源控件完成界面搭建工作。

7.3.3　建设成果

1. 旅游天气信息查看

终端系统通过终端 GPRS 网络信息判断用户所处城市,调用中国天气网开放的天气信息接口,并呈现在客户端上,为用户旅游出行提供天气信息参考,其中不仅包含常规的温度、风力,以及着装建议,还根据用户定位信息确定用户所在区域,搜索所在区域的 PM2.5 数据站实时监控数据,为用户提供 PM2.5 指数、空气污染程度,以及旅游意见等。

2. 基于空气质量的旅游城市推荐

利用网络爬虫算法从相关网络中爬取相应开放数据,通过一定的算法计算出 PM2.5 综合水平,基于空气质量与用户位置,为用户推荐环境友好型旅游城市。

3. 跟踪好友位置

在旅行过程中，为了防止用户与朋友、小孩或老人走散，通过提前扫一扫彼此的二维码，就能够同步两个人的位置，实时显示在地图上，防止两个人走散。系统同时支持多个朋友的位置共享，如图 7.17(a)所示，标记为 1 的地图标记代表第一个监控点，圆点为当前用户所在位置。

4. 快速定位旅游急需设施

基于北京市 POI 开放数据，利用百度地图数据接口将旅行中有用的设施点，如公共厕所、充电站、地铁站等数据筛选出来，通过 Quantum GIS 对无效设施点数据进行清洗、入库。在用户旅行过程中，能够帮助用户快速找到附近的厕所、充电站、地铁、景点等旅游急需服务信息。如图 7.17(b)所示，显示出了附近充电站，通过单击标题栏可以快速切换检索的 POI 种类。

(a) 好友位置跟踪　　　　　　　　　(b) 旅游急需设施定位

图 7.17　旅行咔系统界面

5. 旅游图片网络分享

旅行过程中风景拍摄、自拍等需求频次较高，在旅行中嵌入常用的图像滤镜、编辑处理，使用本地化智能的图像处理算法，对用户上传的图片进行自定义编辑，如裁剪、图片特效、加边框等方法。用户使用手机摄像头拍摄一张照片后，可通过网络进行上传分享。

6. 基于出租车历史轨迹易打车点与不拥挤景点推荐

利用微软公司收集的北京市出租车多年来的 GPS 开放数据集，对数据进行清洗，重定义数据格式，将其导入 Hadoop 中。将出租车数据以出租车个体为单位，将出租车定位点用时间段分成同一格式的大文本文件，将其转存至 Hbase 当中。然后基于 Dodo 数据挖掘工具箱使用空间聚类、支持向量机等数据挖掘算法对 GPS 拥挤点进行分析，接着通过 MapReduce 编程模型对各个任务进行分析处理。最后以时间维度输出北京易打车数据点。通过反向数据转化工具，将中间计算结果批量导入数据库中。在用户使用过程中，服务器通过用户地址和发送请求时间，为用户找到附近较容易打到车的位置，同时使用导航功能，指导用户到达指定地点，图 7.18 为具体界面效果图，上传用户定位点数据，将查询得到的附近的便利设施点显示在地图上。

图 7.18　基于出租车历史轨迹的不拥挤景点推荐

7.3.4 特色与创新

社会经济发展带来的环境问题日益突出，与此同时旅客文化素质不断提高，互联网需求逐步深入，游客已不再局限于关注观光旅游信息，还对旅游城市环境信息需求日益强烈，而目前主流旅游信息服务提供商，关注点着重于观光旅游中商业价值较高的信息，如票务订制、酒店推荐等，对于旅游城市环境信息关注不足，同时对旅行中用户位置需求挖掘不够深入，对于用户所关心的景点拥挤度、便利设施等，用户仍需要通过第三方地图应用提供商提供的服务解决，目前的终端系统尚未做到一站式服务。

针对目前智慧旅游终端系统存在的弊端，我们开发了在 Android 平台下的旅行终端程序，集成了常见的观光旅游服务，率先融入了 PM2.5 等环境指标，并基于这些指标与用户位置信息，为用户智能化推荐旅游目的地。同时深度挖掘用户旅行途中的位置需求，为用户提供一键寻找厕所、充电站等旅游急需设施点数据。创新性地基于出租车 GPS 数据挖掘，提供了景点拥挤度分析与易打车点推荐，为游客提供一站式旅游信息服务。

参 考 文 献

[1] 辛鹏.智慧城市之智慧房管 WHY、WHAT、HOW 解析[J].中国建设信息,2012,(21):40-41.

[2] 刘海生,张鑫磊,宋丽霞.基于统计数据的全国火灾形势综合评价与预测[J].中国安全科学学报,2011,(06):54-59.

[3] 冯春莹,徐志胜,徐亮.城市火灾模拟分析与消防应急指挥系统的设计与实现[J].防灾减灾工程学报,2005,(02):189-194.

[4] 张丽伟.基于3G 通信技术的消防应急指挥系统[J].科技资讯,2010,(20):17,18.

[5] Joo I H,Kim K S,Kim M S. Fire Service in Korea:Advanced Emergency 119 System Based on GIS Technology[M]. New York:Electronic Government,2004:396-399.

[6] Klann M. Playing with Fire: User-Centered Design of Wearable Computing for Emergency Response[M]. New York:Springer,2007.

[7] Tesoriero R,Tebar R,Gallud J A,et al. Improving location awareness in indoor spaces using RFID technology[J]. Expert Systems with Applications,2010,37(1):894-898.

[8] 张涛,徐晓苏.基于小波和人工智能技术的车辆无缝定位技术研究[J].控制与决策,2010(07):1109-1112.

[9] 苏凯,曹元,李俊,等.基于 UWB 和 DGPS 的混合定位方法研究[J].计算机应用与软件,2010,(05):212-215.

[10] 邬春明,耿强,刘杰,等.DGPS 与 UWB 混合精确无缝定位技术研究[J].传感器与微系统,2012,(03):74-77.

[11] 齐晓飞,崔秀飞,李怀树.室内地图设计现状分析[J].测绘与空间地理信息,2013,(02):

10-14.

[12] 杜文才,胡涛,顾剑. 新编旅游管理信息系统[M]. 天津:南开大学出版社,2008.

[13] Christaller W. Some considerations of tourism location in Europe: the peripheral regions-underdeveloped countries-recreation areas[J]. Papers in Regional Science, 1964, 12(1): 95-105.

[14] 周贺来,王彬. 旅游企业信息化管理[M]. 北京:中国水利水电出版社,2010.

[15] Cheng J S, Hsiang H W, Wu W C. The design of intelligent mobile tourism service system//Computer Symposium, 2010.

[16] 乔玮. 手机旅游信息服务初探[J]. 旅游科学,2006,(03):67-71.